建築・まちづくりのための

空き家大全

編著
田村誠邦
加藤悠介
橋田竜兵
樋口秀
森田芳朗
渡邊史郎

著
浅野純一郎
大原一興
菊地吉信
鈴木雅之
西野辰哉
松村秀一

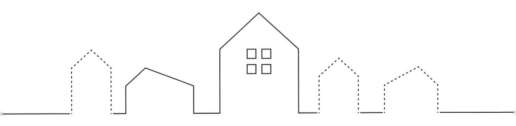

学芸出版社

はじめに

　空き家は、今日では、その所有者が独力で解決すべき問題という枠組みを超えた社会課題として認識されている。これは、空き家が放置されると、建物の倒壊、建材の飛散・崩落、樹木・雑草の繁茂、公衆衛生・治安・地域イメージの低下等の問題を引き起こす恐れがあり、地域社会に対して多大な悪影響を及ぼしかねないからである。2023年住宅・土地統計調査によれば、2023年10月1日現在における全国の空き家数は900万戸、空き家率は13.8％となっているが、2043年には、空き家数は1861万戸、空き家率は25.3％に達するという予測もある（野村総合研究所2024年6月）。このように、空き家問題への対応は、人口減少が加速する今後のわが国において、避けて通れない極めて重要な課題である。

　空き家問題については、国をはじめとして、公民問わず多種多様な主体により対応策が検討、実践されている。空き家問題に関する研究も、建築や都市の専門家のみならず広く社会科学分野の専門家らによって、さまざまな視点から取組まれている。また、空き家問題の前線に立つ地方自治体が地域の具体的課題から発想した独自の空き家対策を実施する例や、空き家活用の豊かなアイディアを持つ民間事業者が空き家を地域のポテンシャルに転換する例などが、全国各地で報告されている。すでにそうした取組みが一定の成果をあげ、空き家問題の解決の糸口となる知見として蓄積されつつある。

　一方、空き家問題やその対応策が多岐にわたり、それらが社会環境の変容や時間の経過とともに変化し、複雑化・複合化していくことで、今日ではその全体像が把握しづらくなっている。また専門家や地方自治体、民間事業者などの取組みの成果はかならずしも体系化されておらず、個別の成果に留まっている。そのため、空き家問題に取組む際に、断片的な知識のまま問題に対峙せざるを得ず、情報過多により適切な先行事例にもたどり着けない状況が生まれている。

　本書は、こうした空き家問題とその対策について、最新動向から過去の経緯までを幅広い視点で網羅的に解説したものである。すなわち、空き家に係る法律問題から、空き家が生まれるメカニズム、行政における空き家

対応策、空き家を活用するための手法等について、見開き2ページでわかりやすく整理している。

本書を読むだけで、空き家問題とその対策についての全貌がわかり、すぐに実務に役立つことを企図した。

本書は、空き家問題の背景と実態、空き家を利用したこれからの暮らし・地域づくりの可能性について、建築計画、都市計画、建築社会システムの研究者[注]らが解説するものである。

本書の構成は大別すると「1部　空き家を知る25のキーワード」「2部　空き家を活かす25のキーワード」と「3部　空き家を活かした50の事例」からなる。巻末には、出典リストと、より深く学ぶための参考文献のほか、事例マップ、2部のキーワードと3部の事例の相関関係を示すマトリックスを掲載した。

このように本書は、空き家について相互にリンクするキーワードと事例より、空き家問題の背景と実態、空き家を利用したこれからの暮らし・地域づくりの可能性を、本書1冊で総合的に学べる点に特色がある。また本書の読者としては、①建築・まちづくり関係者・学生、②自治体職員・議員の方々、③自治会のリーダーの方々を主に想定している。空き家問題に取組むうえで欠かせない知識を幅広い視点から網羅することで、読者の立場に応じて、フォーカスできるポイントがそれぞれある点も本書の特徴である。

本書が、各地域での空き家問題の解決、空き家の活用等に取組む方々に少しでも役に立つことを祈念したい。

2024年9月

編集執筆者代表　田村　誠邦

注　本書の執筆者は、日本建築学会特別研究委員会「縮小社会における都市・建築の在り方検討特別研究委員会」（2018年度）、科学研究費補助金基盤研究(B)「縮小社会における総合的・中長期的な空き家対策に向けた実証的研究」（2019～2022年度）で共同研究を進めてきたメンバーである。一連の活動により生まれた問題意識が本書を出版する動機となった。

1部　空き家を知る 25 のキーワード　8

1章　空き家とは …… 10

- 01 空き家は何が問題か …… 12
- 02 所有者の責任とリスク …… 14
- 03 統計に見る空き家 …… 16
- 04 建築の寿命と空き家 …… 18
- 05 世界と日本の空き家 …… 20

2章　空き家はなぜ生まれるか …… 22

- 06 減っていく世帯 …… 24
- 07 人口減少時代のスプロール …… 26
- 08 立地適正化計画の限界 …… 28
- 09 過剰供給される新築住宅 …… 30
- 10 日本の住宅市場の特殊性 …… 32
- 11 取り残される既存住宅の性能 …… 34
- 12 市場で評価されない既存住宅 …… 36
- 13 解体を阻む除却コスト …… 38
- 14 空き家を残してしまう税制 …… 40

3章　行政に何ができるか …… 42

- 15 空き家政策の枠組み …… 44
- 16 空家法と「特定空家等」…… 46
- 17 空き家除却をどう促すか …… 48
- 18 自治体による空き家調査 …… 50
- 19 空き家バンク …… 52
- 20 空き家のよろず相談窓口 …… 54
- 21 移住施策への展開 …… 56
- 22 セーフティネットとしての空き家 …… 58
- 23 農家住宅等の空き家活用 …… 60
- 24 政策に係る財源とマンパワー …… 62
- 25 世界の空き家政策 …… 64

2部 空き家を活かす 25 のキーワード　　　66

4章　暮らしを広げる …… 68

26 リノベーションする …… 70
27 空き家に移住する …… 72
28 二地域を住みこなす …… 74
29 多拠点を使いこなす …… 76
30 繋げて使う …… 78
31 群で使う …… 80
32 共同の住まいにする …… 82
33 暮らしとまちを継承する …… 84

5章　用途を変える …… 86

34 商いの場にする …… 88
35 働く場にする …… 90
36 地域の場にする …… 92
37 文化の場にする …… 94
38 福祉の場にする …… 96
39 子どもの居場所にする …… 98
40 地域を変える核にする …… 100
41 アドホックに使う …… 102
42 更地に戻す …… 104

6章　仕組みと担い手 …… 106

43 マッチングサービス …… 108
44 サブリース …… 110
45 住まいの終活 …… 112
46 DIY リノベーション …… 114
47 コミュニティ大工 …… 116
48 居住支援の受け皿 …… 118
49 地域コミュニティ …… 120
50 地域再生組織 …… 122

目次　5

3部 空き家を活かした50の事例

暮らしを広げる

51 リノベーションミュージアム冷泉荘 —— 賃貸住宅をクリエイターの活動拠点に …… 126

52 NAWATE PROJECT —— 減築により現れた鳥居と中庭のある複合施設 …… 128

53 大地の芸術祭空き家プロジェクト —— 空き家を「アート空間」として蘇らせる …… 130

54 きら星BASE —— 移住者をパッケージで支援 …… 132

55 いえかつ糸魚川 —— 移住したい人、移住して商売をやりたい人を応援する …… 134

56 NPO法人南房総リパブリック —— 二地域居住を通じて地域の豊かさを未来に残す …… 136

57 つるおかランド・バンク —— 空き家・空き地を一体整備して有効活用する …… 138

58 ニコイチ —— 団地の2戸1化リノベーション …… 140

59 オビハウス —— 向かい合う2棟の部屋をワンセットにして貸す …… 142

60 輪島カブーレ —— 地域に点在する複数の空き家を再生してまちづくり …… 144

61 NIPPONIA —— 古民家再生によるアルベルゴ・ディフーゾ …… 146

62 鞆の浦さくらホーム —— まち全体に点在する事業所で地域共生社会を実現する …… 148

63 松原憩いの家 —— 2世帯住宅を活かした子どものための住まい …… 150

64 住宅遺産トラスト —— 価値ある住宅と環境を後世に継承する仕組み …… 152

65 スミツグハウス西棟・東棟 —— 住み継ぎ、地域を繋げる団らんの宿 …… 154

用途を変える

66 ジョンソンタウン —— 米軍ハウス地区に個性豊かな店が集まる …… 156

67 新大門商店街 —— 個性ある店主による時代と地域を繋ぐ新しい商いの場 …… 158

68 ゲストハウス架け橋 —— 震災復興をきっかけに始まった展開 …… 160

69 仏生山まちぐるみ旅館 —— まちを旅館に見立て、資源を繋げる …… 162

70 市街化調整区域における空き家活用施策 —— 住民の計画策定で賃貸活用へ …… 164

71 茶山ゴコ —— 住宅地の戸建住宅を仕事と暮らしの場に …… 166

72 えんがわオフィス —— サテライトオフィスから始まる地方創生 …… 168

73 JOCA大阪 —— 古い「文化住宅」を地域に開いたオフィスに …… 170

74 博労町まちかどサロン —— 空き町家を自治会が改修し多世代の集いの場に …… 172

75 星空の小さな図書館 —— 過疎地で小さな文化拠点をつくる …… 174

76 おらとこ —— 民家を改修した富山型デイサービスと小規模多機能 …… 176

77 大曽根住宅 —— 団地の空き住戸と店舗を高齢者住宅＋地域拠点に …… 178

78 子育てシェアスペースOmusubi —— 地域に暮らす女性のための複合施設 …… 180

79 陽だまり保育園 —— 築250年の古民家を移築再建して園舎に …… 182

80 のあそび Lodge —— 駅前の空きホテルを再生した"みんなのタマリバ" …… 184

81 巻組 —— 空き家をクリエイティブな人を繋げる場に …… 186

82 ひのさと48 —— 団地の1棟を残し生活利便・コミュニティ施設に …… 188

83 カシニワ制度 —— 身近な空き地を「地域の庭」にする …… 190

84 みんなのうえん —— やりたいことにチャレンジできる都市農園 …… 192

85 クロスロード宮町 —— 除却と跡地活用による中心市街地循環再生モデル …… 194

仕組みと担い手

86 空き家見学会 —— 人と場の出会いづくり …… 196

87 家いちば —— 空き家の買い手を自分で探すための掲示板 …… 198

88 さかさま不動産 —— 借りたい人のやりたい想いを貸したい人に繋ぐ …… 200

89 空き家・空き地域利用バンク
—— 行政による所有者と地域活動の担い手の橋渡し …… 202

90 住民自治協議会による空き家バンク —— 住民による丁寧なサポート …… 204

91 賃料一括前払いのサブリース
—— 大阪府不動産コンサルティング協会を中心とした取組み …… 206

92 梼原町移住定住促進住宅 —— 自治体による空き家の移住者向けサブリース …… 208

93 早期決断シート —— 所有者の意思決定を促す仕組み …… 210

94 九州DIYリノベWEEK —— 広がるまちづくりの広域ネットワーク …… 212

95 加藤潤さんと頴娃おこそ会 —— 空き家再生に伴走する新たな職能 …… 214

96 大牟田ライフサポートセンター
—— 空き家と福祉を繋げ、循環させる居住支援 …… 216

97 ニシイケバレイ —— コミュニティを繋ぎ地域価値を高めるオーナー …… 218

98 いずみサロンとタウンサポート鎌倉今泉台
—— 住民のNPOが運営する地域活動拠点 …… 220

99 尾道空き家再生プロジェクト —— ボトムアップ的まちづくりの参照源 …… 222

100 泉北ほっとけないネットワーク —— 高齢化したニュータウンを住み継ぐ …… 224

出典リスト …… 226　　より深く学ぶための参考文献 …… 229

事例マップ …… 231　　キーワードと事例マトリックス …… 232

空き家を知る

25のキーワード

1部

1章 空き家とは

　近年の人口減少に連動した賑わいの喪失とともに身近にシャッター街や手入れがされていない空き家が目立つようになったと感じておられる方も多いのではないか。一方で、本書で取り扱う「空き家」の問題は、危険性が高い迷惑な空き家の隣地に居住する人や周辺の住民、行政の担当者、専門家にとっては大きな問題であるが、それ以外の人にとっては日々の生活に直結する問題ではないことから関心が薄い場合もあるだろう。そのため、問題の本質がきちんと理解されないまま漠然とした思い込みになっている可能性も考えられる。他者への説明や、空き家問題の解決に向けては、思い込みを排除し、その本質に迫る必要がある。

　そこで、1章ではこの本質に迫る準備と問題の中身を知ることを目的として

「空き家とは何か」を5つのキーワードから紐解いていきたい。

　01では、「空き家は何が問題か」を概説する。そもそもどのような状態の建物を「空き家」というのだろうか。空き家はなぜ問題なのか。そして空き家の何が問題を生んでいるのか。まずは基本的な問いに対してきちんと整理しておきたい。空き家に関連した外部不経済、多雪地域の雪下ろし問題、節税効果や相続放棄の問題も絡めながら解説するとともに、適切に管理されない空き家に対して4つの対策を提示する。

　次に**02**では、空き家の「所有者の責任とリスク」について解説する。土地と建物の所有者は、憲法でその財産権が保証されている。一方で、所有者には責任もある。空き家を放置し屋根や外壁等が崩

10　空き家を知る

落して他者に被害が発生した場合、被害者に対して損害を賠償しなければならない。適切な管理を怠った場合は大きなリスクとなるため、その重要性を示す。

続く**03**は「統計にみる空き家」である。全国的に調査され過去からの推移も把握可能な住宅・土地統計調査を取り上げる。調査で定義されている「空き家」の特徴を確認するとともに、調査結果を用いる際の注意点として、統計調査の限界について説明する。

なお、従前の通称「**その他空き家**」は令和5年調査より「賃貸・売却用及び二次的住宅を除く空き家」と定義されたが、本書では「その他空き家」の呼び方を引き続き用いる。

続く**04**では、空き家の利活用や除却を判断する際に重要な「建築の寿命」つ

いて3つの考え方・方法を紹介する。さらに税制上の価値がゼロになるまでの期間を示す「耐用年数」の考え方を示したうえで、原価法に基づく耐用年数の問題点を指摘する。

最後に、**05**では日本と他国との空き家の状況を比較し、わが国の問題の特異性を確認する。各国で定義や調査手法が異なるため単純な比較はできないが、二次的住宅を含めた場合と含めない場合の国際比較を紹介し、余剰ストックを生かしていく社会についてのヒントを示す。

本章の5つのキーワードを理解することで、空き家問題のスタートラインに立ち、次章の空き家の発生要因解明へとつなげていただきたい。

01 空き家は何が問題か

空き家とは

空き家とは一般に人の住んでいない家屋を指すが、2015年に施行された空家等対策の推進に関する特別措置法（空家法）では、

「建築物又はこれに附属する工作物であって居住その他の使用がなされていないことが常態であるもの及びその敷地（立木その他の土地に定着する物を含む）。ただし、国又は地方公共団体が所有し、又は管理するものを除く」

としている。ここでいう常態とは、おおむね年間を通して使用実績がないことを指す。つまり1年以上にわたって使われていない住宅等を「空き家」と定義している（→03 表2）。なお、空家法では一戸建住宅のほか、倉庫や物置など住宅ではない家屋も対象に含めている一方で、長屋やアパート・マンションは1室（1住戸）以上が使用されていれば対象外とされる。

なぜ問題なのか

空家法が施行された背景には、全国で空き家が増加し、その管理が十分に行われないと近隣に対し多くの悪影響を及ぼすと考えられたことがある。すなわち倒壊、屋根材や外壁材の飛散と落下、火災など防災性の低下、犯罪の誘発など防犯性の低下、ゴミの不法投棄の誘発、動物や虫が棲みつくことによる衛生の悪化と悪臭、風景・景観の悪化などである。管理状態の悪い空き家があると近隣住民の安全な暮らしを脅かしかねず、不動産の資産価値すら下げてしまうおそれがある。さらに地域的な問題もあり、多雪地域では空き家等の屋根雪下ろしが行われずに倒壊や破損に繋がるケースがある。降り積もった雪の重みで空き家が傾き、隣家にもたれかかって破損させたり道路上に倒れ近隣住民の通行を妨げたりすることがある。

また、仮に住宅や土地を求める人や活用したい事業者がいても、空き家が放置されていたらその土地を使うことはできない。つまり土地の有効利用を阻害する面もある。

何が問題を生んでいるのか

空き家であっても適正に管理されていれば、近隣に対し直ちに悪影響を及ぼすことはないだろう。問題は十分な管理がなされず、放置され老朽化してしまう状況にある。そしてその状況は様々な要因から生まれる。要因の1つは、空き家所有者に将来どうするかという意識が乏しいことである。国土交通省が行った「令

和元年空き家所有者実態調査」（2019年）によれば、空き家所有者全体の4割は利用意向がないか、意向はあっても具体的な対応を取っていない。

また別の要因として、住宅用地特例による節税効果や、建築基準法の接道規制による建築不可などもある（ただし2023年の空家法改正によりこうした問題への対処方策の強化が図られている➡16）。さらに、堆積した家具・家財等の片付けが困難なことも放置の一因となっている。

こうした要因に加え、所有者の特定および意向確認の困難化、また相続放棄の増加も、適切な管理の行われない空き家の増加に影響している。筆者らが2018年に、空き家対策計画を策定した全国の自治体を対象に行ったアンケートでは、全体の約4割で所有者不明の空き家があるとの回答だった。自治体が所有者調査を行っても不存在の場合や、あるいは所有者が判明しても老衰や認知症などが原因で意向の確認が困難な場合がある。

相続放棄は年々増加している。2022年の司法統計年報によると「相続放棄の申述の受理」件数は約26万件、2005年の1.38倍である。相続権は後順位の相続人に移るので、後順位の相続人が相続したことを知り管理を始めるまで相続放棄をした人の管理責任は継続するのだが、自治体担当者が連絡しても「自分は相続放棄をしたので関係ない」と言われてしまう。こうした事態に対し、2024年4月から相続登記が義務化されたほか、空家法改正により所有者が不明または不存在の場合に市区町村が財産管理人の選任を請求できることとされている。

空き家対策と課題

空き家問題の対策は、適切な管理のされない空き家の①発生予防、②活用、③解体・除却、④跡地利用、と整理できるだろう。

まず①発生予防とは、管理状態の悪い空き家を増やさないための取組みである。所有者の意識啓発、早期の意思決定、管理サービスが必要であり、そのための住教育プログラムが求められる。

次に②活用には、住宅としての活用と別用途への転用が考えられる。前者は中古住宅として次の居住者に繋ぐこと、後者は住宅を飲食店、宿泊施設、福祉施設など別用途に変えることである。

すでに老朽化が進み活用が難しい空き家については、③解体・除却が避けられなくなる。原則的には所有者が解体し除却すべきであるが、解体費用の補助制度を導入している自治体も多い。

解体・除却が進んだとして、次の課題は④除却後の跡地利用である。特に市場の力学が働かない空き家の跡地利用は容易でない。問題の空き家1軒のみで対応が難しければ、近隣を含めた面的空間再編に組み入れ解体から跡地利用に繋げる仕組みと、それを動かすマネジメントが必要となるだろう。

02 所有者の責任とリスク

空き家は誰の責任か？

01 で述べたように、空き家は放置されると、建物の倒壊、屋根や壁材等の飛散・崩落、樹木・雑草の繁茂、ゴミの不法投棄、公衆衛生の低下、失火、治安の低下、地域イメージの低下、周辺地域の地価の下落など様々な問題、すなわち外部不経済を引き起こし、地域の住民や地域社会に対して多大な悪影響を及ぼしかねない。

それでは、空き家の外壁が崩落して、隣接する家屋や通行人に被害が生じた場合、誰が責任を負うのであろうか？

民法の工作物責任とは？

民法第717条第1項は、建物を含む土地の工作物の占有者および所有者の責任について、次のように定めている。

「土地の工作物の設置又は保存に瑕疵があることによって他人に損害を生じたときは、その工作物の占有者は、被害者に対してその損害を賠償する責任を負う。ただし、占有者が損害の発生を防止するのに必要な注意をしたときは、所有者がその損害を賠償しなければならない」。

例えば賃貸住宅で賃借人がいる場合には、一義的にはその建物を占有している賃借人が責任を負い、その賃借人が、損害の発生を防止するのに必要な注意をしている場合には、建物所有者が責任を負うことになる。

空き家の場合の工作物責任

しかし、空き家の場合には占有者がいないため、空き家の設置または保存に瑕疵があることによって第三者に損害が生じた場合には、その空き家の所有者が損害賠償責任を負うことになる。なお、瑕疵とは、そのものが通常有すべき品質を欠いていることをいい、建物の場合は、通常有すべき安全性を欠いていることなどが瑕疵に該当する。

所有者の工作物責任は無過失責任

この土地の工作物の所有者の責任は、故意・過失の有無を問わず責任を負う無過失責任とされている。例えば、親から相続して間もない空き家の外壁が崩落して、通行中の自動車に傷が付いた場合、故意・過失はないかもしれないが、空き家の所有者の損害賠償責任は免れない。これは、第三者から空き家を購入したばかりの所有者についても同様である。

それでは、大雨や大地震などの自然力が加わったために損害が発生した場合などではどうなるのだろうか？

こうした場合は、所有者の設置行為または保存行為に関する瑕疵と実際の損害との間に因果関係があるかないかが問題となる。ただし、因果関係が認められたとしても自然災害の損害に対する寄与度により責任が軽減される余地がある。

空き家の所有者が行うべきこと

空き家を放置しておくことは、上記の工作物責任だけでなく、地域住民や地域社会に対して多くの悪影響を及ぼしかねない。また、所有する資産自体の資産価値の低下を招くことになる。そうした事態を防ぐために、空き家の所有者は、何らかの行動を起こすことが必要である。具体的には、①空き家を適正に維持管理する、②空き家を解体・除却する、③空き家を売却する、④空き家を活用する、といった方法が考えられるが、ここでは、①の空き家を適正に維持管理する方法についてとりあげたい。

空き家を適正に維持管理する方法

空き家の適正な維持管理を、所有者や親族が行える場合には問題ないが、相続などで居住地から遠方の空き家を所有している場合には、これはそれほど簡単ではない。

こうした場合には、空き家の管理代行サービスを利用するという方法がある。空き家の管理代行サービスを提供する組織には、株式会社やNPOなど様々な組織があり、そのサービスの内容も多様で

あるが、基本的な内容は**表1**のとおりである。なお、管理代行サービスには、基本的には修繕工事は含まれないため、屋根や外壁等の修繕工事は、あらかじめ空き家の所有者が行う必要がある。

- 通水：水漏れや水道メーター異常などのチェック
- 清掃：屋内外の清掃
- 屋内確認：雨漏りや傷み、カビなどのチェック
- 屋外確認：庭木や雑草、外壁や瓦などのチェック
- 剪定：除草や庭木の剪定など
- ポスト確認：郵便物の確認・整理

表1　空き家管理代行の主なメニュー

空き家の管理は地域組織で

空き家の管理は、一義的には所有者が行うべきものであるが、所有者が遠方に住んでいる場合など、所有者が空き家管理を適切に行いにくい実態がある。

空き家問題は地域住民や地域社会に外部不経済を与えるものであるため、地域の居住環境の維持向上や資産価値向上の観点から、NPO等の地域住民主体の組織が、地域の空き家の管理を一元的に担うことが、放置空き家の問題を解決する1つの突破口になるのではないだろうか。

地域に存在する複数の空き家を地域住民主体の組織が一元的に管理することは、**表1**のようなサービスメニューを実施するうえでも効率的であり、また、地域の空き家を地域に必要な福祉施設等に活用する際にも有効な方法と考えられる（➡ **57** つるおかランド・バンク）。

03 統計に見る空き家

住宅・土地統計調査

全国、都道府県および自治体内の空き家数とその推移や都市間比較をしたいときに、全国規模で5年ごとに実施される住宅・土地統計調査の結果が活用されている。

本来は住宅に居住する世帯の居住状況、世帯の保有する土地等の実態を把握し、その結果から各種政策を検討するための調査であるが、同時に実施される建物調査（表1、2）で調査区内に存在する居住者のいない住宅も調査対象になっているため、「空き家」の数が把握されている。

住宅・土地統計調査の「空き家」

「住宅」の要件を満たすもののうち、ふだん、人が居住していない住宅で、建築中と一時現在者のみの住宅を除いたものが「空き家」に分類される（表2）。調査による空き家は、調査開始以降一貫して増加しており、2023年には900万戸（2018年から51万戸増加）、総住宅数に占める割合（空き家率）は13.8％に達している（図1）。なお、この数値には週末や休暇中にしか利用されず普段は人が住んでいない別荘などの「二次的住宅」「賃貸用」「売却用」の住宅で人が住んでいないものが含まれている。これ以外で区分が困難なものを含めたものが「その他の住宅」と呼ばれていたが、2023年調査からは「賃貸・売却用及び二次的住宅を除く空き家」に区分された（表2）。空き家を種類別に見ると、賃貸用が最も多い（443万戸）ものの、「賃貸・売却用及び二次的住宅を除く空き家（通称：その他空き家）」が急激に増加し、385万戸に達している（図1）。なおこの区分に該当する空き家は全体の3／4が戸建住宅であるが、残る1／4は共同住宅（木造・非木造）であることにも注意が必要である（図2）。

統計調査の限界、独自調査の限界

悉皆調査である国勢調査は人口と世帯の居住状況を把握するために実施されており、居住者のいない住宅は調査対象外である。一方、住宅・土地統計調査は、国勢調査の調査区のうち目標精度（標準誤差率5～10％）により系統的に抽出された調査区で実施されるサンプリング調査である。結果で示された数値は調整後の推計値であり、100の単位までしか表示されていない。人口規模が小さい自治体ほど実態との乖離が大きくなる場合がある。加えて、自治体全体の推計値しか分からず、より細かな空き家の実態や地域別分析などには対応できない。

また、調査対象の「住宅」には、住宅の要件を満たさない居住不可能な「廃屋」は含まれていない。別記する「特定空家」の一部は、調査対象に該当しておらず、数値に含まれていない。そのため、各自治体は詳細な実態を知るために、独自の調査を実施する場合があるが、調査レベルの確保、データ更新等に課題がある。

区分			内容
一時現在者のみの住宅			昼間だけ使用している、何人かの人が交代で寝泊まりしているなど、そこにふだん居住している者が1人もいない住宅
空き家	賃貸用・売却用及び二次的住宅を除く空き家（その他空き家）		賃貸用の空き家、売却用の空き家及び二次的住宅以外の人が住んでいない住宅で、例えば、転勤・入院などのため居住世帯が長期にわたって不在の住宅や建替などのために取り壊すことになっている住宅など（注：空家の種類の判断が困難な住宅を含む）
	賃貸用の住宅		新築・中古を問わず、賃貸のために空き家になっている住宅
	売却用の住宅		新築・中古を問わず、売却のために空き家になっている住宅
	二次的住宅	別荘	週末や休暇時に避暑・避寒・保養などの目的で使用される住宅で、ふだんは人が住んでいない住宅
		その他	ふだん住んでいる住宅とは別に、残業で遅くなったときに寝泊まりするなど、たまに寝泊まりしている人がいる住宅
建築中の住宅			住宅として建築中のもので、棟上げは終わっているが、戸締まりができるまでにはなっていないもの（鉄筋コンクリートの場合は、外壁が出来上がったもの）なお、戸締まりができる程度になっている場合は、内装が完了していなくても、「空き家」とした。また、建築中の住宅でも、ふだん人が居住している場合には、建築中とはせずに人が居住している住宅とした。

表1　令和5年住宅・土地統計調査　建物調査票（調査項目）[文1]

表2　用語の説明 [文2]

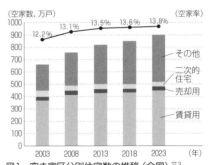

図1　空き家区分別住宅数の推移（全国）[文3]

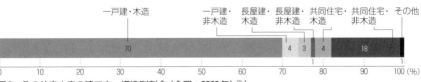

図2　その他空き家の建て方・構造別割合（全国：2023年）[文4]

空き家とは　17

建築の寿命と空き家

04

建築の寿命

建物が解体される目的や事情は様々であり、建物の寿命を個別に推定することは容易ではない。しかし、ある一群の建物を対象に、建築されてから除却されるまでの「代表的」な年数を推定する方法はいくつか存在する。いわゆる「建築の寿命」を主題とした研究分野において、これまで提案されている代表的な3つの方法を紹介する（**表1**）。

まず、住宅総数を当該年の着工戸数で割った値（「サイクル年数」）は最も簡便でよく知られた方法である。仮にその着工戸数と同程度の除却が行われ続ける場合、すべての住宅が建替わるまでの年数を意味している。しかし、年によって着工戸数が変動する点や厳密な意味での「寿命」とは異なる点も指摘される。

2つ目に、滅失した住宅の平均築後年数という指標がある。人口学でいえば、「死亡者の平均年齢」と同義である。住宅・土地統計調査の2時点間を比較し、滅失した住宅の戸数と年代区分に着目して算出する。さらに、3つ目の区間残存率推計法は、人口学の理論を援用した数理的手法である。一群の建物の残存率が50％となった年数を「平均的な寿命」と定義し、この残存曲線を、数理モデルを用

いて、建築年代や属性ごとに推定する（小松[文1]）。その根拠となるデータとして、固定資産税の家屋台帳や住宅・土地統計調査等の統計データが用いられる。これら3つの指標には、年数そのものに違いがあるほか、変動の傾向も異なる。区間残存率推計法では、観測時点間の変動が他の指標に比べて小さく、寿命が年々延びているという傾向も見出せない。

「耐用年数」との関係

建築の寿命とは別に「耐用年数」という言葉がある。わが国の税法に基づき、建物の耐用年数が財務省令で定められている（→**12 表1**）。原価が経年により一律に減価するものとし（原価法）、償却分を損金として計上する。つまり、残存する価値は時間とともに償却直線に沿って減価し、この価値がゼロになるまでの期間が耐用年数とされる。この耐用年数は、一般的な戸建住宅を想定した場合、実際の使用期間より短いことが知られている。

ところが、原価法は、米国等で採用される、将来の使用期間に享受できる効用に着目した価格算定法である収益還元法に比べ、建物の価値を過小に評価しやすい方法だと指摘されている（中城[文3]）。しかし、企業会計上、償却期間が短いほど

有利に働くことが多いため、耐用年数を実態に即して長期に設定しようとする動機は社会的に生まれにくい現状にある。

空き家への影響

税制上の「耐用年数」は、不動産市場に大きな影響を与える。わが国では、既存住宅の取引に、耐用年数が参考にされる商慣習がある。一定年数を経過した中古物件の価格は、原価法の考え方を援用して決定される。その結果、「新築プレミアム」が付く新築物件に比べ、中古物件の価格は著しく低くなりやすい。

原価法による考え方が支配的なわが国では、将来的な利用に対する「価値」に対して価格が低くなりやすい。連動して担保価値が過小評価され、金融を通じた投資がなされにくく、修繕・改修の機会損失に繋がる（図1）。すなわち、原価法に基づく「耐用年数」は、多くの空き家が放置される遠因となっているのである。建築の寿命に対して社会的な認識が深まり、本来の利用価値に近い価格算定がなされることは、空き家の抑止を目指すうえで極めて重要な課題といえる（→12）。

種類	算出値の例	データ
サイクル年数	57.1年（2008）、67.4年（2013）、67.9年（2018）、76.4年（2023）※	住宅・土地統計調査 新築着工統計
滅失住宅の平均築後年数	32.1年（2008.10〜2013.9の5年間） 38.2年（2013.10〜2018.9の5年間）文2	住宅・土地統計調査
区間残存率推計法等に基づく寿命	56.6年（2008）、57.7年（2013）、54.2年（2018）文2	住宅・土地統計調査 固定資産税台帳

※ それぞれの調査年の総住宅数を、当該年を含む5年間の着工戸数の平均値で割った値

表1 建築の寿命に関する代表的な指標

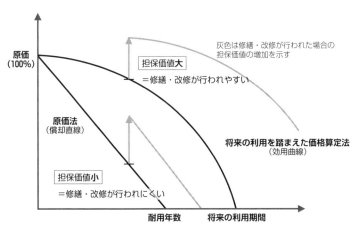

図1 原価法と将来の利用を踏まえた価格算定方法の減価・増価のイメージ

05 世界と日本の空き家

日本の空き家率を他国と比べると

日本の空き家数は 900 万戸に上り、ストック全体 (6502 万戸) の 13.8 ％を占める (2023 年)。この数字は世界的にも高いといわれるが、空き家の定義や調査方法はそれぞれ異なるため、他国と単純に比較はできない。

例えば、日本の住宅・土地統計調査でいう「空き家」は、①以下の②〜④を除く空き家 (その他空き家)、②賃貸用の住宅、③売却用の住宅、④二次的住宅からなるが (→03)、このうち④を空き家に含めるかは国によって分かれる (表1)。

そこで、二次的住宅を除いた空き家率の推移を日独仏間で比較してみる (図1)。日本の空き家率はやはり高く、それも一貫して増え続けている。一方、ドイツやフランスの空き家率は、上下しながら変動している。その背景には、難民・移民の流入が増加したドイツや、少子化対策に力を入れるフランスとの人口動態の違いもある (図2)。

次に、この 3 カ国の二次的住宅の割合を見てみると、バカンスを別荘で過ごす習慣が根づくフランス・ドイツと日本とで圧倒的な開きがある (図3)。なかでもフランスの二次的住宅はストックの 1 割近くを占め、日本 (0.6 ％) のおよそ 16 倍

もの数字になる。

図4 には、二次的住宅を含めた空き家率の状況をまとめた。日本の定義に合わせると、別荘暮らしを謳歌するフランスは、日本を凌ぐ「空き家」大国ということになってしまう。

このように、「空き家」とは、なかなか捉えどころのない存在である。日本の空き家 4 区分のうち、活用や改善の余地があるのは「その他空き家」とされるが、相続した実家を帰省時の住まいとして当面使うケースなど、「二次的住宅」と区別が付きにくいものもそこには含まれる。

余剰ストックを生かしていく社会

重要なのは、せっかくある余剰ストックを社会全体で有意義に使い、暮らしの豊かさに繋げていくことである。

そのためには、余剰ストックを住まいの延長として使う、別の用途に変える、次の利用者に引き継ぐ、などの方法があるが、市場に戻していく場合には、建物の価値が売り手と買い手の当事者間で適正に評価されるかがポイントになる (表2)。住まいに加えた手間やコストが不動産価値にきちんと反映される社会では、既存住宅の流通も盛んになるからだ (→10)。

表1 空き家率の国際比較 文1 (太線内は各国が定義する「空き家」の範囲)

	賃貸・売却用	その他空き家	二次的住宅	計
日本（2023）	7.3%	5.9%	0.6%	13.8%
イギリス（2018）	2.2%	—	—	2.2%
ドイツ（2018）	3.4%	—	4.5%	7.8%
フランス（2018）	8.5%	—	9.7%	18.2%
韓国（2016）	6.7%			6.7%

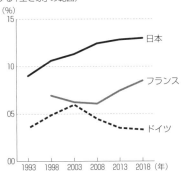

図1 日独仏の空き家率（二次的住宅を除く）の推移 文2

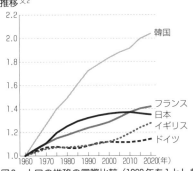

図2 人口の推移の国際比較（1960年を1とした比率）文3

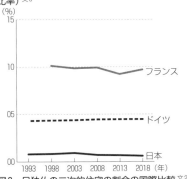

図3 日独仏の二次的住宅の割合の国際比較 文2

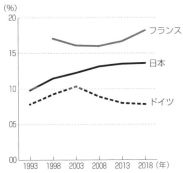

図4 日独仏の空き家率（二次的住宅を含む）の推移 文2

工事種別	工事費（千$）	再販価値（千$）	費用対効果（%）
冷暖房設備の電化	17.7	18.4	103.5
ガレージのドアの交換	4.3	4.4	102.7
外装の石張り	10.9	11.2	102.3
玄関ドアの交換（スチール）	2.2	2.2	100.9
樹脂系サイディングへの交換	16.3	15.5	94.7
窯業系サイディングへの交換	19.4	17.1	88.5
小規模なキッチン改修（中級）	26.8	23.0	85.7
樹脂サッシへの交換	20.1	13.8	68.5
浴室改修（中級）	24.6	16.4	66.7
木製サッシへの交換	24.4	14.9	61.2
屋根改修（アスファルトシングル葺き）	29.1	17.8	61.1
エントランス改修	10.8	5.5	50.4
デッキの増設（木製）	17.1	8.6	50.2
屋根改修（金属板葺き）	47.4	23.2	48.9
浴室のバリアフリー化	39.7	18.3	46.0
大規模なキッチン改修（中級）	77.9	32.6	41.8
デッキの増設（複合）	23.4	9.3	39.8
浴室改修（高級）	76.8	28.2	36.7
大規模なキッチン改修（高級）	154.5	48.9	31.7
浴室増築（中級）	57.1	17.2	30.2
スイートルームの増築（中級）	157.9	47.3	30.0
浴室増築（高級）	104.7	27.8	26.6
スイートルームの増築（高級）	325.5	73.9	22.7

アメリカのウェブマガジン「remodeling」による調査。各種改修工事の費用とそれによる不動産の再販価値の上昇額（平均値）がまとめられている。費用対効果が100％を超える工事もある。既存住宅の流通が盛んなアメリカでは、こうした再販価値への期待が住まいの手入れを行う動機づけにもなっている。

表2 アメリカの既存住宅流通市場における改修工事の費用対効果の例（2023年）文4

2章 空き家はなぜ生まれるか

　日常的にその建物に居住する人、利用する人がいない場合であっても所有者が適切に管理している建物であれば、問題のある「空き家」とは認識されないだろう。また特定の空き家が問題視されたとしても所有者が所在し、その理解が得られて除却や利活用が進めば問題は解決するかもしれない。しかし国の統計によれば空き家の数は1978年の268万戸（空き家率7.6％）から2023年には900万戸（同13.8％）へと急増しており、今後も時間の経過とともに増加すると予測されている。量が増えれば問題のある空き家の数も連動して増加することが予想される。私たちは、急増する空き家にどのように立ち向かっていけばよいのだろうか。対応策を検討するためには、空き家が発生する「原因」を究明し、きちん

と整理しておくことが肝要である。

　本章では「空き家はなぜ生まれるか」という問いに対して多方面からその原因を解説する。

　まず**06**では、空き家増加の理由の1つとして、住宅に住む、もしくは住宅を使う必要がある「世帯」の数が減少し、その構成も変化していることを解説する。

　次に市街地の整備と拡大コントロールを目指す都市計画分野から、**07**では人口減少時代にあってなおスプロールが十分に制御できておらず、低密度で分散型の都市は開発もまた低密度分散型となっている実態を示す。**08**では、都市のスポンジ化への対応策として創設された立地適正化計画とその限界について解説する。

　09では、空き家が急増する中でも、新築住宅が過剰に供給されている実態とそ

22　空き家を知る

の理由を解説する。住宅関連企業の事業規模維持と熾烈な競争、相続税対策など、外的な要因が複雑に絡んでいることを理解していただきたい。関連する10では、大量の新築住宅供給に偏してきた日本では、既存住宅の流通市場が、諸外国と比べて整っておらず、開拓の余地が大きいことを示す。

　一方では、昨今の頻発する災害と激変する自然環境への対応から住宅に求められる性能が高まっている。11では、これまでの要求水準の推移を確認し、既存住宅の不十分な性能が空き家活用の障害となっている可能性を指摘する。同様に12では、既存の木造住宅は税務上の減価償却期間から定められた「法定耐用年数」が22年と短く、この年数を超えると融資の対象とならないため、リフォーム等改良のための投資が進まないことを示す。

13では、空き家の除却とそのコストについて考える。除却コストが高いと敷地の売却コストを下回ってしまうことがある。また除却コストが分かりにくいことも障害になっている。

14では、空き家を残してしまう税制について解説する。土地と建物を所有すると固定資産税等が賦課されるが、住宅用地の小規模宅地特例が税負担を軽減しているため、空き家の除却が進まない理由になっている。

　本章のキーワードをすべて認識し、次章の行政の対応の可能性と限界が理解できれば、空き家問題の解決へ向けた準備が整うはずである。

06 減っていく世帯

世帯数の推移と将来予測

一般に「人口」の減少が大きな社会問題と捉えられているが、空き家問題に大きく影響するのは「世帯数」と「住宅数」である。住宅に居住する世帯数よりも住宅数が多く、その乖離が大きくなれば居住者（世帯）のいない「空き家」が増えて大きな社会問題となる（図1）[文1]。わが国の人口は 2008 年をピークに減少に転じている[文2]が、世帯総数は 2020 年の 5571 万世帯から、2030 年の 5773 万世帯でピークを迎えるまで増加する[文3]。現在の空き家問題は、中古住宅の流通問題以上に、この世帯数の増加を上回る住宅数の増加（新築）がもたらす影響が大きい。しかし 2030 年以降、世帯数は減少に転じ、2050 年には 5261 万世帯まで減少すると予測されている[文3]。既存の住宅を世帯の住む住宅として利用するのみでは限界を迎えることが明らかである（図2）。

家族類型別世帯数の推移から見た空き家問題

居住者のいない「空き家」のうち木造一戸建住宅が多数を占める「その他空き家」（→03 図2）が、近隣に悪影響を与える場合が多いと考えられる。これらの住宅は家族世帯が居住し、居住者＝土地・建物所有者であったが、世帯分離が進んだのちに単独世帯となり、最後は何らかの理由で居住者が不在となり、その利活用が進まないまま経年劣化が進んでいる。

このような家族世帯用の「その他空き家」が増えているが、変化する世帯数を世帯種別で見ると、増加するのは単独世帯であり、複数の居室を必要とする多人数世帯（夫婦と子、1 人親と子、3 世代居住を含むその他）は急激に減少することが予想されている（図2）。

住宅を住宅のまま活用するとしても大きな課題を抱えているといえる。相続人がいても別の住宅に居住しており、移り住む例は少なく、相続放棄されて所有者のいない住宅になる場合も多い。

空き家の活用と除却の促進

今後、世帯数の減少が確実視される中で、気密性の向上を伴う環境対応や耐震性の向上、バリアフリー対応を目的とした住宅の性能向上を促進したいならば、空き家除却後の跡地での新築住宅を誘導すべきであろう。空き家は居住者の不在で利用目的を失ったとしても、その跡地（宅地）は積極的に活用すべきである。特に、既成市街地の空き家活用、除却後の跡地活用は、市街地集約化、コンパクト

シティ実現のためにも必須といえる。一方で、子育て世代などの成長世帯では、敷地が広く多数の居室を有するその他空き家は適しているため、安価な住宅として活用を促進することも有効である。

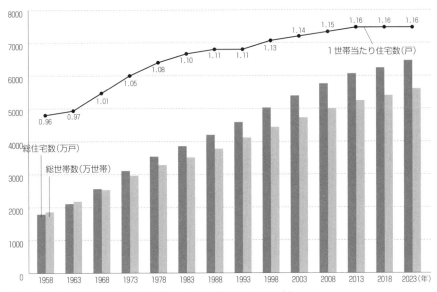

図1　総住宅数、総世帯数および1世帯当たり住宅数の推移（全国）文1

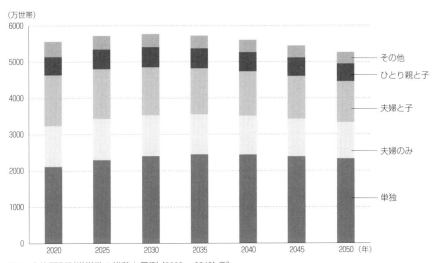

図2　家族類型別世帯数の推移と予測（2020～2040）文3

空き家はなぜ生まれるか　　25

07 人口減少時代の スプロール

人口減少時代のスプロールとは

　人口減少傾向が強まった昨今においても、依然として郊外開発が続いている。戸建持家志向が強い地方都市ほど、自家用車利用の利便性と地価の安さも要因となりスプロールの様相を呈している。しかし、その実態は都市の低密度分散化と言える。つまり、宅地開発において開発の量が減りながら、1970年代以降、急速に進んだモータリゼーションのもと、開発可能地が広がったため、居住者のニーズに委ねる形で市街地が低密度に広がってきたのである。他方で、中心市街地では空洞化が、比較的初期の住宅開発地では高齢化（高齢世帯化）や空き家化も進んでおり、これらは都市のスポンジ化と形容されている。都市の低密度分散化とスポンジ化が同時に進む点が、人口減少時代のスプロールの特色と言える。

人口規模によって異なる都市構造

　都市の低密度分散化は、人口規模によって異なる元々の都市構造も影響している。用途地域（線引き都市の場合は市街化区域）の人口密度と、人口率（当該都市計画区域人口に占める用途地域の人口率）を見ると、線引き都市のほうが、人口密度も人口率も高いことが判る（表1）。これは線引き（都市計画法による区域区分）の要件で、市街化区域は最低でも40人／haの人口密度確保を求められていることもあるが、それよりも、都市規模との相関性が強い。表1に見るように、人口規模が小さくなるほど用途地域人口密度と同人口率の値が小さくなっている。つまり、小規模都市のほうが市街地は人口密度で見て疎なのであり、市街地規模自体が小さく、市街地以外に住む人が多いのである。ちなみに、市街化区域の人口密度と人口率の全国平均は各々61.4人／ha、89.6％であり[文1]、表1の線引き都市の値よ

※1 2015年のデータで集計		都市数	平均人口（人）	平均用途地域人口密度（人/ha）	平均用途地域人口率（%）※2
線引き都市	人口30万人以上	10	564,362	54.7	89.5
	人口10〜30万人	15	179,363	41.1	75.8
	人口10万人未満	7	76,019	39.7	72.6
小計		32	277,069	49.5	84.6
非線引き都市	人口10万人以上	5	180,606	35.8	66.4
	人口5〜10万人	13	73,630	28.4	57.1
	人口5万人未満	14	33,315	25.6	48.6
小計		32	71,845	30.5	59.2

※1　2018年8月時点で立地適正化計画（両誘導区域指定済み）が公表されていた三大都市圏外の地方の線引き都市32、および同年5月時点で公表されていた非線引き都市32を対象。
※2　用途地域内人口÷当該都市計画区域人口×100。線引き都市の場合は市街化区域人口が該当。

表1　地方都市にみる用途地域人口密度および人口率の現状

26　空き家を知る

りもはるかに高い。これは3大都市圏内の都市では人口密度が高く市街地としてのまとまりが強いことから平均値を押し上げているのであり、地方都市ほど低密度で分散化の様相を示す。市街地以外に住む人の多さは、地縁的な開発や建築の量と相関するから、低密度で分散型の都市ほど開発もまた低密度分散化を志向することとなる。

一方で、実質的な都市の範囲を示すDID（人口集中地区）をもとに、1970年と2015年の値を比較すると（表2）、DIDの人口密度は45年間で約23人/ha分低下したが、その要因は、DID人口の増加率よりもDID面積の拡大率が60%余り大きかったからである。このように前述した元々の都市構造に加えて、1970年以降の都市の面積拡大によって今日の低密度分散型の都市構造が形成された。戸建住宅地を想定した場合、60人/haの人口密度でもかなりゆとりがあることを考えると、表1に示す平均用途地域人口密度の値は、すでに器としての市街地が人口に対して過大であることを示している。

コンパクトシティを進めるために

こうした低密度分散化が進んだ都市に

おいて、空き家対策は何を意味するだろうか？

豊橋市の全行政区域を500mメッシュで区切り、各メッシュの空き家数を目的変数に、年少人口率、高齢化率、建物総数、旧耐震建物割合、豊橋駅からの距離を説明変数として重回帰分析を用いて関係性を見たところ、各メッシュの空き家数は単純に各メッシュの建物総数と相関性が強いことが鮮明であった。つまり、空き家の分布構造は単純に建物の多さに相関しており、建物密度が高い場所ほど空き家の密度も高い。したがって、空き家利用を進めることは（空き家の建替も含めて）、その空き家が都市のどこに位置していたとしても、単純に都市の低密度分散化を現状で止め、凍結することに繋がる。

ちなみに、同市の2016年度以降の建築確認の数（空き家だった敷地に限定した場合）も、建物総数に相関していた。つまり、空き家の発生分布だけではなく、その更新分布も（かつて都市がコンパクトだった時代の）既存の市街地構造と関係性が強いと言える。都市レベルから見た空き家の利活用はこのようにしてコンパクトシティに貢献する。

線引き都市29市※	都市数	1970年時点の平均値			2015年時点の平均値			変化率※	
		DID人口（人）	DID面積（km）	DID人口密度（人／ha）	DID人口（人）	DID面積（km）	DID人口密度（人／ha）	面積（%）	人口（%）
人口30万人以上	10	302,369	37.8	77.9	429,678	75.6	56.8	199.8	142.1
人口10〜30万人	14	65,831	10.2	64.4	95,215	22.6	42.1	221.1	144.6
人口10万人未満	5	34,505	5.4	63.6	41,076	9.8	42.1	180.1	119
小計	29	141,995	19	75.2	201,213	39	52.0	204.7	141.7

※表1の都市グループから両時点でDIDが存在した都市を対象。

表2 DID（人口集中地区）にみる都市構造の変化

08 立地適正化計画の限界

「間の都市」と「スポンジ化」

居住地は都市計画区域内の市街化区域にあるはずだが、現実には市街化調整区域（以下、調整区域）における開発許可や都市計画区域外の非線引き白地地域における宅地もあり[文1]、その結果、人々が住むエリアは、かつての旧市街地と旧農村集落、その間に広がる田園地帯などと単純に区別しにくいほど茫漠と広がっている。この状態はジーバーツによれば「間の都市」といわれる[文2]。

一方で、空き家を都市的な拡がりの中で見ると、必ずしも特定の地区に発生するわけではない。例えば、地方都市の駅周辺の老朽化した戸建住宅、中心市街地の空き店舗化、マンションの老朽化などが進む一方、団塊の世代が居住する郊外の団地など、あらゆる地区で空き家は個々の世帯の事情によって発生しうる[文3]。すなわち、「都市の内部において、空き地、空き家等の低未利用の空間が、小さな敷地の単位で、時間的・空間的にランダム性をもって、相当程度の分量で発生する」[文3]。これを饗庭は「スポンジ化」と名づけている。空き家が発生しても、次の買い手が見つかれば良いが、そうでなければ、問題となる「その他空き家」（➡ **03**）として残る。

コンパクトシティ政策

人口が減少し、空き家が増え、居住地における人口密度が低下すると、都市インフラの供給効率が下がる。さらに郊外化が進むと自動車交通の増大による二酸化炭素排出が地球温暖化に悪影響を及ぼす。このような背景から、都市の居住域と都市拠点の集積を図り、「密度の経済」の発揮を通じて、生活利便性の維持向上、地域経済の活性化、行政コストの削減を図るのがコンパクトシティ政策の基本的な考え方である。なお、コンパクトシティは単一の都市拠点に集約していくものではなく、多核的な都市拠点を公共交通ネットワークで繋ぐ「コンパクト・プラス・ネットワーク」が理想として提示されている。

立地適正化計画

このコンパクトシティを実現していくことを目標としたのが、2014年の改正都市再生特別措置法による立地適正化計画制度である。市町村は同計画において都市機能誘導区域と居住誘導区域を定める。前者では生活サービスを誘導するエリアと当該エリアに誘導する施設を設定する。後者は居住を誘導し人口密度を維持するエリアとして設定される。2023

28　空き家を知る

年3月31日時点で、675都市が具体的な取組みを行っており、そのうち504が同計画を作成・公開している[文4]。

立地適正化計画の限界

同制度が創設されて5年後の2019年に国土交通省の都市計画基本問題小委員会が中間的取りまとめとして、いくつかの問題点を挙げている[文5]。空き家との関連では次の2点が重要である。

居住誘導区域外となった区域

居住誘導区域外となった区域については、決して消極的な捉え方ではなく、当該地域の地域特性等を十分に考慮して、あるべき将来像を構築して住民と共有していくべき、としている。そして、良好な自然環境に囲まれた豊かな生活など、新しいワークスタイル、ライフスタイルを実現する場ともなりうることから、国としても必要な支援を行うことが重要、とされる。

市街地拡散の抑制

立地適正化計画の策定により、コンパクトシティの取組みを進める一方で、調整区域において市街化区域との一体性、既存の開発状況や同計画の関係を考慮せずに開発を許容し、居住誘導区域への居住誘導に支障を及ぼしかねない市町村も見られることが問題視される。特に都市計画法第34条第11号に基づく条例（11号条例）等について、法の趣旨やコンパクトシティの理念に反した運用等により、調整区域における開発が進行していることは看過できない、としている（→23）。

非集約エリアにおける空き家の対応

立地適正化計画で誘導区域が定められている場合、空き家はその立地によって対応方針が異なることになる。丹上[文6]は区域別の空き家対策として、集約エリアにおいては空き家・空き地は積極的な活用を図る一方、非集約エリアにおいては外部不経済を防止しつつ空き家・空き地をそのまま存続させるか、住宅や都市機能増進施設以外の用途に利用転換するべき、と指摘する。

集約エリアでは市場メカニズムが機能することによって利活用が進むと考えられる。

一方、非集約エリアでは、空き地・空き家が蓄積されて市街地の形状を喪失していくか、あるいは隣接宅地の規模拡大や居住環境の改善、利便施設の整備等に活用されて、低密度かつ良質な市街地の形成に繋がるか、の両方の可能性が想定されるという。すなわち、非集約区域における空き家対策が、非集約区域そのものの将来性と、長期的な都市全体におけるコンパクト・アンド・ネットワーク実現の鍵を握る。

09 過剰供給される新築住宅

住宅ストック数は総世帯数の1.16倍

2023年住宅・土地統計調査によれば、2023年10月1日現在、住宅ストックの総数は6502万戸、空き家数は900万戸、空き家率は13.8％と過去最高に達している[※1]。

また、国立社会保障・人口問題研究所による2024年推計によれば、総世帯数は2030年に5773万世帯でピークを迎えた後、減少に転じ、2050年には5261万世帯まで減少すると予測されている[※2]（→ 06 ）。

新築住宅が過剰供給される理由

一方、新設住宅着工戸数の推移は図1のとおりであり、2023年においても、約82万戸に上っている。

このように、世帯数が徐々にピークを迎え、空き家率が高いにもかかわらず新築住宅が過剰供給されている主たる理由としては次の3点が考えられる。

新築に過度に依存する産業構造

わが国には、ハウスメーカーやパワービルダー、マンションデベロッパーといった住宅産業が存在し、各社がその事業規模を維持するために、熾烈な競争を行っている。その一方で、住宅ストック数の増加にもかかわらず住宅ストックに対するリフォーム市場はそれほど市場規模が成長していない。2022年度の住宅リフォームの市場規模は、6.86兆円と推計されており、これは、2022年度の新設住宅の投資額の推計値16.3兆円のわずか42.1％にすぎない。ドイツなどでは、住宅ストックに対する投資が、住宅投資全体の70％近くを占めると言われており（→ 10 図3）、わが国の新築に過度に依存した産業構造が、新築住宅の過剰供給の一因となっているものと考えられる。

税制による貸家建設の助長

わが国では、住宅用地については固定資産税、都市計画税の優遇措置がある。住宅1戸当たり200㎡までの敷地については小規模住宅用地として。土地の課税標準は、固定資産税では6分の1に、都市計画税では3分の1となっている。

また、アパートなどの貸家の敷地の相続税評価額は、貸家建付け地として、借地権割合×借家権割合だけ評価額が下がる。例えば、借地権割合60％、借家権割合30％の地域では相続税評価額が18％軽減され、さらに建物の相続税評価額も借家権割合である30％分軽減される（→ 14 ）。

図2は1965年～2023年の新設住宅着工数の推移を示しているが、2015年頃

30　空き家を知る

は特に好景気でなかったにもかかわらず、貸家着工数が急増している。これは2013年の税制改正により相続税の基礎控除が6割に削減され、相続対策としての貸家建設が増加したためである。このように、貸家建設に対する税制上の過度な優遇措置が新築住宅の過剰供給の一因となっている。

都市計画規制の限界

市街化調整区域は、市街化を抑制するために定められる区域であり、本来は住宅の新設は認められない。しかし、既存宅地制度など、一定の条件を満たせば一部の建築行為については都道府県知事の許可を不要とする制度があった（→23）。既存宅地制度は、2000年の都市計画法の改正で廃止されたが、その後も経過措置が講じられ、その間に調整区域においても、多くの新設住宅が建設された（→08）。

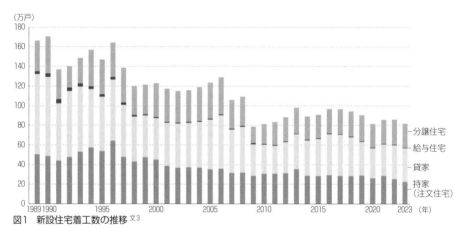

図1　新設住宅着工数の推移 文3

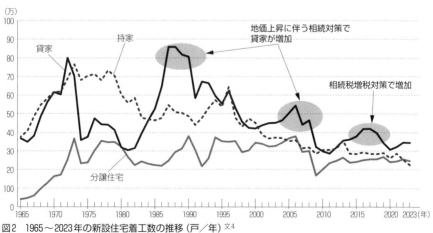

図2　1965～2023年の新設住宅着工数の推移（戸／年）文4

10 日本の住宅市場の特殊性

寿命の短い日本の住宅

日本の住宅は短命だと言われる。実際、住宅の寿命の簡易推計値を見てみると、イギリスの149年やドイツの152年に対して、日本は79年である（図1➡**04**）。

この値は、各国の住宅ストック数（総戸数）をフローの数（年間の新築戸数）で割ったもの、つまり今のペースでつくり続けていけば何年ですべてが入れ替わるかを示したものである。新築をたくさんつくっている国ほど、この値は小さくなる。住宅が短いサイクルで役目を終えていくというわけだ。

新築市場の活況が長続きした日本

図2は、第2次世界大戦後の新築住宅の建設状況を日英独仏の4カ国で比較したものである。

戦後の住宅不足から立ち直るため、世界の国々で住宅の大量建設が進んだが、その勢いも1970年代末にはおおむね落ち着きを見せた。ところが、日本での勢いは衰えることなく、人口千人当たりおよそ10戸を超えるハイペースの住宅建設が2000年代まで長く続いている。近年は他国の水準に近づきつつあるものの、それでも依然他国を凌ぐ建設量である。

住宅の寿命が短い日本。それは、旺盛

な新築市場と表裏一体である。もちろん、ここでいう寿命は、建物としての寿命ではない。戸建をマンションに建替える、あるいは住宅地を新たに造成するなど戸数が増えるケースでは、それに相応する規模で「まだ使えるのに要らなくなった家」が出てくる。旺盛な新築市場の裏で生まれるこれらとどう向き合っていくか、日本の社会全体で考えていかなければならない課題である。

成長の余地がある再生・流通市場

新築が日本ほど盛んでない国々では、それに代わる豊かな再生市場が成り立っている（図3）。

既存住宅の流通市場も、日本ではまだ開拓の余地がある（図4）。そのためには、既存住宅（中古住宅）への人々のネガティブな意識や、売主と買主の間に情報の非対称性が生まれている現状を変えていく必要がある。

本書で紹介する家いちば（➡**87**）、さかさま不動産（➡**88**）、空き家・空き地地域利用バンク（➡**89**）などは、こうした状況を切り開くユニークな取組みである。

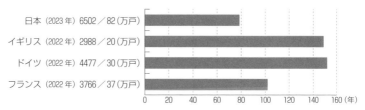

図1 住宅の寿命の簡易推計値(ストック/フロー)の国際比較 住宅の寿命そのものを統計として把握するのは難しいが、ストック数(いまどれだけあるか)をフローの数(年間にどれだけつくっているか)で割れば、何年ですべて入れ替わるか、つまり住宅の建替サイクルがわかる

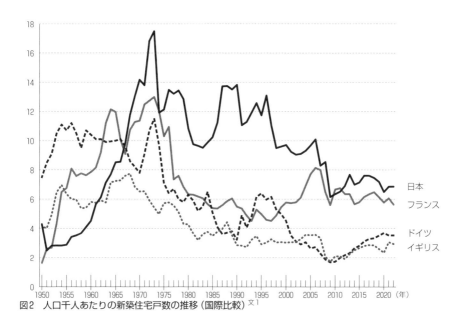

図2 人口千人あたりの新築住宅戸数の推移(国際比較)[文1]

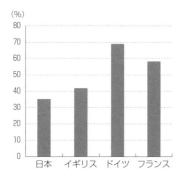

図3 住宅投資に占めるリフォーム割合の国際比較(2022年)[文2]

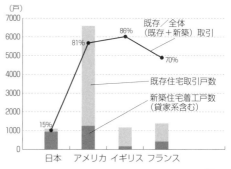

図4 既存住宅流通シェアの国際比較(2018年)[文3]

空き家はなぜ生まれるか　33

11 取り残される既存住宅の性能

高まる性能要求

　空き家は古い建物ほど多い。実際、空き家の建設年代を見てみると、その7割は1970年代までのストックである（図1）。

　古い建物が使われなくなる理由の1つに、性能の問題がある。建物の性能は、メンテナンスをきちんと続けていれば保たれる。しかし、建物に求められる性能は時代とともに高くなるため、古い建物ほど社会の要求水準との間にギャップが生まれる（図2、表1）。

　例えば、1981年の建築基準法改正では、宮城県沖地震（1978年）での被害を受けて、建物の耐震基準が大きく見直された。これ以降の「新耐震基準」では、構造上必要な壁の量が増えている。

　さらに、阪神・淡路大震災（1995年）の被害検証に基づく2000年の建築基準法改正では、木造住宅の耐震基準が強化され、①地盤に応じた基礎の設計、②適切な金物を用いた部材の接合、③偏りのない耐震壁の配置、の3点が義務づけられた。

　また、住宅の断熱性能については、2度のオイルショックを経験した1979年、エネルギーの使用の合理化等に関する法律（省エネ法）が制定され、建主には「住宅の省エネルギー基準」を満たす努力義務が課されるようになった。この省エネ基準はその後段階的に引き上げられたため、住宅の断熱性能は新しい建物ほど一般的に高くなる。

　そして2000年には、耐震や断熱など各種性能の客観的な等級づけを評価機関が行うことで、より高品質な住宅の普及を目指す住宅性能表示制度が始まった。

　これらの基準や等級づけ、さらには建築技術の進展によって、新旧の建物間で性能の差は広がっていく。

リノベーションと法的適合

　こうして、新築時は法令等に適合していたものの、その後の改正で基準を満たさなくなった建物が出てくる。いわゆる「既存不適格建築物」である。

　建築基準法などの法令では、改正後の規定が過去にさかのぼって適用されることはないため、こうした建物をそのまま利用しても違法とはならない。ただし、大規模なリノベーションを行う際には、建物全体を現行の基準に適合させる耐震改修などが必要となる。このことが空き家活用の障壁となる場合があるが、既存部分の床面積の1／2以下におさまる増築の扱いなど、近年は一定の緩和措置が施されるようにもなっている。

34　空き家を知る

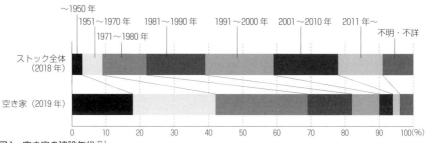

図1 空き家の建設年代 文1

1948年	福井地震（M7.1）
1950年	建築基準法施行　木造住宅の必要壁量の規定
1959年	建築基準法改正　木造住宅の必要壁量の改定
1964年	新潟地震（M7.5）
1965年	十勝沖地震（M7.5）
1971年	建築基準法改正　木造住宅の基礎の布基礎化
1973年	第1次オイルショック
1978年	宮城県沖地震（M7.4）
1979年	第2次オイルショック エネルギーの使用の合理化等に関する法律（省エネ法）施行
1980年	住宅の省エネルギー基準制定（旧省エネ基準）
1981年	建築基準法改正　新耐震基準の導入
1992年	住宅の省エネルギー基準強化（新省エネ基準）
1995年	阪神・淡路大震災（M7.3）
1999年	住宅の省エネルギー基準強化（次世代省エネ基準）
2000年	住宅の品質確保の促進等に関する法律（品確法）施行　住宅性能表示制度の導入 建築基準法改正　木造住宅の耐震基準が強化される
2011年	東日本大震災（M9.0）　エネルギー政策の見直しが迫られる
2016年	建築物のエネルギー消費性能の向上等に関する法律（建築物省エネ法）施行

表1　建築の要求水準の変遷とそれに影響を与えたできごと

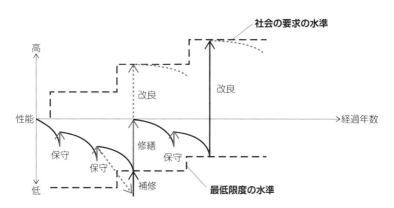

図2　時間のなかで低下／向上する建物の性能 文2

12 市場で評価されない既存住宅

築20年以上の木造住宅はゼロ評価

　空き家が生まれる大きな理由の1つに、築年数を経た既存住宅が不動産流通市場で評価されないことを挙げることができる。例えば、築20年以上の木造住宅は、その設計や施工、維持保全状況が良好であっても、ゼロ評価となることが多い。土地建物全体の評価額としては、更地価格から建物の取り壊し費用を差し引いて評価されることもしばしばある。

　それでは、なぜ、築20年以上の木造住宅が市場で評価されないのであろうか。

　その大きな理由は、木造住宅の「法定耐用年数」が22年と決められていることにある（表1）。

　「法定耐用年数」とは、建物や設備、機械等の資産について、国が税務上の減価償却期間を定めたもので、法定耐用年数を超えた資産が利用できなくなるものではない。また、国が定めた法定耐用年数自体も固定的なものではなく、例えば、マンション等のRC造住宅の法定耐用年数は現在47年とされているが、かつては60年であり、投資促進や企業の内部留保の促進に資するために法定耐用年数が短縮された経緯がある。また、公営住宅法の中で耐火構造の公営住宅の耐用年限は、70年と定められているなど、「法定耐用年数」が建物の耐用年数の絶対的な基準でないことは明らかである。それにもかかわらず、なぜ法定耐用年数に近い、またはそれを超える建物の評価がゼロ評価となるのであろうか。

金融機関の融資は法定耐用年数内

　その最大の理由は、銀行等の金融機関の建物への融資が、原則として法定耐用年数を超えて行われないことにある。言い換えれば、法定耐用年数を経過した既存建物の担保上の評価は、多くの金融機関でゼロとされている。築20年の木造住宅では、法定耐用年数までの残存期間が2年間であり、2年後に担保価値ゼロとされる建物は融資対象としては認められず、結果的にゼロ評価となっている。

　住宅ローンの場合には、土地建物の評価とは別に、融資の審査が個人

用途 構造	住宅用	事務所用	店舗用	ホテル・病院用
木造・合成樹脂造	22年	24年	22年	17年
木造モルタル造	20年	22年	20年	15年
鉄骨鉄筋コンクリート造	47年	50年	39年	39年
鉄筋コンクリート造	47年	50年	39年	39年
鉄骨造（金属造） 厚さ3mm以下	19年	24年	19年	17年
鉄骨造（金属造） 厚3mm超4mm以下	27年	30年	27年	24年
鉄骨造（金属造） 厚4mm超	34年	38年	34年	29年
レンガ造・石造 ブロック造	38年	41年	38年	36年

表1　主な構造別・用途別　建物の法定耐用年数

36　空き家を知る

の属性によるため、築20年の木造住宅でも35年ローンを組める場合があるが、その場合でも、建物の担保価値はゼロで、更地価格から建物取り壊し費用を差し引いた額を限度として融資されることが多い。

こうした金融機関の融資姿勢は、空き家を含めた既存建物の流通や活用の大きな阻害要因となっており、その改善が必要と考えられる。

住宅投資が資産にならない日本の現状

図1は、日本と米国の住宅投資の累計額と住宅資産額の推移を示したものである。米国では住宅投資の累計額と住宅資産額に差はなく、住宅投資を行えば、住宅資産額もその分増加している。一方日本では、1980年代から住宅投資累計額と住宅資産額が乖離し始め、1997年以降は住宅投資を行っても住宅資産額がほとんど増加せず、2011年には、住宅資産額は住宅投資額累計に比べて500兆円下回っている。こうした事態は、国全体にとっても、また住宅を所有する個人にとっても大きな損失である。この最大の原因は、築年数の経過とともに、建物としての住宅の市場価格が下がることであり、またリフォーム投資が住宅の資産額に適切に反映されないことも大きな要因であり、既存住宅の評価について抜本的な改善が必要と考えられる。

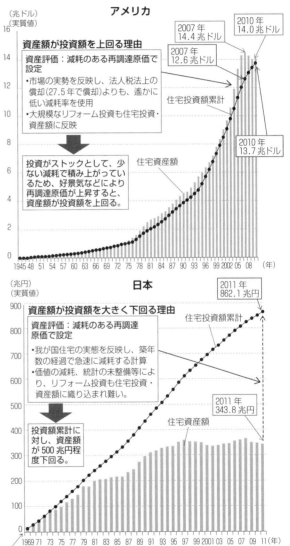

図1 住宅資産額の日米比較 文1

空き家はなぜ生まれるか 37

13 解体を阻む除却コスト

空き家解体の動向

　空き家の解体の動向を直接確認できるデータはないが、一般の建築物の解体について統計的に把握することは可能である。最も代表的なのは、解体工事の際に提出される「除却届」のデータであり、この集計結果は政府の「建築物滅失統計調査」で公開されている。**図1**に、10年間（2012 ～ 2021年度）の住宅の除却戸数の推移を、新築着工戸数と併せて示した。除却戸数は、年間10万～ 12万戸で推移し、新築着工と連動して増減していることが伺える。これは、建替に伴う解体工事が除却戸数に多く含まれているためと推測される。実際、除却戸数の新築戸数に対する割合は、常に11 ～ 12％程度を維持している。

　また、参考のため登記統計のうち「建物の滅失」登記の件数も**図1**に示す。これには住宅以外の建物や、火災や天災による滅失も含まれるため、件数自体は除却戸数よりも多くなりやすい。2020年までは25万～ 28万件で推移していたものの、2021年には新築着工、除却戸数同様に増加し、30万件を超えた。

　以上のように、この10年間を見る限り、解体件数は新築の動向に伴った増減を示すものの、10年単位で見ればほぼ横ばいと見て差し支えない。一方、空き家数は、住宅・土地統計調査によると2013年から2023年までの10年間で約80万戸増加したと報告された。当然ながら、建替以外の目的で、空き家を除却する動きがこれまで以上に顕在化してこなければ、空き家数は今後も増え続けると予想される。

解体費用の適正化に向けた動き

　近年、空き家の解体費用を、AIにより手軽に見積もれるWEBサービスが登場した。建物の物的特徴をいくつか選択し、周辺地域の類似建物の取引価格を反映したうえで、工事費用をシミュレーションする仕組みとなっている。従来、ブラックボックスになりがちだった解体工事業者の見積金額の「目安」とすることで、より適正な価格での工事契約を促す支援ツールとして、期待されている（**図2**）。

解体を阻害する損得勘定

　最終的な解体実施の判断は、解体後の敷地をどのように処分、活用するかに影響されやすい。所有者にとって理想的なのは、敷地の売却価格が解体工事価格を一定程度上回る場合である。宅建業者への仲介報酬等の取引経費を差し引いても

売却益が残れば、問題なく解体実施の判断ができる。ところが実際は、地方・郊外の土地や再建築不可の囲繞地など、敷地価格が解体工事費を下回るケースが多く存在する。譲渡しても売却益が残らず、所有者の持ち出しがある場合、解体実施の経済的なインセンティブはない（図3）。実際は空き家の管理を怠ることで倒壊等の不測の事態も想定され、これに伴う様々なリスクは依然として残るものの、この管理不全に伴うリスクは所有者に過小評価されやすい。現在、空き家解体を促すための様々な施策が国や自治体によって講じられているが（➡ 16 17）、最終的には、その実施判断は所有者の善意に委ねられるところが大きい。

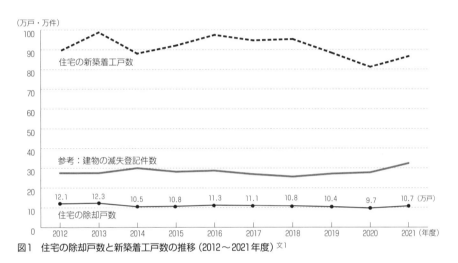

図1　住宅の除却戸数と新築着工戸数の推移（2012～2021年度）文1

図2　国土交通省「令和3年度住宅市場を活用した空き家対策モデル事業」に採択された「AIによる解体費用シミュレータ」の神戸市版 文2（出典：クラッソーネ社）

図3　敷地の売却価格が解体費用を下回る場合における解体実施の難しさ

空き家はなぜ生まれるか　39

14 空き家を残してしまう税制

固定資産税と都市計画税

　土地や建物などの固定資産については、毎年1月1日現在の所有者に対し、その資産価値に応じ「固定資産税」という税金が課税される。また、都市計画区域内の固定資産については、その所有者に対して「都市計画税」という税金が課せられる。固定資産税、都市計画税とも市町村が課す地方税であり、課税標準に対して、それぞれ1.4％、0.3％の標準税率を乗じた額が税額となる。固定資産税は税収の使途が定められていない普通税であるが、都市計画税は本来、都市計画事業や土地区画整理事業などの一定の政策目的を遂げるための目的税である。

　図1は、2021年度の市町村税収の内訳を示したものであるが、全市町村では、全収入に占める固定資産税の割合は41％、都市計画税の割合は6％、併せて47％と、市町村税収のほぼ半分を占める重要な税収であることが分かる。特に町村部では固定資産税だけで全税収の51％と過半を占めている。

小規模住宅用地の特例

　住宅用地についての固定資産税、都市計画税については、国民の負担を軽減するための特例措置が取られている。具体的には、住宅1戸当たり200㎡以下の住宅敷地を「小規模住宅用地」として、また、住宅1戸当たり200㎡超で住宅1戸の床面積の10倍までの住宅敷地を「一般住宅用地」として、表1のように、課税標準の軽減措置が取られている。なお、住宅の戸数は、原則1棟を1戸とするが、共同住宅の一室など、居住のために独立的に区画された部分が複数ある場合はその数としている。

　例えば、固定資産税評価額が12万円／㎡の土地1000㎡に、住戸数8戸のアパートが建っていた場合、1000㎡＜200㎡／戸×8戸＝1600㎡であるので、この土地全体が小規模住宅用地となる。この結果、この土地の固定資産税は表2のように40万円と算定される。

住宅を除却した場合はどうなるか？

　それでは、住宅を除却した場合の土地の固定資産税と都市計画税の税額はどうなるのであろうか。住宅を除却した場合、その土地は、住宅用地ではなくなるので、住宅用地以外の通常の宅地として課税されることになる。この場合の課税標準は、負担調整措置により地域により若干の差異があるが、おおむね固定資産税評価額の60％～70％が課税標準となっている。

40　空き家を知る

例えば表2のアパートの場合、アパートを除却したときの固定資産税・都市計画税は142.8万円になる。これはアパートが除却される前の、3.57倍に当たり、住宅を除却すると固定資産税と都市計画税（併せて「公租公課」という）の負担が急増することが分かる。

空き家の除却を阻む税制

この住宅用地に係る公租公課の優遇措置は、空き家についても適用されている。このため、空き家を除却すると、土地に係る公租公課が急増することになり、これが空き家を除却せずにそのままにしておく大きな動機となっている。後述する空家法では、特定空家と認定された空き家については、上記の住宅用地に係る公租公課の特例措置が適用されなくなり、空き家の除却を促すことになるが、特定空家の認定を受けない空き家についてはその効果はない。地方都市のシャッター通りといわれるような商店街の空き家についても、2分の1以上が住宅である家屋については、小規模住宅用地の特例が適用されるため、空き家のまま放置されることが多いのである。

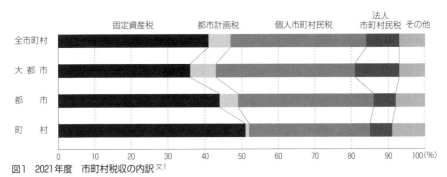

図1　2021年度　市町村税収の内訳 [文1]

区分		固定資産税	都市計画税
小規模住宅用地	住宅用地で住宅1戸につき200㎡までの部分	価格×1／6	価格×1／3
一般住宅用地	小規模住宅用地以外の住宅用地	価格×1／3	価格×2／3

表1　住宅用地に係る固定資産税、都市計画税の軽減措置

①固定資産税評価額が12万円／㎡の土地1000㎡に、住戸数8戸のアパートが建っていた場合
1）1000㎡＜200㎡／戸×8戸＝1600㎡であるので、この土地全体が小規模住宅用地となる。 2）　　固定資産税 12万円／㎡×1/6×1000㎡×標準税率1.4％＝28万円 　　　都市計画税 12万円／㎡×1/3×1000㎡×標準税率0.3％＝12万円 　　　合計　　　　　　　　　　　　　　**40万円**
②アパートを除却して更地とした場合
1）負担調整措置により固定資産税評価額の70％が課税標準と仮定 2）　　固定資産税 12万円／㎡×70％×1000㎡×標準税率1.4％＝117.6万円 　　　都市計画税 12万円／㎡×70％×1000㎡×標準税率0.3％＝25.2万円 　　　合計　　　　　　　　　　　　　　**142.8万円**

表2　住宅を除却する前後の固定資産税の例

3章 行政に何ができるか

2010 年代に空き家が社会問題として認識されて以降、行政に求められる役割は多様化し、またその内容も高度化した。

空き家政策とひと事でいっても、いわゆる「空き家対策」と呼ばれるような、問題のある空き家の改善・除却にとどまらず、空き家バンクに代表される空き家の「活用・流通促進」、さらには「発生抑制」のための意識啓発や相談窓口の整備など、その内容は施策目的によって多岐にわたる。さらに言えば、これらの対策の検討には、一般の行政担当者では限界があり、法律、建築、都市、不動産など専門分野の横断的な関与が必要となる。

また、地方移住の支援やセーフティネット住宅など、空き家政策とは異なる施策目的で空き家活用が図られたり、また空き家の取引を既存の都市計画とどのように整合させるかという検討も進められている。

本章では、このような多面的な空き家政策において、国や地方公共団体が、近年取組んできた施策内容を概観することを目指している。そのうえで今後、新たな施策を講ずるうえで、行政の果たすべき役割について考えを深めてもらうことを意図している。

本章の構成として、まず**15**において、空き家政策の全体像を概観し、個別の施策がどのような目的によって位置づけられ、またそれぞれが対象とする空き家がどのような特徴を持つかを解説する。

16～**20**では、空き家の「対策」「活用・流通促進」「発生抑制」に対応する施策

42 空き家を知る

内容やその考え方などを解説する。具体的には、2023 年に改正された「空家等対策の推進に関する特別措置法（以下空家法）」に基づく、措置の内容や「特定空家等」の考え方、さらには除却に向けた優遇策と措置強化策に焦点をあてる。また、活用・流通促進策として定着してきた空き家バンクをとり挙げるとともに、発生抑制に資する施策として、自治体独自に運営するよろず相談窓口を紹介する。

21〜23 では、空き家対策そのものではないが、移住施策、住宅セーフティネット、都市政策・農業政策など、空き家とは異なる施策目的と空き家活用との関係に焦点をあてる。

最後に、24 では、空き家対策が財政全体に与える影響と今後の課題を考察し、25 では、世界の主要国との比較を通じて、わが国の空き家政策の特徴と課題を解説する。

言うまでもなく、個人所有の空き家は私有財産の一部であり、わが国ではその権利がとりわけ強く尊重される。皮肉にも、昨今の空き家問題は、その所有権の強さに根ざした問題ともいえ、行政による公権力の介入は極めて繊細な問題を提起する。行政として空き家に対処できる可能性と限界を知ることは、同時に社会にとって望ましい空き家のあり方がどのようにあるべきか、また市民が持つべき意識とその行動内容がどうあるべきかを改めて考えさせられる機会となるだろう。

行政に何ができるか　43

15 空き家政策の枠組み

空き家政策の4つの枠組み

国や地方公共団体が空き家を対象として講ずる政策（いわゆる、空き家政策）は、その目的に応じて4つに分けられる（図1）。

1つ目は、管理不全となった空き家の危険性、外部不経済性を除去することを目的として、当該空き家の修繕や除却を促すための「対策」である。空家法（➡16）に基づき、放置されることで危険とみなされる空き家に対し、助言・指導、勧告、命令などの措置をとり、改善を促すことができる。このほか建築基準法や消防法のような関連法令に基づく措置もある。また、上記法令では対象とならない危険な空き家に対しても改善を促すことができるよう、独自に条例を定め、措置を強化する自治体もある。

2つ目は、空き家の「活用」である。空き家の活用を条件とした、その取得・修繕・改修に対する経済的支援は、現在、最も代表的な施策メニューといえる。近年は、補助対象を地域活性化やコミュニティ支援に資する活動団体の利用に限定したり、地域内への転入・定住を促す、いわゆる移住施策と組合せて補助を行う自治体も増えている。

3つ目は、空き家の「流通」である。空き家バンクをはじめ、物件のマッチングを促進する取組み（➡19）や自治体自らがマッチングに積極的に関与する事例も見られる（➡21）。なお、上記の施策メニューは、最終的に空き家の活用に結びつくことから、「活用」政策の一部として、議論されることもある。

4つ目は、空き家の「発生抑制」である。空き家になる前から所有物件の活用や処分について広く相談できる窓口を整え、放置しないよう意識啓発に繋げる（➡20）。また、空き家になってからも健全な状態が維持されるよう、建物の維持管理に対する経済的・人的支援も見られる。他方、空き家が放置されないよう、解体費の補助等を行う自治体も多い（➡17）。さらに踏み込んだ政策として、住宅の総量規制も議論されているが、その実効性には多くの課題も指摘される。

居住の実態と建物の健全性との関係

上記の4つの枠組みにおいて、対象とする建物のイメージは微妙に異なる。それぞれの対象範囲は、居住実態と建物の健全性との関係からおおよそ図2のように整理される。縦軸は居住の程度を表し、下にいくほど建物の使用頻度が低下し、「空き家」とみなされる。横軸は、建物の健全性を表し、右にいくほど良好に管

理された状態を意味し、逆に左にいくほど状態が悪化し、倒壊等の危険性が増す。

空き家の「対策」は、そもそも建物の状態が悪化し、かつ居住実態を踏まえ「空き家」もしくはそれに近い状態と判断されたものを対象とする。同様に、「活用」および「流通」も、「空き家」もしくはそれに近い状態と判断された建物を対象とするものの、取引や再使用が可能な状態にまで修繕できるもの、すなわち建物の状態が著しく悪化していないものに限られる。「発生抑制」は、居住者が、建物の処分や活用に関して何らかの意思を持っていることが前提となるため、使用頻度が一定以上のものに限られる。

対策
- 管理不全となった空き家の改善
- 空家法、建築基準法、消防法等の法令に基づき措置（場合によって代執行）
- 独自の条例を定めて措置を強化する自治体もある

流通
- 空き家の流通を促す
- 空き家バンクが代表的な施策
- その他、自治体が物件のマッチングに積極的に関与する事例もある
- 「活用」に含まれることもある

活用
- 空き家の活用を促す
- 空き家の取得、修繕、改修の補助が代表的な施策
- 補助対象を地域利用に限定したり、移住施策と連携した取組みもみられる

発生抑制
- ①空き家そのものの発生を防ぐ ②空き家の管理不全化を防ぐ
- 相談窓口の開設、意識啓発
- 維持管理や家財道具の整理の支援
- 解体費の補助

図1　空き家政策の4つの枠組み

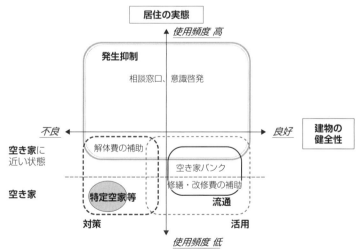

図2　4つの枠組みが対象とする建物の範囲

16 空家法と「特定空家等」

空家法における「特定空家等」

2015年に「空家等対策の推進に関する特別措置法」(以下、空家法) が制定され、年々増加する空き家への対策を強化するため、所有者や管理者 (以下、所有者等) に適切な管理を促すように、自治体が様々な「措置」を講ずることができるようになった。わが国の憲法では、個人の財産権の保護が強く謳われているが、この法律では、所有者等が建築物の適切な管理に責任を持つことを前提とし、公共の福祉を損なう場合において、その改善を促すことができる。

空家法では、まず「空家等」を「居住その他の使用がなされていないことが常態」である建築物等およびその敷地と定義する。さらに、具体的な「措置」を講ずることができる対象として、「特定空家等」を以下の4点のいずれかに該当する「空家等」と定めている (図1)。①倒壊等著しく保安上危険となるおそれのある状態、②著しく衛生上有害となるおそれのある状態、③適切な管理が行われないことにより著しく景観を損なっている状態、④その他周辺の生活環境の保全を図るために放置することが不適切である状態。具体的な基準については国交省のガイドラインに示されており、その程度

に応じて、市町村が後述の措置を講じ、所有者等に改善を求めることになる (表1)。

特定空家等に対する措置

法22条で、特定空家等に対する措置の内容が定められている。大まかな流れは、助言・指導 (法22条1項) → 勧告 (2項) → 命令 (3項) → 代執行 (9項) となる (図2)。ただし、私有財産である空家等への措置については慎重な手続が求められ、とりわけ命令、代執行の実施には、所有者等からの意見聴取や文書による戒告など多くの行政的な手続を踏まなければならない。なお、勧告対象となった空き家については、固定資産税の住宅用地特例が解除されることになっている (➡ 14)。

改正・空家法による措置の強化

改正・空家法が2023年通常国会で成立し、同年に施行された。主な改正ポイントとして、「特定空家等」とそれ以外の「空家等」との中間的な存在として「管理不全空家等」という概念が導入された。これは、放置すれば特定空家等になるおそれのある状態にある空家等と定義されており、いわば特定空家等の予備軍のような位置づけである。従前は、独自に条例を定め、特定空家等にとどまらず、こ

れに準ずる空き家も措置の対象に含め、改善を促す自治体も見られたが、今回の改正によって、それらの多くを法的に位置づけることができる。管理不全空家等に対しても、特定空家等と同様に市区町村が指導、勧告を講ずることができ（命令・代執行はできない）、勧告対象の空き家は、住宅用地特例が解除される。改正・空家法では、特定空家等の予備軍に対しても早めに手を打つことで、空き家が不適切な状態で放置されるのを未然に防ぐ狙いがある。

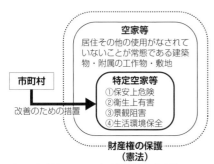

図1　空家法における空家等と特定空家等との関係

状態の種類	判断の基準となる状態
保安上危険	建築物の倒壊、部材の飛散、立木の不朽・倒壊等
衛生上有害	石綿等の飛散、衛生設備の破損、ゴミの散乱・堆積等
景観阻害	既存の景観に関するルールへの著しい不適合
生活環境保全	雑草・立木の繁茂、動物による騒音や臭気、不特定の者が容易に侵入できる状態で放置等

表1　特定空家等の基準

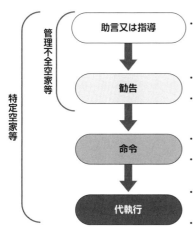

図2　特定空家等と管理不全空家等に対する措置の内容と流れ

17 空き家除却をどう促すか

増加する代執行

外部不経済を生じるような問題のある空き家は、すべからく所有者もしくは管理者の負担で改善されるべきだ。しかし、行政による法定介入なしには事態が解消されない現実もある。空家法に基づく代執行（空き家の解体）は、他の措置状況と同様に年々増加しており（図1）、行政コストの増大が懸念される。代執行はいわば非常手段であり、財産権保護の観点からも、いたずらに講じられるべきではない。外部不経済を生じる空き家をこれ以上増やさないためにも、様々な施策を講じながら空き家の除却をどのように促すかが課題となっている。

補助による除却の促進

自治体による解体工事への補助制度は、空き家の「発生抑制」を目的とした代表的な施策の1つである。解体工事に要した費用の一部を助成することで、空き家除却の促進を図る。補助額は、1件当たりの費用の3分の1、かつ20万円から30万円を上限とされる場合が多い。対象要件として、現行耐震基準を満たさないものに限定する自治体が多い。また、市町村内の事業者による解体工事に対して補助内容を優遇する場合も見られる。

税制の運用による措置の強化

地方税の1つである固定資産税は、施策に連動して自治体独自に運用することが可能であり、空き家解消のアメとムチの両方として機能する。具体的には、住宅用地特例（200㎡以下の住宅用地に対して課税標準額を6分の1に軽減する措置 ➡ 14）に関する措置である。

まず、空き家「対策」の強化策として、勧告を受けた特定空家等の当該特例を解除するものである。2023年に施行された改正空家法においても、勧告を受けた管理不全空家等が、この対象に追加された。また、この空家法の勧告を問わず、税務当局が「今後人の居住の用に供される見込みがない」等と判断し、「住宅」と認めない場合についても、同様の措置を取る自治体もある（表1）。

一方、空き家の発生抑制のための優遇措置として、自主的な解体のインセンティブを阻害しないよう固定資産税の減免措置を取る自治体も見られる。自主的に解体した後も一定期間、解体前の当該特例相当の減免が受けられるようにすることで、特例解除によって増大する税負担を軽減する狙いがある。減免期間は、3年から10年までと、自治体によって様々に設定されている（図2）。

他方、国税の1つである所得税についても優遇措置がある。相続もしくは遺贈により取得した空き家・空き地を譲渡した場合、その譲渡所得から3000万円を特別に控除するものである。古い建物の除却や改修など、積極的な利活用を促す狙いがある。

注目される「空き家税」の導入

京都市が新たに導入する地方税「非居住住宅利活用促進税」(いわゆる「空き家税」)が注目されている。2023年3月に総務大臣から同意を得、2026年以降の施行に向けて検討が進められている。使用されない空き家や別荘、セカンドハウスなどの市街化区域内の「非居住住宅」に新たな税を課すことで、所有者に賃貸などの利活用に向けた検討を促す狙いがある。基本的には、土地・建物の固定資産税評価額をベースとして、実際の固定資産税と同程度かそれ以下の税額が課されるものと想定される(図3)。

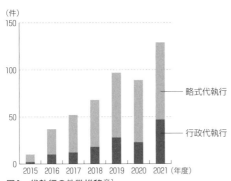

図1　代執行の件数推移[文1]

解除の対象	担当部局
勧告を受けた特定空家等	空き家対策
勧告を受けた管理不全空家等	空き家対策
「住宅」と認められないと判断された家屋	市町村税

表1　固定資産税の小規模宅地特例が解除される対象

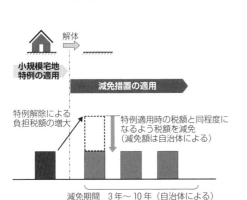

図2　空き家解体後の固定資産税の減免措置の概要

【課税対象】
・「非居住住宅」=「生活の本拠を置いている人(居住者)がいない住宅」
・空き家、セカンドハウス、別荘など

【課税対象】
①と②の合計金額
①家屋の固定資産税評価額 × 税率0.7%
②土地の1㎡当たり固定資産税評価額 × 家屋床面積 × 税率※

※税率は家屋の固定資産税評価額によって0.15%、0.3%、0.6%を設定

図3　京都市で導入予定の「空き家税」の課税対象と税額[文2]

18 自治体による空き家調査

空き家の実態調査

　自治体が空き家の実態調査を行う対象地域は自治体全域としているケースが多いが、調査対象地域を限定している場合や、特定空家等に該当するおそれのある空き家のみを対象とする場合がある。

　空き家等の状態は主に外観目視により調査が行われる。調査項目の概要は国土交通省がガイドライン（**表1**）を示しているほか、自治体により独自の調査表（チェックリスト）を用いる場合もある。

　調査は自治体職員が行う場合と、委託された民間専門団体（建築士や不動産業者など）が行う場合がある。さらに一部の自治体では、自治会などの住民組織に1次調査を依頼し、その結果に基づき職員や専門家が現地を訪れ空き家の状態を判定する。

　また、民間事業者の中には、様々な角度から空き家の精細な写真を撮影しそれを分析することにより、現地に赴くことなく損耗の程度を判定する技術開発も進められている。

　上記の方法のほかに、水道使用状況を用いる例もある。水道を閉栓している住宅を空き家とみなすのである。こうした行政データの使用について、2023年の空家法改正に際し行政や公益企業（電力会社等）が保有する情報の一層の活用が図られようとしている。データ利用の効率化と並行して、個人情報の取扱いには十分な注意が必要である。

所有者調査の大変さ

　筆者らが全国自治体の空き家担当部署を対象に行った調査[※1]によると、担当部署が抱える問題点は、①所有者調査等の負担、②人手不足、③庁内連携不全、④所有者による改善不履行、⑤所有者責任の不明確さ、⑥空き家利活用の情報・ノウハウ不足、が挙げられた。

　このうち①所有者調査等の負担については、回答のあった714自治体のうち空き家所有者等の調査に関して問題があると回答した自治体は250自治体（35%）あり、そのうち「相続がうまくされていない場合の追跡調査が困難」が130自治体と最も多く、そのほかにも相続手続が正しく行われていないことに起因する問題点が挙げられた。

　また、空き家所有者との接触について問題があると回答した自治体は273自治体（38%）あり、「連絡を図っても反応がない」が130自治体で最も多く、仮に所有者を特定できたとしても効率的な連絡手段がないため、迅速な対応が困難とな

っている自治体が多い現状にある。

　こうした結果から、空き家問題の解消には、所有者や相続人が空き家を管理または処分すること、正しく登記を行うこと、自治体からの連絡に応えること、といった基本的なことが大切だと分かる。

空き家実態把握の効率化とその限界

　以上のように、空き家の実態把握作業の効率化および精度向上の試みが続けられている一方で、自治体によってどの方法を選ぶか、収集した情報をどのように精査、管理し利用するのか、情報の更新を誰がどのような頻度で行うのか、といった作業負担の問題がなくなるわけではない。ましてや人手不足は慢性的な課題である。

　空き家対策は、全国一律の方法でうまくいくものではなく、それぞれの地方自治体が住宅事情、住民や民間団体との関係、庁内体制といった地域の実情に合った仕組みを構築する必要がある。

　空家法制定以降、実際にそうした仕組みが形づくられ、そのもとで空き家の実態把握が取組まれている。しかし、今後はさらなる空き家の増加が予想され、現在機能している仕組みが今後も継続できる保証はない。そのため自治体だけでなく地域住民や事業者、関係団体等の協力により継続的に発展させる努力が必要となる。

そのまま放置すれば倒壊等著しく保安上危険となるおそれのある状態

1. 建築物が倒壊等著しく保安上危険又は将来そのような状態になることが予見される状態
(1) 建築物の倒壊等
　イ）建築物の著しい傾斜（基礎に不同沈下がある、柱が傾斜している等）
　ロ）建築物の構造耐力上主要な部分の損傷等（基礎が破損又は変形している、土台が腐朽又は破損している等）
(2) 屋根・外壁等の脱落・飛散等（屋根が変形している、屋根ふき材が剥落している、外壁の仕上材料が剥落等している、看板・給湯設備等が転倒している、屋外階段・バルコニーが腐食・破損又は脱落している

2. 擁壁の状態（擁壁表面に水がしみ出し、流出している等）

そのまま放置すれば著しく衛生上有害となるおそれのある状態

(1) 建築物又は設備等の破損等が原因で、吹付け石綿等が飛散し暴露する可能性が高い、浄化槽等の放置・破損等による汚物の流出・悪臭の発生、排水等の流出による臭気の発生があり、地域住民の日常生活に支障を及ぼしている等。
(2) ごみ等の放置・不法投棄による悪臭の発生、多数のねずみ・はえ・蚊等の発生により、地域住民の日常生活に影響を及ぼしている等。

適切な管理が行われていないことにより著しく景観を損なっている状態

(1) 適切な管理が行われていない結果、既存の景観ルールに著しく適合していない状態となっている（景観計画に著しく適合していない、地域で定められた景観保全に係るルールに著しく適合しない等）。
(2) その他、周囲の景観と著しく不調和な状態である。

その他周辺の生活環境の保全を図るために放置することが不適切である状態

(1) 立木の枝等が近隣の道路等にはみ出し、歩行者等の通行を妨げている等。
(2) 空家等に住みついた動物等が原因で、動物のふん尿その他の汚物の放置により臭気が発生し、地域住民の日常生活に支障を及ぼしている。シロアリが大量に発生し、近隣の家屋に飛来し、地域住民の生活環境に悪影響を及ぼすおそれがある等。
(3) 建築物等の不適切な管理が原因で、門扉が施錠されていない、窓ガラスが割れている等、不特定の者が容易に侵入できる状態で放置されている等。

表1　空家等の物的状態の判断に際して参考となる基準 文2

19 空き家バンク

空き家バンクの役割

　空き家の解消に向けて、空き家の流通促進を支援する空き家バンクの役割が重要となっている。特に自治体が設立した空き家バンクは、物件として登録された空き家の質や、交渉および契約に関わる透明性を保つ点において、あるいは民間の不動産市場の対象にならないような空き家の解消を進めるうえで、欠くことのできない仕組みと言える。

　通常、自治体空き家バンクは、まず自治体担当課が窓口となり、不動産業者等、宅地建物取引業者（以下、宅建業者）やその業界団体等と協定を結び、役割を分担することが基本となる（図1）。自治体は自らホームページを立ち上げ、利用者（購入希望者）に情報提供を行う一方で、空き家の所有者には、空き家相談を受けつつ、バンクに登録する空き家の掘り起こしを行う。主に所有者と利用者の仲立ちとなり、ニーズの調整や空き家ストックの確保を行うのが自治体の役割である。そして実際に購入希望者が現れた場合、契約交渉等の実務は宅建業者が行うというように、役割分担している。自治体の担当職員が少人数に限られる中で、効率的かつ効果的な空き家バンク運営を行うには、協定を結ぶ宅建業者の質やパートナーシップのあり方、さらには自治体関係他課との連携が重要であり、成約実績の高い空き家バンクは豊富なストックを抱えていることが多い。

自治体空き家バンクの現状

　2019年に行われた国土交通省のアンケート調査によれば、全国自治体の約7割に該当する1261の自治体で空き家バンクが設置されているとされる。2021年2月に行った、地方中核市37を対象とした筆者の調査によれば、回答のあった29市のうち、市が空き家バンクを運営するのは、NPO組織に委任する事例を含め21市であり（表1）、中核市においても空き家バンクの設置は72.4％にとどまる。このうち2010年以前に設立されたのは2市、10市は2016〜2020年の間に設立されており、空き家バンクの取組みはごく最近に始まったこ

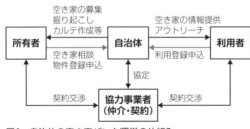

図1　自治体の空き家バンク運営の仕組み

とが分かる。

各自治体に共通するのは、行政は前述した仲立ちを行うものの、契約等に関するトラブル等については関与しないという責任の明確化であり、バンク登録にあたって宅建業者との媒介契約を所有者に求める事例も見られた（山形や久留米）。これらは登録された物件の質を保証する一種の工夫であるが、逆にここまで求めると、門戸が狭くなり成約実績も少なくなる傾向が見られる。その他の工夫としては、空き家バンク登録物件のみに適用される補助金の準備や（盛岡、山形、長野、豊橋、姫路）、農家や農地付き空き家等、複数種のバンクを準備する事例が見られた（金沢や久留米）。2016年に空き家バンクを設立した長野では、空き家改修等補助制度を準備し、家屋改修や家財道具処分を補助する他、中山間地の住民自治協議会の取組みが加わることで、2021年時までに150件以上の成約実績がある。2010年にバンクが設立された金沢では、空き家活用バンクのほかに金澤町家情報バンク、空き農家情報バンクがあり、きめ細かな情報提供がされている。2021年時までに450件の成約実績がある。

今後の課題

自治体空き家バンクの運営は、当該市の空き家ニーズの程度によって、そのあり方が異なると考えられる。一定の空き家ニーズがある場合は、民業との棲み分けが重要である。例えば、高知市の空き家バンクは、中山間地域のみが対象とされている。他方で、空き家の流通が低調な都市や、膨大な空き家を抱える都市においては、いかに空き家バンクを効果的に運営するかは大きな課題である。先に見た長野市では空き家は市内に8099棟あり（同市の実態調査による）、空き家バンクの果たす役割は重要である。空き家バンクの取組みはまだ途についたばかりと言える。

		空き家バンク				助成措置※2		
		①市で運用※1	②NPOが運用	道府県が運用	①②のバンクなし	除却補助	その他補助	なし
1	旭川市			○	○	○		
2	函館市			○	○	○		
3	青森市	○						○
4	盛岡市	○					○	
5	山形市	○				◎	◎	
6	いわき		○			○	○	
7	郡山市		○				○	
8	水戸市				○		○	
9	前橋市				○		◎	
10	福井市	○					○	
11	金沢市	◎					◎	
12	甲府市	○				○	◎	
13	長野市	○					○	
14	岐阜市	△					○	
15	豊橋市	○					○	
16	姫路市	○					◎	
17	和歌山			○	○		○	
18	松江市	○					○	
19	倉敷市				○		○	
20	福山市	△		○			○	
21	呉市	○					◎	
22	下関市	○					◎	
23	松山市				○		○	
24	高知市			○				
25	久留米	○				○		
26	佐世保	○						
27	大分市	○					◎	
28	宮崎市	○						
29	那覇市				○		○	
	○の合計	19	2	5	8	24	21	2

※1：◎は複数のバンクあり。△は民間の空家バンクと連携している事例。グレーはこれまでの成約件数が100超の事例。
※2：◎は複数の助成制度をもつ事例。

表1　地方中核市における空き家バンクの運営実績

行政に何ができるか　53

20 空き家のよろず相談窓口

空き家に絡む多様な問題

国土交通省の調査[1]によれば、空き家取得の経緯は相続による取得が過半数となっていて最も多い。空き家が発生する要因の1つに、実家（親が所有・居住していた家）について「家族が住まなくなったときにどうするか」があらかじめ決まっておらず、空き家のまま放置されることがある。所有者が健在なうちに、将来は誰が相続し、相続後にどう扱うかを家族および関係者の間で協議しておくことが大切である（➡45）。

しかしながら、実際には高齢になった親が「まだ大丈夫」「子どもが何とかするだろう」と家の行く末について意思を示さずにいたり、所有者が亡くなった後に家族の意見が合わなかったり、残された家財の処分が必要になったりと様々な事情が絡み合い、手を打てないまま空き家の状態が続くことがある。

自治体の相談窓口

今日では全国の地方自治体の9割が空き家対策計画を策定済みまたは策定予定であり、空き家対策の担当部署および実施体制を定めている。空き家に関する相談事は、まずは地方自治体の空き家担当部署に問い合わせるのが順当である。

とはいえ、空き家対策業務の負担に苦労する自治体は少なくない。空き家の担当職員数は4人以下の自治体が多く[2]、また職員は他の業務と兼務していることが多いため負担が増す。それに加え、空き家問題には建築や不動産、法律、手続等に関する専門性が求められる場面がある。空き家対策に取組む全国の地方自治体の6割強が人手不足を、6割弱が専門的知見不足を課題に挙げている[3]。

空き家は私有財産であり、自治体が公的資金を使って除却等に取組むことは、近隣に危険が及ぶなど急を要する場合を除けば、使途の公平性や行政まかせとなるモラルハザードについての懸念がある。

ワンストップの相談窓口と公民連携

こうした状況のもと、民間部門にワンストップ窓口を設け、自治体および関係専門家との連携による相談体制の構築が各地で取組まれている。体制の中核となるのはNPOや不動産事業者等が多く、それぞれに法律・不動産・建築・金融等の関係士業と連携する形をとる。なお、空き家相談は個人情報を扱うことになるため、自治体と連携する場合は特別な協定を結ぶなど情報の扱いに関するルールが必要である。

民間部門にワンストップ窓口を設けることの課題としては、窓口を務める団体の認知度の低さと、信頼のおける団体かどうかの見極めがしづらいことがある。特に所有者が遠方に居住している場合は入手できる情報が限られる。その点からも、自治体との連携協定など信頼性を担保する措置が必要だろう。

地域における空き家問題の啓発

これから放置空き家の増加を抑制するには、空き家化の予防に向けた取組みが重要となる。空き家問題に対する住民の意識を高め、相談窓口や補助制度などの情報について広く周知する必要がある。

そのために、多くの自治体では空き家問題に関するチラシやパンフレットを作成し住民に配布しているほか、相談会やセミナーを開催しているところもある。

空き家問題の啓発には、こうした自治体からの発信に加え、地域住民によるチャンネルを増やすことが期待される。

京都市東山区の六原学区では、自治連合会内に設けられたまちづくり委員会の手により、地域自走の空き家対策に取組んでいる。同学区の空き家対策は2011年に京都市の空き家流通促進事業に参画したことを端緒とし、2年後からはまちづくり委員会が中心となり地域自走による取組みを継続している。空き家予防啓発セミナーの開催や地元住民の作・出演による空き家をテーマにしたショートムービー製作など活動は多岐にわたる。そ

の一環として、啓発冊子『空き家の手帖』を独自に作成し学区全戸に無償配布した。この手帖では、空き家問題の概要、活用の手立てと事例、相続に向けて備えるべき事柄などがイラスト付きの平易な文章でまとめられている（現在『空き家の手帖』は一般に販売されている[文4]）。

福井県越前町は、2016年に「越前町地域ぐるみによる空き家等対策の推進に関する条例」を定め、所有者、町、町民等、自治組織（区）、町民活動団体、事業者がそれぞれに責務を負うことが明記されている。空き家対策計画の中で、自治組織の役割は「空き家等の状況や所有者等に関する情報の把握、適正管理に関する助言」「空き家等を地域資源として積極的に活用」とされている。

「長い目」と「広い目」で啓発を

空き家対策は、現在の空き家所有者だけでなくその予備軍、さらに子・孫世代といった若い世代を含めた「長い目」での啓発が求められる。そのためには地域活動や学校教育のなかで空き家問題に触れる機会を設けることが有効だろう。

また、空き家対策が個々の建物だけでなく、近隣地域の課題解決や魅力創出にいかに繋がるかという「広い目」を養うことも大切である。所有者が遠方に住む場合は周囲への影響が想像しづらいので、社会全体として意識を高める努力を続けなければならないだろう。

21 移住施策への展開

移住施策における空き家活用

　移住施策において、住まいの支援策は大きな柱の1つである。1990年代半ばに、過疎対策の1つとして定住促進住宅が注目され、全国各地で建設された。しかし、行政主導の公有住宅の建設は、戸数も限られるうえ、長期にわたる管理も負担となる。2010年代から、「地方移住」が社会的なトレンドとして関心を集め、多くの地方公共団体は、移住者獲得のために様々な施策を打ち出した。このうち住まいに関する支援策は、経済的支援、住まいの供給、マッチングの支援で成り立っている（図1）。特に民間賃貸住宅が不足する地域では、域内の空き家を活用することで、これらの支援策が効果的に実践されている。その具体的方法は様々見られるが、基本的にはマッチングの支援（間接的関与）と空き家の賃貸（直接的関与）の2つに分けられる（表1）。

マッチングの支援（間接的関与）

　マッチングの支援とは、行政が移住希望者と空き家所有者との交渉・契約には直接関与せず、空き家の紹介や契約交渉に対して支援を行うものである。空き家バンクの運営や、地域の不動産業者の紹介が代表的である（➡ 19）。小規模な自治体では、空き家バンクの運営に頼らずに、自治体の担当者自らが空き家を掘り起こし、個別に物件を紹介する事例もある。

　所有者との交渉・契約への支援の一環として、契約書のひな形を作成し、双方に提供する試みもある。借主の費用負担で改修することを前提とした特殊な賃貸契約書のひな形を自治体で作成し、円滑な契約交渉に役立ててもらうことを意図している。

空き家の賃貸（直接的関与）

　従来の定住促進住宅の直接供給とは異なり、地方公共団体が、域内の空き家を借上げ、あるいは買取り、移住者に賃貸する取組みも見られる。特に小規模な自治体では、民間賃貸住宅が少なく、空き家バンクの登録も思うように進まない現状もある。そこで、行政が契約の当事者として空き家を提供し、直接的に移住者に住まいを提供する。

　自治体による空き家のサブリースは、いくつかの地方公共団体で見られる（➡ 92 檮原町移住定住促進住宅）。無償もしくは低廉な家賃で所有者から借上げ（原賃貸借）、自治体が改修を行ったうえで、移住者に転貸する（転貸借）。所有者のリス

クヘッジのため、定期借家契約を基本とし、原賃貸借の契約期間内で転貸する。一方、事例数はわずかだが、自治体が空き家を買取り、公有住宅として移住者に賃貸する仕組みもある。空き家のサブリースに比べ、賃貸期間や改修内容などにおいて、より柔軟な運用が可能となる。

数年単位の賃貸借ではなく、短期間の滞在を目的とした、いわゆる「移住体験住宅」として空き家が利用される事例もある。行政が借上げた空き家に、数日から数週間の期間で滞在してもらい、当該地域への移住を具体的に検討してもらう。

一方、このような行政による空き家の賃貸は、域内の宅建業者や賃貸住宅の貸主の自由な経済活動を阻害する側面も指摘されうる（いわゆる民業圧迫）。空き家活用における行政の関与のあり方やその対象範囲は、地域の実情に合わせて慎重に検討されるべきである。

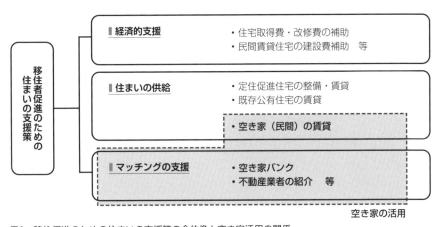

図1　移住促進のための住まいの支援策の全体像と空き家活用の関係

空き家活用のあり方	具体的な取組内容	実施する地方公共団体の数 [文1]
マッチングの支援（間接的関与）	空き家バンク	500以上
	不動産業者の紹介	100以上
	個別の物件紹介	わずか
	契約書の作成・提供	わずか
空き家の賃貸（直接的関与）	空き家の借上げ転貸	10以上
	空き家の買取り賃貸	わずか
	お試し住宅として利用	50以上

表1　移住促進を図るための行政による空き家活用と具体的な取組内容

22 セーフティネットとしての空き家

災害時の仮設住宅としての役割

大規模な災害が発生した際、住宅を失った被災者のための一時的な住まい（応急仮設住宅）として、空き家の活用は重要な選択肢となっている。わが国では、従来まで応急仮設住宅のほとんどを、公有地等に新たに建設することによって供給してきた。しかし、2011年東日本大震災では、6万戸以上の民間住宅が、都道府県によって借上げられ、「みなし仮設住宅」として供与された。その後2016年熊本地震においても、全体の8割近い約1万5千戸が「みなし仮設住宅」として供与された（表1）。

建設による供与には1戸当たり約600万円を要するのに対し、借上げによる供与は、一般的な家族向けの賃貸住宅であれば200万円から360万円までに抑えられる（表2）。すなわち、災害時の公費負担軽減という点において「みなし仮設住宅」は有効な選択肢であることが広く認知されるに至った。国は、2017年に内閣府告示を改正し、これまでの「みなし仮設住宅」を正式に「借上型仮設住宅」として制度化し、「建設型」とは異なるかたちで新たな基準を整備した。

借上型仮設住宅は、一般の賃貸市場で流通する民間賃貸住宅の空き家を想定し

たものだが、実際は空き家となった戸建持家も多く利用されている。東日本大震災で被災した岩手県では700棟以上[1]、熊本地震後の熊本市では170棟以上の戸建持家が転用された。これは、両地域における戸建の「その他空き家」棟数の、それぞれ1.7％、1.6％に相当する[5]。

空き家となった戸建持家が借上型仮設住宅として利用される意義は大きいと考えられる。大規模な供給戸数が求められる場合では、建設型や借上型として供与される民間賃貸住宅を補完する役割を担い、農村地域においてもその供与が可能となる。

一方、戸建空き家が借上型仮設住宅としてより多く運用されるには、地域の不動産団体等を通じた物件情報の把握と円滑なマッチングが課題とされる。賃貸住宅の大家とは異なり、普段から宅建業者と関わりがない空き家所有者に対して、仮設住宅としての利用に関する意向確認や物件情報の整理が、平時から行政を中心として進められることが望まれる。

セーフティネット住宅としての可能性

これまで住まいのセーフティネットとして機能してきた公営住宅の多くが、近い将来耐用年限を迎え、地域によっては

その後の建替が見込めない状況にある。この公営住宅を補完する仕組みとして、民間の空き家・空き室を活用したセーフティネット住宅制度が2017年に開始された。低所得者や高齢者等、一般の賃貸市場では住まいの確保が困難な人々（住宅確保要配慮者）が、「セーフティネット住宅」として登録を受けた住宅に優先的に入居できるようにする仕組みである（図1）。

このセーフティネット住宅は、全国で約11万6千棟（約86万戸）が登録されており（2023年10月現在）、このうち400棟ほどが戸建持家から転用されたものと考えられる。全体登録数に対して戸建持家の比率はまだまだ小さいが、当該制度に基づく特別な改修費補助等の経済的支援も措置されており、これらを活用することでより多くの戸建持家がセーフティネット住宅として活用されることが期待されている。

	建設型	借上型（みなし仮設）	合計
東日本大震災[文2]	53,194	68,645	121,839
熊本地震[文3]	4,303	14,923	19,226
熊本市（出典：菅野[文4]）	527	8,870	9,397

表1 応急仮設住宅（建設型・借上型）の供給戸数（熊本地震については県外戸数を除外）

		供与に掛る費用
建設型[※1]		628万円
借上型（供与期間2年で試算[※2]）	月額15万円	360万円
	月額10万円	240万円
	月額 5万円	120万円

※1 会計検査院報告書（2012）に基づく2011年東日本大震災での平均金額
※2 内閣府告示にもとづき上限2年とされるため。

表2 応急仮設住宅の供与にかかる1戸当たりの費用負担（建設型は実績値、借上型は試算値）

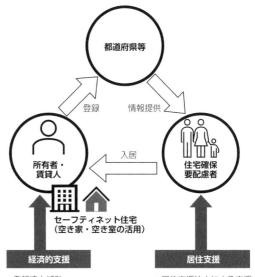

図1 セーフティネット住宅制度のイメージ[文6]

23 農家住宅等の空き家活用

市街化調整区域の空き家

田舎暮らしや農のある暮らしへの関心の高まりから、農村地域への移住が増えている。しかし、市街化調整区域（以下、調整区域）の空き家の場合、開発許可制度が関係するため注意が必要である（➡ 08）。

調整区域の開発許可には立地基準（都市計画法 34 条）が適用され、申請者の当該調整区域との地縁性等が問われる（属人性の規定と呼ばれる）。図1に調整区域で空き家の取得・利用が許可されるパターンをフローで示した。一般的な農家住宅等（所有者が農家かその分家）の空き家取得の場合、都市計画法 34 条 11 号による条例（以下、3411 条例）が適用された集落か否かで対応が分かれる。3411 条例の適用集落では、属人性の規定が適用されないため、空き家取得は許可され、問題はない。同じく同法 34 条 12 号の条例適用集落の場合、自治体によっては属人性規定が除外されていないため、注意が必要である。3411 や 3412 の条例適用がない集落では、農家住宅の空き家を取得使用できるのは、通常血縁者に限られる。原則として世帯主の 3 親等以内の血族等とされる場合が多い。これが一般に取得使用できるのは、同法 34 条 14 号によって開発審査会の提案基準を満たして許可される場合である。提案基準には「一般住宅への用途変更」があり、当該空き家が一定期間（10 年あるいは 20 年とされる場合が多い）適法して使用され、属人性の除外にやむを得ない理由があること等が問わ

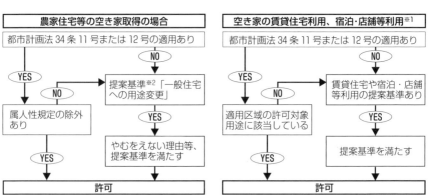

※1：2016 年 12 月の開発許可制度運用指針改正により可能となったもの　※2：開発審査会の提案基準
図1　市街化調整区域の開発許可制度による空き家の取扱い

図2　四日市市の調整区域空き家事例（2023年撮影）

れる。やむを得ない理由とは、競売にかけられた物件や所有者が手放すに相当の理由が該当する。これを満たすことで許可され、農家住宅の空き家は一般の人も所有し、使用することができる（図2）。

2016年12月には開発許可制度運用指針が一部改正され、空き家の使用目的が弾力化された。観光振興のために必要な宿泊、飲食等の提供を行う施設、既存集落の維持のために必要な賃貸住宅やグループホーム等が加えられた。この場合のフローは前段に類似するが、3411号や3412号の条例適用がある場合は、その指定区域の許可用途に上記の用途が該当しているか否か、条例適用がない場合は、空き家の賃貸住宅利用や宿泊・店舗利用等に関わる提案基準が当該自治体に設定されているか否かが重要となる。ただし、この許可要件は運用から日が浅く、まだ実績が少ない。

農地付き空き家

農家住宅の所有者から見れば、空き家として処分する場合、農地の処分も望む意向があり、他方で取得者側からは農の暮らしへの関心から、農地付き住宅を望む需要もある。長年、農地の権利取得には農地法3条によって、50a以上（北海道では2a以上）の取得が許可要件（下限面積要件）として適用されてきた。これが2009年の農地法の改正では、農業委員会の判断で「別段の面積」として設定することが可能となり（これにより1aを設定する自治体も増えた）、2022年の改正ではついに下限面積要件自体が撤廃された（2023年4月より施行）。このように、農地付き空き家の流通を促すような法制度の改正が進んできた。

農山村地域への移住促進については、2020年の地域再生法の改正と合わせて、既存住宅活用農村地域等移住促進事業が創設された。これは、同法による地域再生計画の枠組みの中で、この認定を受けた市町村が移住促進事業を行うことができるもので、具体的には農地付き空き家の情報提供や取得支援を市町村が行う（農地付き空き家バンク等）。この事業計画を行うメリットとして、前述の開発許可の運用や農地取得の下限面積要件等に対し配慮を行うことで（前述したように、下限要件は2023年4月からは廃止された）、空き家取得の円滑化を図るものとしている。こうした流れの中で、農地の利用や農業民宿改修等に助成措置を行う自治体もある（兵庫県等）。農地付き空き家の場合、取得後の農業経営をサポート体制が重要である。

24 政策に係る財源とマンパワー

　2015年2月に施行された空家法により、国、地方自治体、空き家等の所有者の責務が規定され、自治体の空き家対策に法的な根拠が付与された（国の責務は2023年改正法で追加）。各自治体は同法第7条に基づく空家等対策計画を策定し、①特定空家等および管理不全空家等に対する措置、②空き家の利活用支援、③空き家の発生抑制等を定めて対策に取組んでいる。

　同法により、国および都道府県の関与も明確となったが、国から財政面での支援を受けるためには、空家等対策計画とは別に、住宅市街地総合整備事業制度要綱に従った「空き家対策総合実施計画」が必要である。この計画に基づく「空き家対策総合支援事業（事業期間：2016年度～2025年度）」は2023年度に総額54億円の予算措置がなされている（表1）。年々増額されているが、全国の空き家数を考慮すると十分な額とは言えない。また、国費もその多くが借入金であり、対策費の増額は借入金の増額に直結する。空き家除却の補助率は市区町村が実施した場合は国が2／5、市区町村が3／5、空き家所有者等が実施した場合は国2／5、市区町村2／5、所有者等が1／5と手厚い支援内容となっているが、市区町村の負担が大きいことに注意が必要である（表2）。

　特定空家で、所有者が命令等によっても対応しない（できない）場合は、行政による代執行により除却が実施される。この除却費用は税金で賄われ、所有者から徴収されるのが原則である。外壁落下等の危険性回避のための緊急安全措置も同様である。しかし、その負担能力がない場合は、回収が不可能となる。加えて、所有者が不明、もしくはすべての相続人が相続放棄した物件では、相手方のいない略式代執行が実施される。この場合は解体（除却）費用の回収は見込めない。国からの支援が得られたとしても一定割合の自治体負担分も大きい。一例として、図1に地方都市A市（3.4万人）の人口と市税収入の推移を示す。一定水準を保っていた市税収入（主として市民税と固定資産税（➡14）も人口減少の影響から近年急激に減少しており今後の空き家対策に投じる予算の確保も課題になる。

　20で空き家対策を担当する職員の問題に言及しているが、財源の確保に加えて、職員の知識・経験の蓄積として所有者を探し出すための公示送達や債務整理の手法の理解、財産管理人制度の利活用、さらに空き家の建物情報と所有者の情報の管理と更新も課題である。

空き家対策総合支援事業	2023年度当初予算：54億円（2022年度：45億円）		補助率（表2参照）
事業内容			
〈空き家対策基本事業〉			
	空き家の活用（用途限定：地域コミュニティ維持・再生）		A
	空き家の除却（特定空家等、不良住宅、その他空き家）		B、C
	空き家の活用か除却かを判断するためのフィージビリティスタディ		A
	空き家を除却した後の土地の整備		A
	空家等対策計画の策定等に必要な空き家の実態把握		B
	空き家の所有者の特定		B
〈空き家対策附帯事業〉			
	空家法に基づく代執行等の措置の円滑化のための法務的手続等を行う事業		
	① 行政代執行・略式代執行に係る弁護士相談等の必要な司法的手続等の費用		
	② 代執行後の債権回収機関への委託費用		B
	③ 財産管理制度の活用に伴い発生する予納金		
〈空き家対策関連事業〉			
	基本事業とあわせて実施する事業（住宅市街地総合整備事業等）		各事業による
〈空き家対策促進事業〉			
	空き家対策基本事業と一体となってその効果を一層高めるために必要な事業		A
〈空き家対策モデル事業〉（NPOや民間事業者等が実施するもの）			
	① 調査検討等支援事業		定額（国）
	② 改修工事等支援事業		A、C

表1　国土交通省・空き家対策総合支援事業の概要（2023）

	基本事業	空き家所有者等が実施※	市区町村が実施
A	活用・土地整備	国1/3、市区町村1/3、所有者等1/3	国1/2、市区町村1/2
B	除却（代執行等）	—	国1/2、市区町村1/2
C	除却（上記以外）	国2/5、市区町村2/5、所有者等1/5	国2/5、市区町村3/5

※市町村による補助制度の整備が必要

表2　空き家対策総合支援事業・基本事業の補助率（2023）

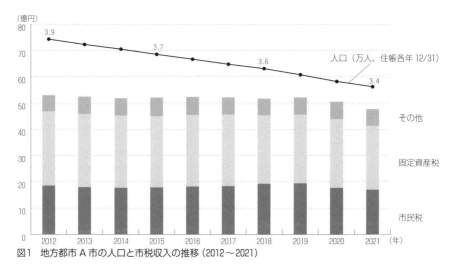

図1　地方都市A市の人口と市税収入の推移（2012〜2021）

25 世界の空き家政策

人口動向および住宅事情の比較

　空き家問題を考える場合、その背景を大局的に見る必要がある。日本の場合、人口動態変化（少子化）と東京一極集中によって構造的に地方を中心に都市縮小やスポンジ化が進んでおり、加えて、元来からあった強い新築持家志向と中古住宅市場の未成熟のもと、大量の空き家を抱えるに至っている。空き家は大都市圏から地方都市、まちなかから中山間地域に至るまで、どこにでも発生している。これに対し、欧米主要国の場合（表1）、移民施策を採ることで、総人口で見れば基本的に人口増加基調にあり、人口減少が進む都市や地区は、産業構造転換を要因とした衰退した旧工業都市や経済サイクル等の影響で衰退した一部地域である場合が多い。したがって、空き家対策やバンダリズムへの対応はこうした都市や地域が中心となる。また、欧米各国では中古住宅市場が整備されていることから、空き家になる前に改築改修したうえで中古住宅として市場に流通する仕組みも整っている場合が多く、日本の事情はかなり特殊であることが分かる。今日、空き家が社会問題化したのは、その圧倒的な量が要因の1つであるが、抜本的な解消のためには、移民施策の導入、少子化の

克服、東京一極集中の是正等といった川上の施策から、住宅フローからストック活用への転換といった中流域の対策も合わせたうえで、個別の空き家解消施策（川下の施策）を展開することが必要だと考えられる。さらに、どこにでも空き家が発生する現状に対し、これを、立地適正化計画をはじめとした都市計画と連動させて取組む仕掛けや工夫も乏しく、今後の改善が望まれる。

多様な空き家施策

　欧米各国の個別の空き家解消施策を概観すると、大きく分けて3つの施策タイプが指摘できる（表1）。1つ目は行政権限による空き家への介入であり、空き家への重課税（英、仏等）や管理不全不動産に対する改善・除却等の命令、行政による収用や再利用（英、独、仏）等が行われている。いずれも放置・放棄不動産や管理不全不動産等に対し強い行政権限が付されていることが背景にある。日本でも改正空家法では特定空家等に加え管理不全空家に対しても行政権限が強化されたところであり、今後の運用効果が期待される。2つ目はアメリカのランド・バンクに代表されるように、民間や公益的非行政組織による取組みとして、空き家の

取得、権利関係整理、解体または修繕・再利用、売却等の一連の空き家解消方策を行う団体やプログラム、あるいは制度があり、成果を上げていることである（米、英、独、仏）。日本でも鶴岡市のランド・バンク（➡57）の取組みが知られているが、改正空家法では空家等管理活用支援法人が設定されており、今後の取組みの活発化が求められる。3つ目は空き家や老朽化建物への対策が都市改造や地区改造のプログラムとしてエリア対応として行われていることである（英、独等）。日本においても、これまで空き家のリノベ等は、任意団体等によるエリアマネジメントの一環として行われた事例も多く、

改正空家法では、空家等活用促進区域制度が設けられ、市区町村による接道や用途等の規制緩和が可能とされる等、制度的支援体制も整えられてきた。今後の取組みの活発化が期待される。しかし、英独等の改造プログラムや衰退地域へのエリア対応は、環境、社会、経済面の問題を総合的に解決する統合的プログラムとされる場合が多い。こうした取組みには、地区の犯罪、所得、教育等の関連データを統合して地区分析等を行うことがスタートとしてあるが、日本では望外の段階だと考えられる。今後の大きな課題である。

	日本	アメリカ	イギリス	ドイツ	フランス
人口動向・都市縮小傾向	人口減少	人口増	人口増	人口減少から転換	人口増
	移民施策なし	移民施策	移民施策	移民施策	移民施策
	人口減少	人口増都市と人口減少都市の併存	衰退都市で人口減少	旧東独都市、旧産業都市での人口減少	大都市：人口増
	東京一極集中	産業構造転換と郊外化による一部地域の衰退	産業構造転換等による都市衰退	政策転換や産業構造転換等による都市衰退	南部等地方都市：人口減
	少子化等人口動態変動により一部を除き都市縮小				
住宅・空き家事情	空き家多数	住宅増	住宅難（需要に供給が追いつかず）	集合住宅の空き家化	住宅難・住宅不足（特に大都市）
	持家・新築志向	中古住宅市場成熟	中古住宅市場成熟	賃貸住宅多・持家少	持家率：日本と同程度
	中古住宅市場未成熟	リモデリング・不動産流通システム	リモデリング	空き家多数	
	新築住宅供給継続	新規住宅供給継続	アフォーダブル住宅供給		地方都市や伝統的産業都市で人口減少と空家問題が顕在化
		一部地域におけるバンダリズムと空き家放置	一部地域におけるバンダリズムと空き家放置		
空き家対策等	空家対策特別措置法 特定空家・管理不全空家管理 空き家除却補助金 空き家バンク リノベ等個別対応	ランドバンク※ コミュニティ・ランド・トラスト※ 公益的非行政組織による取組み※ ※機能としては、空き家の取得・権利関係整理・解体・修繕・再利用・売却等を行う	空き家改良プログラム 住宅市場とのマッチング 空き家への重課税 1ポンド住宅 空き家管理令	［個別不対応］空き家管理義務・管理不全対策 近代化命令・修繕命令 取壊し除却命令 ［エリア対応］都市改造（老朽化や空き家の解体等）社会都市施策（環境・社会・経済面の統合的改善プログラム）民間による対応 都市・地区中心等の再生プログラム	空き家税・居住可能な空き家への徴発（利用権設定）空き家管理の適否と居住是非による対応 放置家屋の収用 無主住宅の行政利用 管理不全物件対策（崩壊危険建物制度）民間等による空き家対策

表1　欧米各国の空き家事情とその対策

空き家を活かす

2部

25のキーワード

ニシイケバレイ（木造アパートを改修した和食店）

4章 暮らしを広げる

　空き家は社会問題である。しかしもう1つの側面として、暮らしをより自由で豊かなものにしたいと望む私たちに、様々な選択肢を与えてくれるものでもある。空き家を上手に使うことで、私たちが当たり前のこととして受け入れている日々の暮らしの不自由さが解消されたり、これまでの常識にとらわれない新しいライフスタイルや住まいのあり方が現実のものになったりする。空き家を活かすことは、とりもなおさず暮らしの可能性を広げることなのである。

　暮らしとの関わりから空き家を見るとき、その活かす手立ては建物に対するハードなものから、暮らしの実践やそれを支える仕組みといったソフトなものまで多岐にわたる。本章では、そのなかでも基本的な事項を押さえつつ、近年の新たな動向を表すことがらを8つのキーワードとして取り上げている。

　1つ目の **26** では、既存建物に手を加える行為として、今ではごく普通に用いられるようになったリノベーションについて解説している。リノベーションという言葉が日本においてどのような意味を持ちながら受け入れられ、より広い概念として定着したか。その経緯は、空き家を活かすアプローチとその広がりを理解する上で、まず押さえておきたいポイントである。

　次に **27** 〜 **29** では、移住したり、第二の拠点を設けたり、定住地をあえて持たずに生活したりと、従来にはあまり見られなかったライフスタイルの実現をめざ

68　空き家を活かす

す人々の動向や、彼らの受け皿としての空き家の現状について解説している。ワークスタイルの多様化もあり、そのような暮らしを実践したいと思う人々が少なからずいる。そのことを知るだけで空き家を見る目が変わるはずである。

さらに30〜32では、空き家の柔軟な使い方について解説している。旧来の住まいでも、それを複数つなげて使うことで新たな価値を生み出すことができるし、まちなかに点在するのであれば、それらを群として捉えて使うことでまち全体を魅力的なものに変えることができる。さらに住まいをシェアすることで、血縁によらない関係性によって助け合ったり、補ったりする暮らしが実践できる。このような発想や試みは、空き家を活かすこ

とでより現実的なものになる。

最後に33では、暮らしやまちの継承について解説している。住まいを継承する住み継ぎは決して新しい事象ではない。しかし、今では住まいが住み手の一生とともにその役割を終えることの方が多い。次の世代に引き継がれないままの住まい＝空き家の増加は、こと「限界」を向かえつつあると言われる郊外住宅地や集落において、まちやそこでの暮らしの継続を危うくする。そのような継承の問題から空き家の活かし方を考えることが求められている。

26 リノベーションする

「リノベーション」という英語はごく一般的に建物の改修などで使われてきた言葉だが、日本で本格的に使われるようになったのは2010年代からだろう。今でもそうだが、既存建物に手を加えてその使い勝手や見た目や性能を改善する行為は、英語では通じない日本独特のカタカナ言葉で、住宅の場合は「リフォーム」、非住宅の場合は「リニューアル」と呼ぶのが一般的だったため、「リノベーション」は英語ではごく一般的な語であるにもかかわらず、2010年代あるいはそれ以前に日本で使われる場合には、既存建物に手を加える行為の中でも新しさを感じさせるものを指して使う場合が多かった。

例えば、建物の用途を変更する場合、21世紀初頭にはまさに用途変更を意味する英語の「コンバージョン」を当てることが多かったが、より広い概念である「リノベーション」がそれを含むことになった（図1）。従来の「リフォーム」や「リニューアル」には用途変更は含まれていないという理解が一般的だったからであろう。

用途変更を伴わない場合には、比較的大規模な行為を「リノベーション」と呼ぶことが多かった。例えば、集合住宅の住戸であれば間取も含めてインフィル全体を変えるような規模のものをそう呼ぶといった具合である（図2）。2010年頃に「リノベーション」という語を意識的に使っていた㈱ブルースタジオの大島芳彦さんは、次のような言い方で「リノベーション」の新しさを強調していた。

「新築を100点とすれば、リフォームはそれを目指しながらも100点は取れない行為。それに対してリノベーションは新築では取れない120点を取ることができる行為」と。

2010年に（一社）HEAD研究会が北九州で始めたのが、こうした新しい動きを担う人材を育成するための「リノベーションスクール」だった。ある町の空き家や空きビルを複数取上げ、それを題材にして新たな事業の立ち上げを構想する演習を中心とした実践型のプログラムだったが、複数の空き家や空きビルに新たな事業が挿入されることでまち自体の活性が大いに期待できることから「リノベーションまちづくり」という概念も誕生した（図3）。

同じく2010年頃から、比較的若い人を中心に新しい生き方を求めて大都市から地方に移住する人々が増え、空き家や空きビルがその安価な受け皿として注目

される機会が増えた。築古の空き家や空きビルを暮らしの場やスモールビジネスの場に仕立て直し、そこで新生活のスタートを切る、そうした行為にピッタリくるのも「リノベーション」という言葉だった（図4）。

2024年現在、「リノベーション」は広く使われる概念になっており、小さな空き家の再生・活用から、規模の大きな団地の再生・活用の分野（図5）まで、効果的に用いられている。

図1　元中学校校舎をアートセンターにリノベーションした3331アーツ千代田（写真提供：3331 Arts Chiyoda）

図2　築古賃貸マンションのオーダーメイド賃貸へのリノベーション（写真提供：青木純氏）

図3　北九州リノベーションスクール（写真提供：北九州家守舎）

図4　古民家をリノベーションして暮らしの場にする生き方（写真提供：㈱マイルーム）

図5　団地全体のリノベーション─ホシノタニ団地（写真提供：㈱ブルースタジオ）

27 空き家に移住する

　2015年頃からの地方移住ブーム（図1）や、コロナ禍によって加速した遠郊外部を含む移住ブームによって、空き家活用の道は大きく開けてきている。

　移住希望者の選択肢の条件には、どの地方・地域に移住するか、とともに、住みたいと思う住宅の有無がある。自ら新しい住宅を建てるという選択でなければ、空き家がターゲットになる。

　移住ブームを取り込み、空き家バンク（→ 19）などの空き家活用が進んでいる自治体もある。しかし、多くの自治体で思うようには進んでいない。特に地方の小さな自治体では、役所内の組織体制、マンパワーやスキルの問題から、空家法の特定空家対策や管理不全空家対策（→ 16）に専念することに手一杯で、移住希望者と空き家をマッチングするところまで十分に至っていないところが多い。空き家所有者が、その活用や提供には、様々な理由で協力的でないことも、その一因である（表1）。

民間事業者による移住サポート

　移住希望者にとってみれば、移住候補先として選んだとしても、住むための住宅としての空き家やその情報がなかなか見つからない。そこで、力を発揮するの

が、民間事業者による取組みである。事例編で紹介されているように、それらは、その事業規模、手法ともに様々に展開してきている（→ 54 55 81 87 100）。

　移住者を受入れる地方・地域に必要な取組みは、移住者が困ることがないようなワンストップ、パッケージでの支援だ。自治体でも、そのようなパッケージによる移住対応しているところも多くなってきているが、依然縦割り行政であり、苦手な取組みである。事業を集中し、集約でき、小回りが利く民間事業者による取組みには期待が大きい。

　地方移住では、その移住先に住宅があり、移住希望者のテイスト、ワークスタイル、ライフスタイルのニーズに合っていないといけない。さらに、移住希望者が移住までに求めることには様々な内容がある。移住先に仕事があるか、子どもがいれば子育て環境や支援内容、地域コミュニティとうまく融和できるか、などだ。民間事業者は行政から委託される場合もあるが、このような様々な移住希望者の要求に応える形でのサービス提供を進めている。

　彼らの取組みは、工夫された多様なものだ。空き家見学会、空き家活用セミナー、空き家を用いた体験移住、移住体験

談、移住相談、空き家改修サポート、地元コミュニティ関係構築など、移住の入口から、地元定着まで手厚い。彼らの強みは、その地域に根を強く張っていて、コミュニティの人たちと様々なネットワークや協力体制があることである。これらがあることでうまく取組みが進んでいる。

地方移住の問題

地方移住にも問題が横たわる。大きなものには、その地方のコミュニティとうまく付き合え、地元に定着できるかということがある。その地域には、地域構造、家族構造が異なる人々が多様にいる。郷に入れば郷に従う、という言葉があるように、地域組織、地域団体への加入や、近所付き合いも求められ、合わせていく必要がある（表2）。それらがうまくいかずに、数年で退去という例も少なからずある。地域コミュニティ側が移住者に過度な期待をし、要求してしまうこともある。受入れ側である地域コミュニティに突付けられた問題で、新たに問われている地方のあり方でもある。人口が減少し地方がますます衰退していく中で、双方ともに変わっていくべき状況にある。

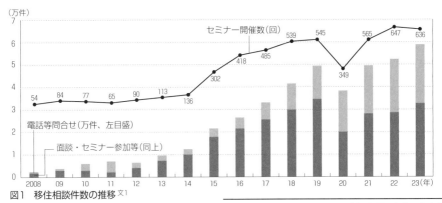

図1　移住相談件数の推移 文1

表1　空き家のままにしておく理由（上位10）文2

物置として必要	60.3%
解体費用をかけたくない	46.9%
更地にしても使い道がない	36.7%
好きなときに利用や処分ができなくなる	33.8%
住宅の質の低さ（古い、狭いなど）	33.2%
将来、自分や親族が使うかもしれない	33.1%
取壊すと固定資産税が高くなる	25.6%
特に困っていない	24.7%
リフォーム費用をかけたくない	23.8%
仏壇など他に保管場所がないものがある	23.2%

表2　池田暮らしの七か条 文3

第1条　集落の一員であること、池田町民であることを自覚してください。
第2条　参加、出役を求められる地域行事の多さとともに、都市にはなかった面倒さの存在を自覚し協力してください。
第3条　集落は小さな共同社会であり、支え合いの多くの習慣があることを理解してください。
第4条　今までの自己価値観を押し付けないこと。また都会暮らしを地域に押し付けないよう心掛けてください。
第5条　プライバシーが無いと感じるお節介があること、また多くの人々の注目と品定めがなされていることを自覚してください。
第6条　集落や地域においての、濃い人間関係を積極的に楽しむ姿勢を持ってください。
第7条　時として自然は脅威となることを自覚してください。特に大雪は暮らしに多大な影響を与えることから、ご近所の助け合いを心掛けてください。

28 二地域を住みこなす

　二地域居住は、2つの地域の住まいを利用するライフスタイルだ。古くから、別荘（セカンドハウス）所有者たちは二地域居住であったし、リタイア後にそれに移行していく人たちもいた（➡56）。

　それが近年、人の移動、情報の移動が自由に行われるようになったことから、二地域居住はハードルが低くなった。週末だけ地方での暮らしを楽しむ人、1年の半分を地方で暮らす人、ワークスタイル、ライフスタイルの考え方も様々だ。国の調査でも約3割が二地域居住に関心を持っている層であるという結果もある（表1）。

都市と地方でのデュアルライフ

　地域の視点からは、都市の中、地方の中での二地域というのも、多様なワークライフスタイルから考えるとありえる住まい方であるが、ここでは、大きな動きになっている、都市と地方での二地域居住について見ていきたい。

　二地域居住には、都市と地方のデュアルライフをしようという強い意志の現れがある。想像しやすいのは、都市では自らの職業や日常生活を進め、地方において、地方ならではの活動や生活を満喫するデュアルライフである。都市にはなく、地方でしか味わえないものは、自然、農村、漁村、海や川などのアクティビティなどの要素である。都市でのハードな仕事や人間関係に疲れたり、都市のあやうさを敏感に感じとった人たちが、第二のふるさとを求めての結果でもある。ワークスタイルの多様化も二地域を選択する方向性に働く。コロナ禍、ポストコロナにおいて、職種によっては、都市内のオフィスに通勤せずに、リモートで仕事ができることが自明になってきた。また、自らのスキルを活かして地方に貢献するために移動する人たちもいる。

　このようなワークライフスタイルを地方で実現するためには、地方でのコミュニティとの関係や人付きあいが重要になってくる。かつて言われた地方での濃密なコミュニティというのも、現代ではだいぶ薄れてきている。そのなかで、ほど良いコミュニティの関わり、地元の人たちとの繋がりを見つけられ、その関係がうまくいけばいくほど、地方でのライフスタイルも充実して、二地域居住のメリットとしても現れてくる（表2）。

移住を試すための二地域居住

　二地域居住のもう1つの動機を見ていく。地方からすると、都市住民が移住・

定住してもらうことがベストな着地点である。一方、移住しようとする側からすると、そこにはリスクが伴う。それまで住んできた都市にある住宅を売却してから、移住先に新たな住宅を確保したとして、その移住先での生活がうまくいくとは限らない。地方移住において、このようなゼロか100か、つまり移住するかしないではない、その中間的なところで、まずは可能性を試す意味での二地域居住というのがある。都会と地方、どちらが自らのワークライフスタイルに合っているのか試すにもちょうど良い。

このような二地域居住を自治体も支援している。国土交通省は自治体が会員となる「全国二地域居住等促進協議会」を設置し、都市と地方の二地域居住を推進させようとしている。また、国は交付金事業で自治体の事業を支援している（表3）。

二地域居住の課題

最後に、二地域居住の課題にも触れておきたい。二地域居住を楽しむ人々は、その両方に住まいがある。そうすると、住民票や納税は、いずれか一方の拠点（自治体）のみ可能であるので、どちらかを選択する必要がある。2つの地域のうち、主に活動したり、長い時間を過ごす地域に置くのが良いだろうが、役所・役場からの通知やサービスは一方にしか届かないことは理解して進める必要がある。

二地域居住等への関心		割合(%)
関心あり 28%	ぜひ二地域居住等を行いたい又は今後行う予定	1.7
	条件が許せば二地域居住等を行いたいと思う	24.9
	過去に二地域居住等を行ったことがあり、また行いたいと思う	1.3
関心なし 72%	過去に二地域居住等を行ったことがあるが、また行いたいとは思わない	14.4
	二地域居住等を行いたいとは思わない	57.7

表1　二地域居住等への関心[文1]

二地域居住のメリット	割合(%)
心身を休めて、健康の維持又は増進につながった	28.5
生活に刺激が増えた	21.7
趣味や娯楽の幅が広がった	21.0
本来の居住地ではできない体験ができる	20.8
特にメリットを感じたことはなかった	18.9
生活や価値観が多様化した（ゆとりが生まれた）	18.8
人との交流が広がった	15.4
仕事の効率が上がった	10.0
将来の移住の準備につながった	10.0
災害時の避難場所となると感じた	9.7
子どもの教育に良かった	9.3
地域貢献ができたことに喜びを感じた	5.2
その他	1.3

表2　二地域居住等のメリット[文2]

自治体名	事業名	空き家の活用
福島県白河市	多世代共生の潤いのまちづくり「誰もが楽しく生涯活躍できる"みちのくの玄関白河"」	市営住宅の空き部屋をリニューアルし、二地域居住の体験施設として活用する。
茨城県笠間市	多世代活躍型生涯活躍のまち（笠間版CCRC）構想推進事業	空き家空き地施策との連動を強化し、市内で増加する空き家等への移住を促進し、東京圏からの移住者等を集める。
栃木県小山市	空き家等を活用した二地域居住促進事業	ニーズに沿った空き家物件を確保、管理、マッチングする。また、物件を移住お試し住宅として貸出し、週末体験移住サービスを提供する。

表3　自治体における二地域居住（空き家活用）支援事例[文3]

29 多拠点を使いこなす

多拠点は、**28**「二地域を住みこなす」よりも、文字通り多くの拠点を利用する。ある目的を持って２つの拠点を行ったり来たりというものではなく、定住の地を持っていない。

定住する拠点を持たず、多拠点を使いこなしている人たちは、アドレスホッパーとかノマドワーカーと呼ばれる。アドレスホッパーは住む場所（＝Address）を転々とする人（＝Hopper）からきた造語である。ある特定の古い価値観を持った人からすると、なぜ定住しないのか、なぜ、住むところを転々としながら生活するのか、疑問が湧いてくるだろう。しかし、世界中にあるライフスタイル、ワークスタイルの１つだ。

彼らは、ホテル、ゲストハウス、ウィークリーマンションなどの宿泊施設を拠点として、移動しながら暮らす。旅をしながら暮らすといったほうがイメージしやすいかもしれない。世界を見ると、様々なアドレスホッパーのタイプがあるが、日本では、基本的に定職を持つ人が多い傾向がある。多拠点を点々と移動していく、つまり多拠点（＝多くの地域）で働きながら住んでいく。彼らは、オフィスに出社する必要がなく、パソコンとネット環境さえあれば成立するワーカーが

ほとんどである。そして、その拠点ごと、地域ごとに情報共有しあって過ごしていく。

多拠点が空き家を必要とする

多拠点にはそれぞれ住まう場所が必要になる。その受け皿が空き家を活用した住まいで、このサービスには空き家活用と彼らを繋ぐという機能もある。

このワークライフスタイルは、コロナ渦により、働く場所が自由になったこともあり、選択肢の１つとしてクローズアップされてきた。そして、地方の空き家問題や、住まいのサブスクリプション（定額制）が登場してきたことで、多拠点居住の受け皿が用意され、これまでになかったワークライフスタイルが実現できるようになった。地方を点々としているので、情報（＝次に移動して住まう場所）こそが命だからだ。

多拠点居住のマッチングサービス

多拠点居住のマッチングサービスはいくつか出てきているが、それを、サブスクリプション（定額制）を使って多拠点居住をサポートする最初のサービスは、ADDress といっていいだろう。そのサービスの基盤は、各地方、地域にある空

76　空き家を活かす

き家であり、その情報提供だ。また、それだけでなく、多拠点居住を選択する人々を受入れる様々なサービスが内蔵されている。

ADDress のサービスは、日本全国に数百か所ある拠点（図1）を、一定の条件のもと定額で、どこでも利用できるというものだ。その拠点には、Wi-Fi・家具・家電など仕事や生活に必要なものが完備された個室があるので、多拠点居住には十分である。仕事を持つアドレスホッパーであっても、仕事の後に、趣味やいつもと違う環境でリフレッシュもできる。

また、このサービスが優れているのは、いわゆるシェアリングサービス事業者のネット上だけでのマッチングにとどまらず、地元密着のサービスを取入れていることである。つまり、その土地に初めて訪れて馴染みがない人にも、その日常に

できるだけ浸透できるよう、利用者と地域を橋渡するサポート役の地元の人がいることだ。

このサービスでは、一定以上の大きさ（部屋数）がある空き家が使われている。サービスに使われるまでの改修費はオーナー負担であるが、このサービス展開の広がりを見ると、各地方自治体が事業者とタイアップして空き家活用を進めようとするのもうなずける（表1）。

このサービスの使われ方としては、二地域居住の動機と同じように、移住先を見つけるプロセスで利用されることも多いという。いくつかの地方や拠点を点々とめぐってみて、ここはという場所が見つけることができれば、それはそれで良いサービスを届けているといえる。このような新しいワークライフスタイルが徐々に日本に定着してきている。

図1　ADDress が提供する拠点マップ 文1

表1　ADDress と自治体の連携例 文1

自治体	連携内容
静岡県静岡市	都市型地域おこし協力隊活動支援企業として隊員の活動（市内空き家活用と首都圏からの利用者促進）支援。
山梨県	山梨県が空き家活用ビジネス事業者を公募、ADDress が認定。認定事業者には県が改修のための補助金を交付。
秋田県五城目町	町役場と民間企業2社と町への教育留学事業を展開。宿泊情報に関するサース提供が役割。
新潟県佐渡市	空き家等の遊休施設や民家・別荘等の有効活用により多拠点居住、ワーケーションを推進。
鹿児島県日置市	ADDress の多拠点居住サービスの拠点設置にあたって、市が設備・備品購入費を助成。
小田原市	民間まちづくり活動促進事業費補助金による空き家の内装改修、外観修景、家守の紹介。
岩手県	関係人口創出セミナー・イベントの開催

暮らしを広げる　77

30 繋げて使う

ハビタ67の住みこなし

1967年のカナダモントリオール万国博覧会に向けてつくられた「ハビタ67」という集合住宅がある（図1）。プレキャストコンクリートの箱をレゴブロックのように積み重ねたユニークな建築だが、その後の住みこなしも面白い。

この集合住宅は、広さ62㎡の箱354個からできている。1住戸は複数の箱にまたがるため、住戸数としては当初158戸が設けられたが、その数は現在148戸まで減っている。というのも、この集合住宅では、壁や床に開口を設けて隣の箱と繋げたり、逆に開口部を塞いで分離したりすることができる（図2）。外からは伺えないが、住まいのサイズが箱単位で伸び縮みする、特徴的な住みこなしがなされている[文1]。

住宅のあり余る日本でも、それらを繋げて使う住みこなしは今後増えていくだろう（図3）。もっとも、開口部の新設による構造への影響は慎重に検討する必要があり（ハビタ67では、軀体に手を加える際、構造エンジニアによる審査を受けることになっている）、マンションの場合には、さらに区分所有者間の合意形成が課題となる[注1]。

ランド・バンクの取組み

アメリカには、固定資産税の滞納物件や放置された空き家・空き地を差し押さえ、まとめて再価値化することで、地域の再生を図る「ランド・バンク」という組織がある。ランド・バンクが手がける様々な事業のうち、空き地を隣地の所有者に売却あるいは貸与し、庭の延長として使ってもらう「サイドロットプログラム」は、人口減少が進む地域での有効策となっている[文2]。

1970年代から仕組みや組織づくりを進めてきたアメリカほどの蓄積はないものの、日本でも各地に生まれつつあるランド・バンクは、新しいまちづくりの主体になるものと期待されている（→57）。

アンチコモンズの悲劇を超えて

不動産の所有権が細分化されすぎたことで効率的な利用を妨げている状況を、

図1　ハビタ67の外観

アメリカの法学者ヘラーは「アンチコモンズの悲劇」と名づけた。1つ1つは「負動産」でも、それら繋げたり、まとめたりすることで、未来を紡ぐ資産になりうる。ランド・バンクの取組みには、そうした意義がある[文3]。

注1 なお、大阪市および東京都港区は、1985年に「共同住宅の2戸1化設計指導指針」を設けている。これは、良好なストック形成のため、マンションの比較的小さな住戸(分譲は50㎡未満)が将来容易に2戸1化できるよう、行政が事業者に対応を指導するものである。

図2 ハビタ67の住みこなしの例　当初は2階の2箱と3階の1箱、計3箱からなる住まいだったが(左)、子どもの成長に伴い、隣の住人から4階の1箱分を切り離して購入。吹き抜けを設けて繋げ、3層、4箱にまたがる住まいになった(右)

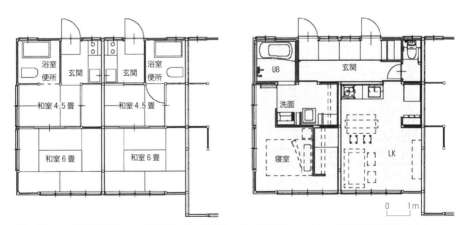

図3 築古の木造賃貸アパートの改修例(左:改修前、右:改修後)　コロナ禍で在宅勤務が増えるなか、手狭な暮らしにストレスを抱えた住人が、隣の空き住戸を取り込む2戸1化改修を大家に提案した[文4]

暮らしを広げる　79

31 群で使う

空き家活用の地域的広がり

　空き家の活用と聞いて想像する取組みは、その言葉のとおり空き家を再生しうまく利用していく建物単体へのアプローチである。しかし、近年ではそのような空き家の活用においても、地域的な広がりのなかで複数の空き家を活用することにより生まれる、まちづくり的な波及効果が注目を集めている。キーマンとなる人物らの個別の活動が創発的にネットワークを構築し、徐々に点から面に展開する「エリアリノベーション」などをその例として挙げることができる[文1]。

　それに対し、ここであえて「群で使う」と表現する空き家の活用は、上記の取組みとはやや異なるアプローチを想定している。すなわち、群で使うとは、地域に分散する空き家を群として捉えた面的活用を指し、建物単体を活用するだけでは得られない新しいサービスや価値を創造する方法である。

空き家の面的活用

　日本における空き家を群で使う取組みは、現在2つの分野で見ることができる。1つは、福祉施設を中核として、関連施設をまちのなかに分散配置する取組みである。地域に点在する空き家を活用する

ことで、利用者は地域に溶け込んだ住宅に近いスケールの空間でケアサービスを受けながら暮らすことができる。またケアサービスと一言でいってもその内容は多岐にわたることから、それらが一定の生活圏内に分散していれば、地域住民は住み慣れたまちで安心して暮らすことができる。そこに老若男女、障がいの有無にかかわらず利用できる施設があれば、おのずとまちの多様な主体が交流する機会も生まれる。それらは、空き家の面的活用により地域福祉の実現を目指す取組みといえる。

　もう1つは、アルベルゴ・ディフーゾとも呼ばれる分散型ホテルである。分散型ホテルとは、まち全体をホテルに見立て、地域に点在する空き家をフロントや客室、レストランなどに活用することで、従来のホテルが持っていた様々な機能をまちのなかに分散配置する取組みである。そこでは、地域にある飲食店や銭湯などの既存の施設と連携するなど、地域全体で必要な機能を補うことで、地域の魅力を高めることが期待される。

「ビル泊」の試み

　分散型ホテルの取組みは、どちらかといえば地方の古民家再生の文脈で広がり

80　空き家を活かす

を見せてきたが、近年では市街地に点在するビルの空き区画を再生した分散型ホテルも登場している。

2020年に開業したCSAtravelによる「ビル泊」は、静岡駅から連なる呉服町通りの防火帯建築を中心に計7棟のビルの区画をフロントや客室にリノベーションした取組みである（図1、2）。基本的にはビルの3、4階の事務所や店舗、住宅に使用された空き区画をビルオーナーから借り受け、自社でリノベーションしたのち客室として運営するスキームである。客室には36㎡から100㎡近いものまで10室が用意され、様々な宿泊スタイルがまちなかで可能になっている（図3）。「ビル泊」は通常敬遠される建物の空中階の遊休不動産を活用するまちづくりとしてもユニークな取組みである。

群で使うことの計画性

空き家を群で使うとは、個別の空き家活用が結果として地域に展開するようなものではなく、もとより面での活用を意図したものである。これを実現するためには、地域に点在する複数の空き家の選定や、新設・既設の複数のサービス・機能の組合せ、それらの整備の順序など、全体の事業計画が欠かせない。さらに重要になるのが、空き家を群として捉えるためのエリアの設定である。空き家があるからといって無制限に対象エリアが拡大するわけではなく、ある程度の圏域のなかで事業が構想されなければ、空き家を群として捉えることはできない。もっとも、それは従来の都市計画や住宅地計画のように明快な境界を持つものとも異なる。その設定手法は確立されていないが、空き家活用が既存の建物ストックへの働きかけであるから、その設定には地域の歴史的・文化的な文脈が手がかりになりそうである。

図1 「ビル泊」の配置

図2 「ビル泊」の客室が入る防火帯建築

図3 「ビル泊」の客室

32 共同の住まいにする

多様化する家族

1960年代以降の経済成長期に、多くの若者が都市部に移り、両親と子どもで構成される核家族が家族形態の主流を占め、標準化された核家族に対する住まいが多く供給された。しかし、1990年代以降、少子化や人口減少として表される人口構造の変化に伴い、単身世帯や夫婦世帯などへと家族形態は小規模化し、社会との接点を持ちにくい課題が生じている（→ 06）。このことは、1つの家族が1つの住宅・住戸に暮らすという従来の住まいの枠組みを見直す機会にもなっており、血縁によらず様々な人が共同で暮らす多様な住まいが求められている。

シェアハウスの特徴と課題

単身者の新しい共同の住まいとして、都市部で増えているのがシェアハウスである。居住者の人数分の個室が設けられ、リビングや食堂、キッチン、トイレや浴室などの水回りを共同利用することが一般的である。共用空間の管理は主にシェアハウスの運営者が行う。敷金や礼金がないなどの経済性、家具や家電類が備え付けられている住まいが多いこと、イベント開催による居住者間の交流の楽しさなどが若者に支持されていると言われて

いる。また、家族向けの住宅や社宅が空き家となることで適切な規模のストックが都市部を中心に余っていることも増加を後押ししている。

シェアハウスはテーマによって、居住者の属性や核となる空間、居住者同士の関係性が異なる（図1）。個人中心で関係性も小さい営利目的型のシェアハウスが最も多い。そのなかには過度に経済合理性を追求した結果、狭小空間に多くの居住者が暮らすような劣悪な状況が問題となる事例も見受けられる。

一方で、趣味を通じて個人が集まり、そこから関係性を広げられるシェアハウスや、価値のある建築や所有者の大切な思い出がある住宅を保存するためにシェアハウスへと転用した事例などもある。さらに、障がい者や高齢者などの困難を抱える人を対象にし、コミュニティとの連携も図るような社会貢献を目的としたシェアハウスも生まれている。

社会実践をする共同の住まい

地域や社会に貢献する共同の住まいは少ない。しかし、コミュニティの崩壊が進むなかで、単身の若者だけではなく様々な人が繋がりを持って暮らせる特徴的な住宅が生まれている（表1）。

シングルマザーのためのシェアハウス「ペアレンティングホーム」はその1つの事例であろう。ここでは子どもが兄弟・姉妹のように過ごせ、育児の悩みを居住者で共有できる。それに加えて、居住者同士の相互扶助に過度に頼らず、育児と仕事を両立しやすくするために、シッターを派遣して夕食の準備や子どもの見守りをするサービスを共益費内で行っている。このように居住者へのサポート体制やサービスもシェアハウスの重要な運営要素である。

コレクティブハウスは血縁関係のない人同士が助け合うことで、豊かな生活を目指すという理念をもとに、1970年代からヨーロッパで広がった住まい方である。シェアハウスに比べて生活を共有する意義が重視され、コモンミールと呼ばれる居住者が集まり一緒に調理や食事を行う場所であるコモンキッチンやコモンダイニングなどの広いコモンスペースが設けられる。規模が大きくなりやすいことから新築が多い傾向にあるが、空き家を活用して地域にも開かれたコモンスペースを設けた「タウンコレクティブ」の試みもある。

所有者が自宅の空き部屋を貸出すホームシェアでは、高齢者世帯の自宅に大学生が暮らす「異世代ホームシェア」のマッチングが行われている。高齢者の孤立の防止や若者世代と地域と関わりの促進、豪雪地域における雪かき作業などの支援が目指されている。

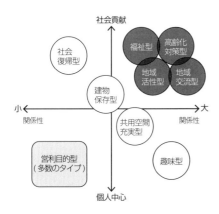

図1　シェアハウスのタイプ [文1]

表1　社会実践をする共同の住まいの事例

ペアレンティングホーム	シングルマザーのためのシェアハウス。運営は一般社団法人ペアレンティングホームで、建築士・不動産管理者・保育園経営者の3名で2011年に立ち上げられた。空き家のオーナーとのマッチングの他、運営ではオーナーから支払われた運営委託費を用いて、シッターの派遣などを行う。
ウェル洋光台	子育て世帯や退職者、外国人の短期滞在も受入れる社員寮を改修したコミュニティ型のシェアハウス。「もちよる暮らし」「運営しない運営」を理念としており、共に暮らす意味を実践を通して思索している。
タウンコレクティブ	NPO法人コレクティブハウジング社による空き家活用による日本型コレクティブハウジングの試み。これまでに6軒の実績がある。地域に開かれたコモンスペースが設置されていることが大きな特徴である。
異世代ホームシェア	高齢者の自宅の空き室を大学生(地方からの学生や遠距離通学をしている学生)に貸出し、共同で暮らす。京都府が行う次世代下宿「京都ソリデール」事業や、福井大学の事業、首都圏を中心に展開するNPO法人リブ&リブによる事業などがある。それぞれの地域によって、目的や高齢者と大学生が相互に支援する内容が異なる。

33 暮らしとまちを継承する

住み継ぐ暮らし

　文化財的価値が認められるような住宅建築においても、その継承が容易ではないことはよく知られる。そのなかで、著名な建築家が設計を手がけた住宅建築の継承を試みる住宅遺産トラスト（→64）の活動は稀少な取組みと言える。そして何より住宅が大切に継承される光景は、今日の理想的な住み継ぎのかたちを我々に示している。

　もっとも、そのような住み継ぎはある時期まで特別なことではなかった。戦後日本社会において家族の世帯分離が進み、1世帯1住宅（住戸）が家族と住宅の当然の関係になるまでは、1つの住宅や土地に親族が同居し、数世代にわたって住み継ぐことがごく普通の生活の営みとして行われていた。

　また、近年では中古住宅の流通市場が整えられ、リフォームやリノベーションの改修手法が定着することで、中古住宅の購入は住宅取得の選択肢の1つとして認識されている。日本においても家族を超えて住み継ぐことが普通の光景になりつつあると言える（図1）。

近居に見る住み継ぎの可能性

　住み手が減る人口減少社会において、住み継ぐことそのものは空き家問題の根本的な解決には結びつかない。それでも、住み継ぐ暮らしの豊かさやそのあり方を見直すことが無意味なわけではない。というのも、住宅ストックをめぐる新しいキーワードとして注目される「近居」「住み替え」「移住」などは、この住み継ぎと深く関わるからである。

　大月敏雄[文2]は近居を1つの家族が近隣の別々の住宅に住み、互いに行き来しながら生活を成り立たせている現象とする。どれほどの距離を近隣とするのかや、家族関係において同居や隣居とどのように違うのかなど、今のところ近居に統一した定義はない。しかし、近居は身近で見聞きできる一般的な居住形態であり、とりわけ家族の子育てや介護に際し、家族関係に基づく自助的セーフティネット

図1　大正時代に建てられた長屋群を改修し住み継がれる豊崎長屋 [文1]

として選択されている。この近居の選択可能性をより現実的なものにする手段が、空き家などの住宅ストックを有効に活用することである。

そのような近居を契機とした住み継ぎが、ある一定の地域内での住み替えとして循環すれば、安定的な地域経営に結びつくことは言うまでもない。もっとも、そのためには金融支援を含めた住み替えのサポートが求められるし、売買のみならず賃貸を含めて住み替えが円滑にできる社会システムが求められる。さらに、高齢者施設や保育所などの地域に偏在する施設の種類や立地の再編も必要になるはずである。

住宅地・まちの継承

近居を通して今日的な住み継ぎの可能性を検討すると、住み継ぎとは地域的な広がりを持った住宅地やまちの継承の問題として捉えることができる。このことは、移住による住み継ぎにおいても同様である。移住先としてまず検討されるのが何よりも地域であるし、移住者に期待されるのも地域課題への貢献であることが多いからである。それでは、住み継がれる住宅地とはどのようなものなのか。

このような継承が課題になる居住環境の1つが、戦後にベッドタウンとして開発された郊外住宅地であろう。同時に入居した住み手が同じように年を重ねることで、いびつな人口構成を持つオールドタウンに変容しているからである。さらに、持家戸建といった同じタイプの住宅により住宅地の空間が構成されることで、潜在的な住み替えニーズへの対応が困難となり、オールドタウン化に拍車をかけている。

このような状況に対して、大和ハウス工業の「リブネスタウンプロジェクト」のように、自社がかつて開発した郊外住宅地において、高齢者の地域内での住み替えと住宅ストックへの若い世代の流入を目指す取組みがハウスメーカー各社により開始されている。ただし、その場合でも若い世代に選ばれるためには多様な用途を住宅地のなかに埋め込み、従来のベッドタウンとは異なる、若い世代にとっての魅力を創出することが求められる。

このような継承がより深刻な課題になるのが過疎化する農山漁村地域である。これまでも、移住による定住人口を中心に、ツーリズムによる交流人口や集落を転出した者の通いを含めて、地域内の人口増加を基軸とした集落の維持の方策が検討されてきた。その一環として空き家を住宅や交流拠点として活用することが目指され、一定の成果をあげる地域も現れている。しかし、当初の想定ほど事態は改善していない。そのため近年では関係人口に着目されるように、多様な主体が緩やかに関わり合う場としての地域のあり方が模索され、地域の文化やなりわい、景観を次の世代に継承する仕組みづくりに議論が展開しつつある[※3]。

5章 用途を変える

　空き家対策の1つとして流通や活用の促進が重要である。本章では、その中でも住宅の機能を持っていた建物を別の用途に変える選択肢について考えたい。

　用途変更が求められる主な背景としては次のようなことがあげられる。まず、人口減少が進む地域では、当然のことながら住宅のニーズも縮小しており、空き家をそのまま住宅として流通・活用するには限度があることである。また、住民の高齢化や社会的孤立の顕在化などに伴い地域が直面する課題が複雑になっており、いわゆる公民館のような貸館施設ではない気軽に住民が集まれるようなハードルの低い場所も必要とされている。さらに、近年、地方移住を含むライフスタイルや働き方の多様化、SNSなどによ

る効果的な情報発信が可能となったことで、空き家を魅力的な資源へと変える試みを行いやすくなっている。

　本章は、空き家から用途を変えて活用するときの目標や注意事項について、変更後の用途ごとのキーワードを基本として構成されている。本章の概要を、用途を縦軸と見立て、それらに共通する事項を横軸として取り出して整理したい。

　用途を変える事例のほぼすべてが地域との繋がりを目指しており、円滑な事業運営の側面に留まらず、地域との関係構築までを意図して行われる。**39**の地域住民が主体的に立ち上げたこども食堂はそのことを端的に表しているだろう。そして、どのような条件が整ったときに地域に開かれる場ができるのかが**36**で整

理され、**40**では複数の拠点をつくって地域に面的に発展させる手法が紹介されている。この地域への指向は**41**の暫定的な転用や**42**の更地であっても変わらず、地域を巻き込んだイベントなどに使われている。

　用途を変えることは制度や自治体による支援とも深く関わる。**34**の民泊事業、**35**のサテライトオフィスでは、それらを増やすための仕組みが整備されているし、**42**の更地の活用は税制の変更により増えることが予想されている。一方で、**38**の福祉施設や**39**の保育事業への転用は、生活の記憶などの住宅としての空間的な質を取り込むことを目的としているが、従来の制度や指針へ適合させるために、その目的を十分に達成できないケー

スが指摘されている。

　34の商いの場、**35**の働く場、**37**の文化の場は、社会需要との関係が強いことが特徴である。近年のインバウンドを含む観光需要やコロナ禍を経たリモートワークの増加などにより、これらの用途への活用が進んでいる。いずれも IT 技術の発展がベースになって広がっている。

　このように、変化する社会や地域の状況に柔軟に素早く対応するために、空き家の用途を変える選択には大きな効果があると言えよう。

34 商いの場にする

商いの場にする2つの方法

　商いの場ではものやサービスなど商品が売買される。空き家を商いの場にする場合、主に次の2つの方法がある。1つは比較的規模が小さい商売、つまり「小商い」を営む場とすることである。もう1つは、インターネットを介して空き家を共有するシェアリングエコノミーの仕組みにより活用することである。

地域に組み込まれる小商い

　小商いは、カフェやレストランの飲食店、食料品や日用品、書籍、駄菓子などを販売する小売店（図1）、小さな宿泊施設などがある。

　小商いの場は大型ショッピングセンターやスーパーマーケットとは異なり、小さなコミュニティにおいて重要な役割を担う。売上などの数値で測ることは難しいが、地域の人々が集まり、言葉を交わす場所として、コミュニティを支える機能を持っている。

　この機能が有効に働くにはいくつかの条件があるだろう。まず、店主（事業者）の存在が重要である。地域に顔が知られている店主がいると利用客は定期的に訪れやすくなり、そこでは地域の様々なインフォーマルな情報が交換される。この

点を考えると、店主が職住一体あるいは近接した生活スタイルを選択していることが望ましい。事業者であると同時に地域住民でもあることで、課題だけではなく、地域で大切に守られてきたアイデンティティを見つけられるためである。それが新しい商品やサービスを開発することにも繋がることもあるだろう。

　また、利用客が気軽に滞在できる空間を用意することも重要である。和室や縁側などの馴染みやすい空間をできるだけ活かすことや、飲食店であれば店主と会話をしやすいカウンターを設けることがその一例である。さらに、店先に設けられた人が滞在できる家具やイベントのできるオープンスペースも地域に開く重要な場所であろう（図2）。

　なお、既存建物を商いの場として活用する場合、営む事業種別によって建築基準法や消防法による建築や内装の制限が設けられていることがあるので注意が必要である。また、衛生上の観点から飲食店は食品衛生法、宿泊施設は旅館業法に則った保健所の許可が必要となる。

　住宅が転用される場合、規模により用途変更の手続や消防設備の設置などが求められることがある。また、分譲集合住宅の空き室を転用する場合は管理組合の

88　空き家を活かす

承認が必要となることも多い。

シェアリングエコノミー

　シェアリングエコノミーとは、個人や企業が保有する未使用の資産やリソースを他者と共有し、活用する経済システムである。具体的には、未使用資産などの貸出を仲介するサービスで、貸主は遊休資産の活用による収入、借主は所有することなく利用ができるメリットがある。多くのシェアリングエコノミー事業は、インターネット上のプラットフォームを通じて運営される。

　空き家を対象とした代表的な事例としては、旅行者向けの宿泊施設を提供するAirbnbなどのいわゆる「民泊」がある。個人の空き家や部屋を短期間の宿泊施設として貸出すプラットフォームで、効率的にマッチングできるため、近年広く普及してきた。しかし、安全面や衛生面の確保、騒音やゴミ出しなどによる近隣トラブルなどの問題が生まれ、それらに対応するため2018年に住宅宿泊事業法が施行された。「住宅宿泊事業者」「住宅宿泊管理業者」「住宅宿泊仲介業者」の3つのプレーヤーが位置づけられ、それぞれに役割や義務等が決められている（図3）。建築の法的規制に関しては、建築基準法の用途が住宅等に該当するため、事業を始めるにあたり改修や用途変更の手続は求められてない。

図1　空き家を転用した書店（TOUTEN BOOKSTORE）

図2　住戸を改修した店舗前のオープンスペース（半田ビル）

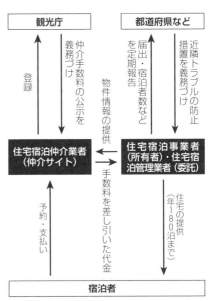

図3　住宅宿泊事業の仕組み

用途を変える　89

35 働く場にする

働く場は、いわゆるオフィス仕様の空間に限らず、住宅も利用される。そもそも働く場は、職種やワークスタイルで様々である。そのスタイルが近年ではさらに多様化してきている。また、ワークスタイルとライフスタイルとの境界も厳密に引くことができなくなってもいる。例えば、SOHO（スモールオフィス・ホームオフィス）型住宅は、働く場と住む場がともにある拠点であり、それに特化した流通市場や供給もある。

ワークスタイルと生活の境界がさらに曖昧になり展開したものが、ワーケーションだ。ワーケーションとは、仕事（ワーク）と休暇（バケーション）を合わせた造語である。仕事の方を重視して見ると、日常と非日常的を融合した柔軟なワークスタイルになる。これもコロナ禍で加速したものであるが、働き手自らが、働くという価値を再認識し、そして選択して成立するものである。全国的に広がりつつある動きで、ワーケーション自治体協議会も設置されている。現在（2023年9月時点）会員自治体が216（1道25県190市町村）にのぼっている。

地方でのサテライトオフィス

サテライトオフィスとは、本社機能が立地する場所とは別の地域に設置されるオフィスのことで、企業の従事者は遠隔勤務となる。サテライトオフィスの前身は1990年代頃にあり当時はテレワークとも呼ばれた。それが、高速インターネット通信の発達や、コロナ禍での在宅勤務によってより普及が進んだ。一部の職種では、本社に出勤せず、オンラインでのやりとりでも仕事がこなせることが分かってきた。

自治体もサテライトオフィスの誘致に動いている。総務省の「おためしサテライトオフィス」実施自治体に誘致目的とその効果を聞いたところ、人材雇用や産業活性化、遊休資産の活用などへの期待があった（図1）。また、政府が推進するデジタル田園都市国家構想では、転職しない地方移住を積極的に推進しようとしている。地方公共団体が、空き家を活用したサテライトオフィスの開設に交付金でサポートできる道筋も開いている。

空き家を活用するサテライトオフィス

サテライトオフィスは、空き家を活用できる。その事例で、特に有名なのは、徳島県神山町でのもので、地方創生の話題では常にトップクラスだ。神山町では、2005年に町内全域に光ファイバーが開

通する。企業誘致を進める事業者の働きもあり、多くの新しい働き方を生み出す企業がこの地にやってきて、空き家を活用してサテライトオフィスを開設、展開している。事例編に登場する **72**「えんがわオフィス」は、その好例である。築約90年の古民家が改修され、オフィスとして活用されている（図2）。

このような空き家を改修したオフィスは、箱物としての空き家活用だけがクローズアップされるのではなく、その地方・地域の資源をも取込んで、新しいワークスタイルとライフスタイルとして提案されている点が優れている。オフィスでは働くが、そのオフィスの周りにある自然やアクティビティを十分に満喫する。そのような地域資源の恩恵を十分に享受できるスキルはワーカー側に必要ではあるが、地方での空き家を働く場にするというコンセプトには、プログラムと一体化することが重要になる。

空き家を仕事の場として活用する場合には、シェアオフィスとしての活用の仕方もある。働く場を複数の人たちでシェアするものだ。コ・ワーキングと呼ばれるもので、ワークスペース、会議机、Wi-Fiなどをシェアすることで成立す

る。特定の場所を必要としないワーカーが仕事をする場になり、利用者同士の新しい繋がりも生まれている。

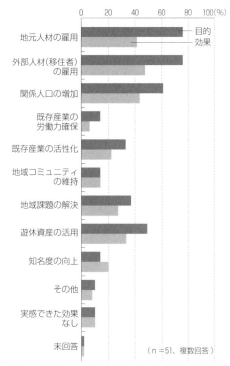

図1　サテライトオフィスを誘致する目的とその開設によって得られた効果[文1]

図2　えんがわオフィス（徳島県神山町）

36 地域の場にする

　空き家を活用して地域住民に開放したり、地域の場にする事例は多々ある。本項では空き家を用いて居心地の良い居場所をつくるための重要点をまとめる。

物理的な条件

「とじつつ、ひらく」

　空き家は元々はプライベートな住宅であることがほとんどである。旧来の町家でもない限り、公道や周囲に対しては比較的閉じた形態であることが多い。まずは周囲に対して物理的に開くこと、すなわち、内部の活動が見えることが地域に対して開くことの第一歩となる。地域住民が通りがかりに内部の様子が見えることがパブリック性を高めるからである。

　しかし、一方で、外部からは見えない場所があることも重要である。実際、内部空間が外部から丸見えだと決して居心地が良いわけではない。すなわち、「とじつつ、ひらく」状態がベストである。

ヒューマンスケールの一室性

　元々プライベートな住宅を転用した地域の場の最大のメリットは空間のヒューマンスケール性にある。**73**「JOCA大阪」で見るように、やや抑えられた天井高と水平方向の広さは、居合わせる人々の間に親密な距離感を生む。来訪を重ねるうちに、それらの人々の間には、パブリックから一歩進んだ関係、すなわち、名は知らねども、ここではよく会う関係や、より積極的な関係に繋がりうる。ただし、一般的な住宅の居室は2〜4人などの少人数に対応しているので、続き間を繋げて使う、あるいは壁を取り払って空間を広げないと、より多くの人数が集まるには窮屈であろう。ただし構造耐力壁に注意を要する。

居場所の選択肢があること

　空間的な狭さが常連メンバーの親密性を育む一方、非常連の人からすれば入りにくい雰囲気を形成する。これを払拭するには、たとえ狭くてもテーブルを複数用意するなど、居場所に選択肢を設けると良い。そうすれば、初めての人も常連メンバーと物理的距離を保ち、両者が気まずくなく居合わせることができる。

社会的な条件

無料か低料金で誰でも来て良いこと

　地域の場とは地域の誰でもが来ても良い場所である。利用料金自体は基本的に無料で、飲食代は別途頂戴することになる。

アトラクター（きっかけの要素）

　その場所に足を運ぶきっかけがあると

92　空き家を活かす

良い。例えば、不定期に開催される音楽コンサートなどのイベント、あるいは日常的に食事を提供することも独居高齢者や困窮世帯の児童にとっては大変重要な吸引因子（アトラクター）となる。近年では本を媒介とする私設図書館もある。また最近の子どもには、フリー Wi-Fi、コンセント、エアコンが重要である。タブレット端末をもってくればネットに接続できるからである。どのような場を目指すかによってアトラクターも異なる。

男性の空間・女性の空間

様々な集まりの場を調査していると、男性と女性の集まり方は少々異なるように見える。女性の集まり方は、例えば、1つのテーブルを囲んでおしゃべりするような形式である。1人1人は手元で異なる活動をしながらも、同じテーブルを囲んで場と話題を共有するような状態である。一方、男性の集まり方は囲碁や将棋などを黙々と、時々話しながら対面しているものだ。あるいは、岸壁にむかって1列に並んで座り、ただ静かに場を共有しているだけの集まりもある。

人的な条件

主（あるじ）の存在

最も重要なのは、その場を仕切る主（あるじ）の存在である。どのような施設あるいは外部空間でも、その場を世話している人がほぼ常駐していることが人の集まる最も重要な条件である。その場に世話が行き届くことはもちろん、誰かの管理下にある安心感もあるのだろう。人（主）は最大のアトラクターである。

図1　ヒューマンスケールの空間

図2　複数の居場所の選択肢

図3　1つのテーブルを囲む集まり方

図4　ある方向に向いて座る集まり方

37 文化の場にする

まちライブラリー

地域で住民どおしの本を通じた交流の場としてのまちライブラリーやマイクロライブラリーが各地で生まれている。空き家や空き店舗には、その際に空間として利用される可能性は大きい。小規模な図書館機能は、基本的に本棚が設置され居場所として整備されるだけで良いので空き家からの転用にはハードルは低いのでないか。実際、全国の「まちライブラリー」のネットワークのリストを見ても、空き家を利用したものが少なくない。**75**「星空の小さな図書館」もその1つだが、空き家活用の場合、他の事例にも共通して、その場が図書館やワークスペースだけの用途にとどまらず、地域の交流の場として多様な活動を付帯させていることが多いようである。ブックカフェとして地域の居場所となる例や「みんなの図書館」として一箱本棚オーナー制度を取り、本を通じたコミュニケーションを深める取組みなどと連動しやすい。元々住宅という居心地の良いスペースならではの、人の集う空間としての有効活用法であると言える。

ギャラリーとしての利用

熊本市内の健軍商店街にある、まちなか図書館「よって館ね」(図1)は、空き店舗を活用した地域の多世代交流拠点となっており、気軽に読書のできるマンガ図書館でもあり、健康づくりの拠点にもなっている。商店街ゆえに人の目に触れることが多くギャラリーとして地域や学校のサークル活動の発表の場ともなっている。

改修のあまり必要のない用途として、美術ギャラリーとしての利用も難易度の低い転用方法であろう。壁面があればピクチャーレールを設置するだけで利用ができ、もちろんカフェと貸しギャラリーとの併用も容易であろう。一方、地域の住宅街において、空き部屋の地域利用のために家の家具の片付けをしていると、アマチュア画家の住民が残した作品が現れてくることもある。ある事例では1階を地域のコミュニティサロンに使用し、2階の一室をもと住民の個人美術館としてミニギャラリーとするなどの工夫も考えられている (図2)。

アートイベントでの利用 [文1]

地域のアートイベントによって空き家が活用されることもある。瀬戸内国際芸術祭、越後妻有大地の芸術祭 (➡ **53**) では、展示空間や創作の場として、空き家その

ものも改修やインスタレーションにより1つの作品として価値化されていることもある（図3）。

ミュージアムとしての活用

建築作品としての住宅が売りに出され、それをミュージアムとして活用する例もある。岡山県のS-HOUSEミュージアムはSANAAの設計によるもので、現在は現代作家の美術を積極的に企画している（図4、5）。一方、博物館学の分野では、国際的にもDIYミュージアムやアマチュアミュージアム、また野生のミュージアム（レヴィストロースからの命名）などと呼ばれ、民家のミュージアム化が近年注目されている。

図3　瀬戸内国際芸術祭の作品「はいしゃ」

図1　「よって館ね」住民による展示

図4　S-HOUSE　ミュージアム外観

図2　個人美術館としての展示

図5　S-HOUSE　室内展示

38 福祉の場にする

福祉転用とは

　空き家など既存ストックを福祉的な活動を行う場へと転用することを福祉転用と呼ぶ[1]。ここでの「福祉的な活動」には、高齢者・障がい者・子どもに対する狭義の福祉サービスにとどまらず、地域の互助的関係まで捉える広義の福祉も含まれる。

　利用者にとって馴染みやすい環境の実現、事業者が支払う初期費用の抑制、コミュニティと繋がりを得やすいことなどが福祉転用の利点として考えられる。

福祉転用の変遷

　福祉転用の源流は宅老所に見出せる。1990年代に当たり前であった集団ケアに疑問を持った人々が、手探りで地域の高齢者のためにつくった宅老所の多くは空き家を活用した（図1）。

　介護保険制度が施行された2000年代には、症状や障がいに合わせたケア環境の整備が進み、そのなかで認知症の人のための民家改修型のグループホームが着目された。住宅が持つ暮らしの記憶や手がかりによって、生活の継続性を支えることが重視された。

　2010年代以降は、住宅セーフティネット法の制定やサービス付き高齢者向け住宅制度の創設があり、高齢者のほかに低額所得者や子育て世帯など様々な人に対する住宅の確保が求められるようになった。ここでも空き家の活用が大きな軸となっている。さらに、地域包括ケアの体制づくりも進み、共生できる社会の実現が期待されている。空き家をはじめとした既存建物を福祉機能を含む地域の居場所へと活用する事例が多く、特に、障がい者の就労支援の場として、カフェなどの店舗を運営し、地域との繋がりを持たせることが多い。

　このように、それぞれの時代に支援を必要とする人に合わせて福祉転用が選択・発展してきたと言える（図2）。

福祉転用の課題

　普及しつつある福祉転用であるが、実現には多くの壁もある（図3）。

　その1つが福祉事業に関する制度である（表1）。建築制度では、転用後の用途が建築基準法上の「児童福祉施設等」「寄宿舎」「共同住宅」の特殊建築物のいずれに該当するのか、消防法ではどの区分に該当するのかは自治体の判断により異なるケースも多い。また、福祉制度では施設ごとに定員や必要な部屋と面積、職員数などの基準が定められている。制度

規定に合わせるために改修費が想定以上となったり、非常に使いにくい空間になったりしてしまう事例も見られる。

また、適切な空き家を見つけにくいことや見つかっても所有者や周辺住民の理解を得られないなど社会的課題もある。

これらの課題に対し、制度規制の緩和や福祉と建築の知識を有する専門家によるサポートなどが整備され始めているが、地域ごとに実情やニーズが大きく異なるためそれぞれに適切な仕組みを充実させていくことが望ましいだろう。

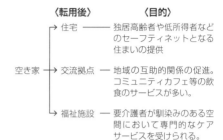

図2　福祉転用の種類

建築関連法制度	福祉関連法制度
・建築基準法	・老人福祉法
・消防法	・介護保険法
・バリアフリー法 ※	・児童福祉法
・耐震改修促進法 ※	・障害者総合支援法
・住宅品質確保法 ※	・高齢者住まい法 ※
・福祉のまちづくり条例	など
など	

※：略称法令名

表1　福祉転用に関する主な制度

図1　名古屋市にある宅老所「はじめのいっぽ」

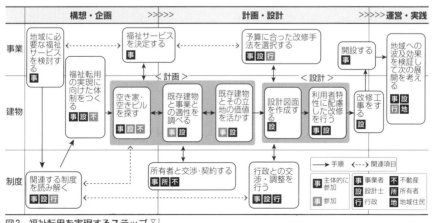

図3　福祉転用を実現するステップ 文1

39 子どもの居場所にする

「子ども・子育て支援新制度」が2015年よりスタートした。この制度は、核家族化や共働き世帯・片親世帯の増加などを背景に子どもを取り巻く生活環境が変化する中で、支援の量・質ともに向上させることを目的としている。また、教育・保育施設の拡充だけでなく地域の実情や保護者の働き方に合わせ多様な選択肢を用意することが目指されている。ここでは、空き家活用に関連が強いと思われる施設やサービスを中心に紹介する。

就学前の居場所

就学前の子どもが利用する居場所は様々である（図1）。子どもだけで過ごす場としては、保育所や認定こども園、幼稚園の教育・保育施設が挙げられ、保護者の就労や家族の介護などの事情により利用できる施設は異なる。これらは保育室や遊戯室、屋外遊戯場などの園舎・園庭に関する基準に則って計画されるため新設されることが多い。空き家活用は稀であるが、施設の保育方針などに適していると判断され転用されるケースもある。

新制度で制度化された事業に地域型保育事業がある。保育所よりも少人数単位で、0～2歳の子どもを保育する事業である。定員5名以下で保育する家庭的保育や定員6～19人できめ細かな保育を行う小規模保育などがある。これらは規模が小さく、園庭の設置が求められていないことから空き家や集合住宅の空き住戸を活用しやすい。だたし、公園などへ外出しやすい環境が重要となることや、卒園後（3歳以降）の受け皿となる連携施設（保育園、幼稚園、認定こども園）を設けなければならないことなどから、立地には十分注意する必要があるだろう。

小学生の放課後の居場所

共働き世帯などの留守家庭の小学生の居場所として「放課後児童クラブ」（学童保育）がある。2022年現在、全国に2万6683か所の放課後児童クラブがあり、約139万人の子どもが利用している[注1]。ここでは、放課後や長期休暇中に子どもたちが指導員の見守りのもとで宿題や自由な遊び、屋外での運動、制作などの活動をして過ごす。設置形態としては、単独のほか、小学校の余裕教室の利用や公共施設への併設などがあり、空き家を転用した実施例も多く見られる（図2）。

こども食堂

こども食堂は「子どもが1人で安心して来られる無料または低額の食堂」であ

る。公的制度が整備されていないにもかかわらず、地域の自発的な取組みにより広まった居場所である（図3）。2012年に始められたのが最初で、2023年現在約7300か所あり急速に増加している[文2]。

こども食堂は、地域交流と子どもの貧困対策の2つの役割を持つ居場所である。つまり、垣根を低くし、誰もが気軽に利用できる環境とし、困難を抱える子どもを地域ネットワークの中で包摂していくことが重要である。こども食堂は、月1回の開催から365日提供しているところ、会食形式を重視するところがある一方、弁当や食材の配布に注力しているところ、また、空き家活用以外にも飲食店の空き時間を利用するところもある。このように地域の実情に合わせ、多様な形態が生まれていることも大きな特徴である。

		0歳	1歳	2歳	3歳	4歳	5歳	6歳
親子で一緒に過ごす場	子育て支援事業	・地域子育て支援拠点							
			・一時預かり事業 ・ファミリー・サポート・センター※1						
子どもだけで過ごす場	教育・保育施設等				・保育所 ・認定こども園				
		・地域型保育事業※2				・幼稚園 ・預かり保育			
	その他（認可外）	・地方自治体独自の基準による保育施設※3 ・企業主導型保育事業 ・その他の認可外保育施設							

※1：保育施設までの送迎や子供の預かり等、子育てに関する相互援助活動
※2：小規模保育・家庭的保育（保育ママ）・事業所内保育・居宅訪問型保育
※3：東京都認証保育所、横浜市横浜保育室など

図1　就学前の子どもの居場所 [文3]

図2　空き家を活用した学童保育「鷹巣児童クラブ」（撮影：藤田大輔）

図3　初期から運営しているこども食堂「あさやけこども食堂」

40 地域を変える核にする

最初に核をつくる

　地域を変えるには複数の空き家を様々な形態に改修し、また連携をはかり活用していくことが望ましいが、最初から全体像をつくって取組むことは難しい。実際、最初に核となる拠点をつくるなかで主体となる組織が育っていき、地域全体へと活動が発展していくことが多い。81 巻組は創造拠点として人が集まる場となり、82 ひのさと48はビール工房や保育所など、まちの生活や活動を支える様々な事業展開を引き起こした。

　ここでは、長年かけて複数の空き家を改修し転用した今泉台の実例を中心にその展開を見ることとする。

核から広がるまちづくりの実際

まちづくり拠点

　今泉台では最初の一歩として、空き店舗を改修して、地域のまちづくりを考えるフリースペースを商店街に設けた（図1）。定期的に語り合う場や集会、ワークショップなどを繰り返し、また地区の地形模型を置き、住民自らがまちづくりに意識を高め、活動を企画する工房とした。80 のあそびLodgeでは、地域に活動を展開するための屋台などを制作する文字どおりの工房も付置している（図2）。

コミュニティサロン（→98）

　住民の求める機能を埋め込むべく空き家を探し、改修し、NPO法人タウンサポート鎌倉今泉台を結成し運営にあたった。さらにこのNPOが空き家・空地の管理運営事業にも取組み次なる活用につながった。まちの課題解決のために空き家を様々な用途に活用する方策が議論され、いくつかは実行されていった。

コミュニティカフェ（図3）

　4人の女性によって空き家を1棟借上げて運営が開始されたコミュニティカフェでは、住民が子育て相談などや昼食に利用している。

図1　空き店舗活用の拠点

図2　地域展開のための工房（のあそびLodge）

図3　コミュニティカフェ

認知症デイサービス施設（図4）

商店街の店舗に入居していた認知症デイサービス施設が、コロナ禍により閉店した。しかしほどなく運良く中心部の公園に面した空き家が手に入り、住宅での運営を開始することができた。

鮮魚店（図5）

2015年、商店街で唯一の鮮魚店が閉店したため住民自らが組織し出店準備をすすめ2023年クラウドファンディングにより資金を調達し、開店。現在週3日営業し、魚を使った料理教室や子ども向けの魚教室も開催している。

町内会館の分室（図6）

空き家には整理のつかない家財が放置されていることが多いが、これを住民のボランティアが片付け、使えるようになった広間部分を部屋貸ししてもらい、町内会館の分室として活用している。

分散型地域ケアシステムの構築（図7）

介護施設を建てるために十分な敷地が得られないこの戸建住宅地において、介護施設にあたる機能を住宅規模の空き家空間に分散させることにより、地域全体で安心して暮らせる条件が徐々に実現しつつある。

図4　認知症デイサービス施設　　図5　鮮魚店　　図6　町内会館の分室

図7　空き家活用の地域分散型地域ケアシステム

41 アドホックに使う

空き家の一時的・暫定的使用

　空き家の状態は未活用と活用の2分法により理解されてきたが、実際にはその間に未活用とも活用とも言えない、曖昧な使用の状態がある。例えば、定期的なイベント開催時のごく短期間のアート作品の展示会場として地域に開放するような一時使用や、恒常的な活用を見据えながらも活用の方法が十分に定まらないなかでの試行期間として、その場限りのイベントを開催するような暫定的使用などである。さらに、様々な事情のなかですでに解体が決まっている空き家を、解体までの当面の間に限定して使用する状態もこれに当てはまる。

　このように空き家の未活用と活用の間にはグラデーションがあり、そこには空き家をめぐる柔軟な使用の方法を見出すことができる。ここではそれを「アドホックに使う」と呼び、その具体的な2つの事例を紹介したい。

一時的使用から恒常的活用へ

　奉還町4丁目ラウンジ・カドは、合同会社さんさんごごが運営する小規模な多機能スペースである。1階の店舗部分と2階の居住スペースからなるその建物は長く空き家であった。それを改修し、2016年にNAWATE PROJECT（→52）の一部としてカドがオープンした。その名称は、商店街の通りと脇道との交わる角に位置することから地域住民に付けられた建物の愛称である（図1）。

　そのオープンから遡ること約1年前、合同会社さんさんごごの役員である片岡八重子氏（建築家）らが「すまい・まちのリノベーション」を開催した。この3日間のイベントでは家具製作のワークショップとトークイベントが企画され、その会場の1つとして当時空き家であったカドが使用された。3日間限定で借用されたカドでは、夜のイベント時に灯がともり、シャッターのあがった2面の開口部から漏れる明かりと、行き交う人々の賑わいが商店街を照らした。その光景が関係者や地域住民にカドの活用を具体的にイメージさせたという。

　それにより現在のカドは、週末の夜に食事や酒を提供するラウンジをメインに、工作のサークル活動や民生委員が発起人となったサロン、間借りする朝食カフェ、不定期開催のイベント会場として活用されている。一時的な使用が、結果として今日のカドの活用に至るプロセスの一場面になったのである。

居場所づくりのための暫定的使用

　オープンスペース西原古民家つむぎつむぐは、天満類子氏と子ども園の関係者らにより2021年に開設された子育て世代の大人とその子どものための居場所である。築120年の古民家を借用した施設は、広島市郊外のミニ開発により市街化した、いまだ人口が増加する地域に位置する。そこで取り残されるかのように約20年間空き家であった古民家は、この地域の典型的な農家の間取を持つもので、その広い和室と縁側、土の庭が新興住宅地には見られない魅力であった（図2、3）。

　建物の改修は、市の補助金を利用した耐震補強工事を除くと、1級建築士でもある天満氏のコーディネートのもとで月1回開催されるDIYイベントを通して現在まで続けられている。その際には子ども向けのイベントが、有志の保育士による安全確保のもとで同時開催されるのが決まりである。そのようなイベントへの参加者が運営にも加わることで、施設を小学生向けの宿題スペースとして開放する新たな企画も生まれている。

　このようにして徐々にまちの居場所として定着してきたつむぎつむぐだが、実のところ建物の存続が所有者より約束されているわけではなく、今後の相続などを機に建替えられることが十分に想定されるという。一方で、天満氏らも長期的な使用に固執しているわけではない。それは、あくまでも居場所の形成が目的だからである。上述した耐震補強工事でも必要最低限の耐震壁の設置に留めているのは、そのような事情が少なからず反映されている。つむぎつむぐは、いわば乗り換えることができる器として古民家を有効に使用する取組みなのである。

図1　奉還町4丁目ラウンジ・カドの外観　2階には2020年に片岡氏の事務所が移転した

図2　つむぎつむぐの外観

図3　つむぎつむぐの改修後の平面

42 更地に戻す

　空き家と空き地はまったくの別物である。空き家は、外部不経済があるので、是正の方向に向かうベクトルがある。一方空き地は、比較的外部不経済が少ないとされている。空き家が放置される以外の方向は、空き家活用か、更地化の2択である。本書の多くは空き家の活用に重点が置かれているが、ここでは更地化の方向を探ってみたい。

　2023年度から空き家が放置されやすい要因であった税制に変更があった。それまでは、住宅が建っていれば空き家であっても、固定資産税（土地分）が1/6に減免されていた。だから建物を壊すことなく、何の活用もないままに空き家として放置できていた。改正後は管理不全の空き家をそのまま所有しているインセンティブがなくなった（➡ 14 17）。

　この結果、今後は更地化、そしてその更地の活用が増えてくると予想できる。立地にもよるが、古い空き家を建ったままにしている状態より、解体して更地にしたほうが売却しやすいというメリットも出てきた。

　自治体も更地化を支援している。自主財源や国からの支援によって、所有者が空き家を解体する際に助成金を出す自治体が増えている。「老朽危険家屋解体撤去補助金」「空き家解体助成金」など自治体によって制度設計は異なるが、解体費用の約1/5から1/2程度が助成される（➡ 24 表2）。

更地化後の活用方策

　更地化された後の活用の方策について、いくつかの事例をみながら考えていきたい。空き地を地域のコミュニティの中心に変える、様々な活動が行われている。私有財産を公共的な利用に転換するという、従来の日本ではなかなか見られない活動であり、そういった視点で見ると、新しく優れたものといえよう。それらの事例には、行政が主導するものと、民間事業者のものがある。

　事例編にも登場する千葉県柏市の「カシニワ制度（83）」は行政主導の空き地活用の事例だ。これは、空き地をみんなでシェアして、共同菜園を中心に、イベントができるように設えられている。この事業は、空き家の提供者側と利用する側が地域のなかで、マッチングされ、その利用方法は地域団体のアイデアしだいで、様々に展開されている（表1）。

民間事業者による空き地活用

　「みんなのうえん（84）」は、空き地を

104　空き家を活かす

分類	延登録済件数	活動中件数（含募集中）	説明（柏市HPより抜粋）
土地情報	122	82	活動団体を探している土地（空き地）に関する情報。「花や野菜を育てたい」「仲間とBBQしたい」「マルシェを開催したい」など、空き地をオープンスペースとして活用したい方におすすめ
団体情報	75	54	活動場所を探している団体に関する情報。「条件が合えば土地を貸したい」「空き家の管理に困っている」など、活用してほしい土地や物件を所有している方におすすめ
支援情報	25	11	カシニワ活動を支援する物資などに関する情報。「余ったお花をお裾分けしたい」「技術やノウハウを伝えたい」など、カシニワ活動を応援したい方におすすめ
オープンガーデン（おにわ）	84	63	「オープンガーデン」から人と花がつながり、やがて地域ともつながります。個人・カフェ・企業などバラエティに富んだ柏のオープンガーデン達をご覧ください
地域の庭（おにわ）	47	35	まちなかのちょっとした空き地が、アイデアとアクションで、みんなが楽しめる「地域の庭」に変わっていきます。使い方は自由。
里山（おにわ）	21	18	「里山」には自然がいっぱいあります。林に入るだけで夏は涼しく冬は暖かく感じ、雨や風にも敏感になります。
計	374	263	

表1 カシニワ登録状況（2024年4月現在）文1

コミュニティ農園として活用する事例だ。街なかにある空き地を畑に変え、隣接する空き家をキッチン付きのサロンスペースに改装している。そこでは都市農園で収穫される野菜を使ったイベントや、地域の人々が参加できるイベントが開催されて、空き地を中心にした地域づくりが行われている。

千葉市稲毛区のHELLO GARDENでは、住宅地の一角にあった空き地の所有者が、熱意のある若者の地域づくりの夢に賛同し、空き地をみんなの広場として地域に開く取組みを支援している事例である（図1）。HELLO GARDENでは、マルシェ、展示会、ワークショップなど小さなイベントを定期的に開催している。駅近であり不動産価値が高いことから、市場価値でいえば、住宅や他用途になるのが一般的であるが、オーナーが地域に貢献するために出資することで成り立っているプロジェクトである。

図1 HELLO GARDEN

6章 仕組みと担い手

　空き家をめぐるテーマには、①空き家の発生をどう抑制するか、②空き家をどう活用するか、③空き家の活用を地域再生にどうつなげるか、などがある。それぞれに理想と現実のギャップがあり、障壁となる課題がある。6章では、このもどかしい状況を変えていくためのヒントを「仕組み」と「担い手」という側面から探る。

空き家の発生をどう抑制するか

　このテーマは、新築頼みの住宅市場からの脱却がいかに図れるか、というスケールの大きな課題に帰結するが (09、10)、自分がいなくなった後の住まいを空き家にしないよう、次の所有者にバトンタッチする道筋をあらかじめつけておく、という個人レベルでの対応にも大きな意味がある。その手法としてのリバースモーゲージやリースバックは、ケア事業との相性のよさもある (45)。

空き家をどう活用するか

　このテーマのポイントの1つは、一般の不動産市場には出にくい空き家を新しい担い手とどうつなげられるか、というマッチングの問題である。全国の自治体が設ける空き家バンクも登録物件数がなかなか伸びない状況にあるが、住民組織や民間の不動産仲介会社と連携することで仕組みを補完する試みも始まっている。民間事業者ならではのアイデアや機動力を活かした新しいマッチングサービスも増えてきている (43)。

空き家を抱える所有者の立場からすると、何らかのかたちで活用はしたいものの、自ら主体的に関わることは難しいというケースが多い。そうした場合は、別の担い手に事業を託すサブリースの仕組みも有効である（**44**）。住宅セーフティネットの充実が求められる今日、住宅確保要配慮者に安定した住まいを提供する居住支援法人に空き家を託す、という選択肢もあるだろう（**48**）。収益性を求めなければ、地域コミュニティのための空間として提供することも検討されてよい（**49**）。

　資金投入がしにくい築古の賃貸住宅では、未仕上げの状態で部屋を貸し出し、入居者に自由に使ってもらうDIYリノベーションが増えてきており、これまで「顧客」だった入居者を空き家再生の「担い手」の側に組み込む動きとして興味深い（**46**）。鹿児島の過疎地域では、施主や仲間たちによるDIYリノベーションをサポートしながらまちに活力を取り戻す「コミュニティ大工」というユニークな職能まで生まれている（**47**）。

地域再生にどうつなげるか

　50では、日本に先駆けて空き家問題と格闘してきたイギリスの地域再生組織を紹介する。この組織の活動は、空き家の再生にとどまらず、雇用創出、失業者やホームレスへの居住支援、職業訓練を通した自立支援など広範に及ぶ。「空き家」というテーマは、「空き家問題」にとどまらない広がりと可能性を持っている。

43 マッチングサービス

マッチングサービスとしての空き家バンク

空き家の流通をめぐっては既存の不動産市場において成立しづらいことに加え、2000年以降に本格化する移住促進策もあいまって、自治体が相次いで空き家バンクを設置した。この空き家バンクとは、空き家を売却または賃貸したい所有者と転入したい者をマッチングする仕組みであり、財政負担が比較的少ないことから空き家対策の一環として多くの自治体により設置されきた（→⑲）。

一方、そのような空き家バンクについては、不動産流通が活発な都市部などでは効果が得られないこと、人口規模の小さい地方などでは良い物件が少なく利用者ニーズとのマッチングが難しいこと、空き家所有者へのアプローチが不十分なため登録件数が少ないことなどが課題として指摘される。自治体の予算や人員の不足により、設置はしたものの休眠状態にある空き家バンクも少なくない。

さらに、移住促進策としての空き家バンクは、空き家と移住者とのマッチングだけでは済まず、地域と移住者とのマッチングも求められる。単に価格の安い不動産を求める者は、地域が望む移住者像と異なる場合が少なくないからである。

空き家バンクの新展開

このように課題のある空き家バンクであるが、近年は新しい仕組みや工夫も見られる。例えば、神戸市による「空き家・空き地地域利用バンク」（89）は、空き家の利用目的を地域の交流拠点や福祉施設などの公益的な利用に限定することで、民間の不動産市場では成立しづらい空き家と地域利用とのマッチングを図る仕組みである。また、住民自治協議会が空き家バンクを運営する長野市信更地区（90）では、移住促進策として空き家バンクを位置づけ、協議会メンバーが移住希望者への現地案内や移住後のフォローにより、空き家と移住者とのマッチングにおいて成果をあげている。さらに、尾道空き家再生プロジェクト（99）のように民間事業者との連携により空き家バンクがリニューアルされ、大きな成果をあげる例も見られる。

また、不動産ポータルサイトを運営する株式会社 LIFULL やアットホーム株式会社により「全国版空き家・空き地バンク」の運用が開始された。これは、各自治体により設置・運営されてきた空き家バンクの情報を集約することで、利用者の利便性を向上させ、予算や人員が不足する自治体をサポートするものである。

空き家ビジネスの登場

　上述した空き家バンクとは異なるものとして、民間事業者がビジネスとして取組む空き家のマッチング事業が近年注目されている。それらは民間事業者ならではのアイデアや機動力を活かしたもので、サービスの内容も多岐にわたる。

　長野市のマイルームによる「空き家見学会」(86) は、善光寺門前地区において不動産業者として空き家の調査から所有者との交渉、見学会の実施によるマッチングに取組み、マッチング後は工務店として空き家の改修までを実施するものである。それらは事業のスケールとしては決して大きくないが、特定の地域を拠点に活動することで単なる空き家の活用にとどまらないエリアの価値向上に着実に結びついている。

　また、全国規模で空き家のマッチングサービスを提供するものに「家いちば」(87) が挙げられる。家いちばとは、掲示板に見立てたウェブサイトで不動産の売り手と買い手が直接売買ができるサービスである。そこでは、物件掲載のハードルを低く抑えることで、それまでの不動産市場では流通しなかった空き家が多数掲載され、売買されている。

　この家いちばの成功もあり、空き家のマッチングサービスが相次いで生まれている。例えば、100 円と 100 万円の 2 つの金額帯に限定した不動産情報を掲載する「空き家ゲートウェイ」(2019 年開設) や、無償譲渡・0 円物件の不動産情報を掲載する「みんなの 0 円物件」(2019 年開設) などがある。特に後者は、売買とも賃貸とも異なる無償譲渡を空き家取得の選択肢として提供する新しいサービスである。

空き家ビジネスの広がり

　このような空き家のマッチングサービスに加えて、「さかさま不動産」(88) のように空き家を活用することで叶えたい夢や想いを掲載し、貸主を募集するユニークなウェブサービスも生まれている。これは、不動産情報ではなく借主の情報を開示する逆転の発想により、空き家の所有者が借主を選ぶことができるマッチングサービスである。

　また、「ハロー！RENOVATION」(2018 年開始) は空き家・遊休不動産の再生事業を対象にしたクラウドファンディングサービスである。その特色は、出資者が投資を募るプロジェクトの企画から改修工事、運営までの事業プロセスに参加し、そこで得られた共感に基づき投資できる点にある。いわば、空き家の活用のアイデアとそれを実現するための資金をマッチングするサービスである。

　このように民間事業者が手がける空き家のマッチングサービスは、空き家をめぐる潜在的なニーズを発掘し、既存のビジネスとの差別化を図りながら広がりを見せている。

44 サブリース

サブリースとは

　空き家の活用を行う場合、空き家の所有者が自らの資金で自主的に活用を行うことは困難な場合が多い。そうした場合に有効な手法の1つがサブリースである。サブリースとは、賃貸管理会社（サブリース会社）が不動産所有者から保有物件を借上げ、入居希望者にその物件を転貸し、その転貸家賃から必要な諸経費を差し引いて不動産所有者に家賃を支払うという契約形態である。

　一般に、アパートなどの賃貸経営を行う場合の管理形態としては、自主管理方式、業務委託方式、サブリース方式の3つがあり、それぞれのメリット・デメリットは図1のとおりである。

　サブリース方式は、サブリース会社が保有物件を借上げてくれるので、空室の心配がなく、長期的に安定的な経営を期待できる。一方で、査定家賃の15〜20％程度の業務委託手数料がかかるほか、家賃は固定で保障されているわけではなく、市場の家賃水準や空室率に応じて減額される可能性がある。また、サブリース会社の倒産等により、家賃が入らなくなる危険性もある。近年、サブリース契約をめぐるトラブルが多発し、2020年には「賃貸住宅の管理業務等の適正化に関する法律（サブリース新法）」が施行された。サブリース新法では、誇大広告等の禁止、不当な勧誘等の禁止、重要事項説明の義務化などが盛り込まれ、不動産所有者がサブリース方式のリスクをあらかじめ十分に理解しての契約締結が企図されている。

空き家活用におけるサブリース

　空き家の所有者が空き家を活用することはそれほど容易ではない。地方にある実家が空き家となったケースなど、所有者が空き家の遠方に居住している場合は、空き家の活用どころか維持管理を行うことすら困難なことが多い。また、空き家を賃貸する場合には、空き家内の残置物の片付けや傷んだ建物の修繕工事が必要となることが多い。こうしたケースでは、第三者の不動産管理会社（サブリース会社）が空き家を借上げて、空き家内の残置物の処理から傷んだ建物の修繕工事、賃貸募集から入居者の選定、転貸借契約、入居後の建物の維持管理まで一貫して行い、所有者はサブリース会社から一定の賃料を受け取るだけのサブリース方式は、極めて合理的な方法と考えられる。

　通常の賃貸経営におけるサブリース方式との違いは、残置物の処理や建物の工

事までサブリース会社が行うことで、所有者の手間を一層省いていることである。その分、サブリース会社が所有者に支払う賃料は周辺地域の相場賃料よりもかなり低額なケースが多い。

　所有者にとっても、空き家をそのままにしておいても、建物が傷み、固定資産税等の維持経費がかかるだけであり、賃料が相場より安くても、サブリースによって、多少の収入を得て、建物の維持管理ができることは大きなメリットである。

　また、空き家の周辺の地域や住民にとっても、空き家が放置されることによる外部不経済の発生が予防され、空き家の利用者が生まれることで、地域の活性化も期待でき、大きなメリットとなる。

　一方で、サブリースには、賃料を保証するものではないことやサブリース会社の信用力に依存するといったデメリットもあるが、空き家活用にサブリースを利用する場合には、それほど大きな問題にはならないと考えられる。というのは、

空き家活用でサブリースを利用する場合、改修費などの投資はサブリース会社が負担し、空き家所有者の負担がないことが一般的であり、サブリース会社に転貸経営を継続するだけの資力とノウハウがあれば、賃料水準の保証がないことはそれほど大きな問題とならないからである。

　空き家の所有者が自ら空き家を活用することは難しいことが多く、サブリースは空き家活用の有力な手段となりえる。

　事例編で紹介する **71** 茶山ゴコ、**91** 賃料一括前払いのサブリース、**92** 梼原町移住定住促進住宅などは、その典型例である。そのほかにも、JR 松戸駅西口地区で、サブリースと DIY リノベーションを組合せて老朽化したマンションや、駅前の空きホテルを若いクリエイターの集う場に変えた「MAD City」、豊島区椎名町駅の商店街内の空き店舗をサブリースでコミュニティスペースと宿泊施設に用途変更した「シーナと一平」などサブリース方式の成功例は数多くある。

方式	自主管理方式	業務委託方式	サブリース方式
契約形態	オーナー ←賃貸借契約→ 入居者　←賃料→	オーナー ←賃貸借契約→ 入居者　業務委託／賃料 ↔ 管理会社 ↔ 管理／賃料	オーナー ←賃貸借契約／賃料→ 管理会社 ←転貸借契約／転賃料→ 入居者
メリット	・管理コストが低い。 ・小規模な賃貸物件に向く。	・家賃回収や建物の維持管理などは管理会社に任せることができる。	・小規模な賃貸物件に向く。サブリース会社が借り上げてくれるので、長期的に安定した賃貸経営ができる。
デメリット	・オーナーの業務が煩雑で手間が掛かる。 ・オーナーにノウハウ・経験がないと困難。	・家賃保証や滞納保証はない。 ・自主管理よりはコストが掛かる（通常は、家賃の5％程度）。	・査定家賃の15〜20％程度の業務委託手数料が必要。 ・賃料保証ではない。 ・サブリース会社の信用力による。

図1　賃貸経営における管理方式の比較

45 住まいの終活

住まいの終活とは

　一般に終活という言葉は、人生の最期に向けた財産や物品の生前整理を行い、老後のライフプランを立てるとともに、亡くなった後の相続、葬儀や墓などについての意思を、エンディングノートや遺書に記述することを指す。所有する不動産の情報を記載するとともに、自分が亡くなった後どのように扱ってほしいかの意思を伝えることは、空き家対策においても重要である。

　エンディングノートには自治体が配布しているものや市販のものがある。一例として福井県が作成したエンディングノート「つぐみ」では、第2章に財産の記入欄があり、不動産については種類、用途、所在地、名義人、固定資産税評価額などを記載できる。エンディングノートに幾度か向き合う中で、老後の住まい方について検討するとともに、自分がいなくなった後に様々な思いの詰まった家をどうしたいのかという意思・意向をまとめておくことは、相続後の空き家化を防ぐことにも繋がる。

　また、ライフプランを立てる中で生活資金を考えた場合に、自宅を通常の方法で売却するのとは異なる、リバースモーゲージやリースバックという方法がある。

リバースモーゲージ

　リバースモーゲージは、自宅を担保として銀行等から融資を受けるサービスであり、所有者が亡くなった後に自宅を売却して返済に充てるか、相続人が返済をする。資金の使途は生活資金など自由だが事業資金や投資資金としての使用はできない。住宅金融支援機構と金融機関が提携して提供している「リ・バース60」の場合、使途は住宅の建設・購入、リフォーム、住宅ローンの借換え、サ高住の入居一時金などに限定され、生活資金や投資物件の取得資金には充てられない。利用実績は、2023年6月末現在で累計2190戸となっている[文1]。

　融資期間中は元本返済の必要がなく、利息の支払いのみなので比較的負担が少ない。ただし、融資の対象となる物件の所在地域や最低評価額に条件のあることが一般的である。ほかにも利用者が単身または夫婦のみの世帯であることや、不動産評価額が毎年見直されるなど、利用のしやすさには制限がある。

リースバック

　リースバックは自宅を事業者に売却して代金を受け取り、その後は賃貸借契約を結び毎月の賃料を支払うことにより、

自宅に賃貸として住み続けられるサービスである。先述のリバースモーゲージは亡くなるまで所有権が移転しないが、リースバックは生前に所有権が移転することになる。利用実績は、2016年から2020年までに合計3724戸となっている[注2]。

リースバックを利用できる不動産の幅は広く、個人所有の住宅だけでなく法人所有の工場や事務所、駐車場などで活用できる。また売却で得た資金の用途に制約がないため、生活費、住宅ローン返済、学費、相続税の納税資金、リフォームの資金、事業資金等に活用できる。

ただし、悪質業者によるトラブルも指摘されており、国土交通省「住宅のリースバックに関するガイドブック」（2022年6月24日）では、トラブルの例として、解約時に高額な違約金が請求される、支払い賃料が売却価格を超えている、著しく低額で売却させられる、賃貸借契約の再契約ができず退去を求められる、などの例を挙げている。

老後のライフプランと伴走サービス

住まいの終活に取組むには老後のライフプランを立てることが肝要だが、そのためには資産運用や生活費、不動産等の専門家に相談できると心強い。その伴走サービスの一例として株式会社ケア・フレンズの事業を紹介する。

同社は福井市に拠点を置く社会福祉法人であり、居宅介護支援などのケア事業を行っている。福井県の住宅確保要配慮者居住支援法人でもある同社にはファイナンシャルプランナーと宅建士が在職し、さらに関係事業者との連携体制を築いている。ケア・フレンズでは、同社の生活支援サービス利用者を対象に、高齢者向けリースバック手法の導入を提案している。これは将来的な空き家化の防止を念頭に、高齢者のライフプランの作成から自宅を売却した場合の価格シミュレーションを行い、さらにまちづくりファンド事業者による買取モデルを構築するものである。リースバックの活用により、自宅をいわば生活支援付き住宅とするアイデアである。

空き家化防止との繋がり

日本人の健康寿命は男性で約73歳、女性で約75歳であり、平均寿命との差はそれぞれ9年、12年である。つまり、自立した生活が難しくなってもまだ10年という時間がある。住まいの終活とは、亡くなった後だけでなく、元気なうちから老後のライフプランを描き、この10年をいかに過ごすか考え、そして自宅を相続するのか、あるいは自身で「使い切る」のかという判断を下すことでもある。

そしてその判断は、結果として所有者がいなくなった後で放置され老朽化する空き家の発生を減らすことにも繋がるだろう。

46 DIYリノベーション

DIYと建築・まちづくり

イギリスで生まれ、アメリカで産業化した DIY（Do It Yourself）。日本でも 1970年代から DIY ホームセンターの増加とともに少しずつ定着してきたが（**図1**）、建築分野で注目されるようになったのは1990 年代のことである。当時は、建築コストのブラックボックス化、高まるリフォーム需要、職人不足問題、自由時間の増加、簡易な施工法の普及などの社会状況があった[文1]。

そして今、DIY は建築・まちづくりの分野で再び重要なキーワードとなっている。背景にあるのは、空き家の増加、そして住まいや暮らしに対する価値観の変化である。

物件・地域の価値を高める DIY リノベ

かつて「日曜大工」とも呼ばれた DIYは、「マイホームの手入れを家主が行うもの」というイメージが強かった。しかし、今日の DIY ブームは、むしろ賃貸の領域で起きている。

例えば、空室だらけの賃貸集合住宅をDIY 可能なカスタマイズ賃貸として再生させた吉浦ビル（**図2〜4**）では、「暮らしを DIY！」をコンセプトに、普通の賃貸では飽き足らない入居者による個性的な部屋が生まれ、価値観の近い人々を引き寄せている。入居者が建物に手を加える行為は、通常の賃貸物件では建物の価値を下げるものとして禁止されるが[注1]、ここでは、創意あふれる入居者たちが、価値の下がりきった物件を再生させるプロジェクトのパートナーとなっている。

愛着やコミュニティの醸成

事業性が低く、資本が投じにくい物件の再生を叶える DIY リノベーションは、まちづくりにも広がるポテンシャルを持つ（**図5、6**）。DIY の進化系、DIT（Do It Together）である。

参加型リノベーションでできた店は潰れにくい。「ともにつくる」を合言葉にした建築ものづくりを実践する河野直氏（つみき設計施工社）はそう語る。リノベーションのプロセスに関わった周りの人たちが、出来上がった空間に愛着を抱き、その後も支えて続けてくれるからである。

ものづくりは面白い。その体験を共有することで、愛着やコミュニティが生まれる。その力が DIY や DIT にはある。

注1　DIY リノベーションへのニーズの高まりを受け、2016 年には退去時の原状回復義務を課さない「DIY 型賃貸借に関する契約書式例」（国土交通省）もつくられた。

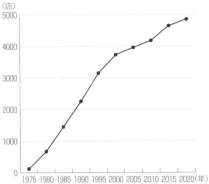

図1 ホームセンターの店舗数の推移　日本で本格的なホームセンターが登場した1970年代以降、その数は増え続けている。これらの総売上高は年間4兆円に上り、うちリノベーションに関連する「DIY用具・素材」の構成比は1/4を占める[文2]

図4 吉浦ビルの1階にある、地域にも開かれたDIY工房兼コミュニティスペース

図2 DIY可能な吉浦ビル（福岡市）　空室の埋まらない築40年の賃貸マンションを、カスタマイズ賃貸として再生した

図5 123ビルヂング（つみき設計施工社＋omusubi不動産）　市川市中心部の廃墟ビルを参加型リノベーションでクリエイターの集まるシェアアトリエに再生した

図3 DIYリノベーションした吉浦ビルの部屋　入居者は、大家から渡される200万円の資金をもとに、軀体のみの状態から、自分好みの部屋をつくり込むことができる

図6 123ビルヂングでの塗装ワークショップ　つみき設計施工社が講師を務め、テナントの仲間たちが、大人から子どもまで夢中で作業した

仕組みと担い手　115

47 コミュニティ大工

「コミュニティ大工」は、鹿児島県で数々の空き家再生事業に取組んできた加藤潤さんが、自らの職能を表現するために、2021年頃から用い始めた造語である。加藤さん自身の定義では、コミュニティ大工とは「DIYとコミュニティの力で、不動産、建築、まちづくりを繋ぐ大工」である。

そのヒントになったのが、すでに用いられていた「コミュニティナース」という言葉。島根県にあるCommunity Nurse Company株式会社によれば、「『人とつながり、まちを元気にする』コミュニティナースは、職業や資格ではなく実践のあり方であり、『コミュニティナーシング』という看護の実践からヒントを得たコンセプトです」[文1]とある。

コミュニティ大工は、一般的な大工としての修業過程は経ていないが、大工仕事の多くを自らこなし、同時に空き家の流通とそれに伴う諸手続、空き家を用いた継続的な収益事業の計画、場合によっては空き家の賃借とサブリースや購入と運営等をもこなす職能であり、工事の施主（空き家の新たな借り手）とその家族や友人を含む素人のグループを現場に受入れ、彼らによる工事のマネジメントを行うとともに、その場での新しい人間関係づくりを支える、空き家再生の全工程の面倒を見られるまったく新しい職能である。

職能だけでなく、その工事現場のあり方も新しいもので、多くの部分を様々な技能レベルの素人のチームで施工するそのやり方は、ものづくりの楽しさとチームワークの面白さを経験した人々の自発性に基づいており、誰が何時に来るか等は日ごとに異なり、その人たちに適切な作業を割り振るのもコミュニティ大工の仕事である。施主が主導的に参加している点、そして加藤さんが施主との間で一般的な工事請負契約を結ばず、都度清算方式を取っている点からすると、戦前には一般的に存在していた施主による「直営方式」とみなすこともできる。

加藤さんの現場には、いくつもの現場

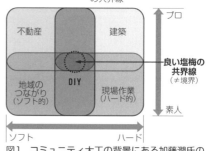

図1　コミュニティ大工の背景にある加藤潤氏の活動領域の認識

に高い頻度で参加する人も多く、そうした人の中から、加藤さんが現場を任せられると評価できる人も現れ始めている。図6の黒木裕哉さんと有木円美さんもそうした方々で、黒木さんは鹿児島県庁にコミュニティ大工倶楽部を立ち上げ、2023年8月時点で40名近い部員を組織しているし、有木さんはすでに3軒の空き家再生の現場をコミュニティ大工としてマネジメントしている。

図2　コミュニティ大工のコンセプト

図3　横川Kito　改修前の古民家

図5　昼食とお茶の時間の豊かさが大事（蒲生結庵）

図4　友人や家族での共同作業（横川Kito）

図6　加藤さんのもとで育ったコミュニティ大工
黒木裕哉さんと有木円美さん

（図写真提供：加藤潤氏）

仕組みと担い手　　117

48 居住支援の受け皿

居住支援の目的

　居住支援は、高齢者や障がい者、子育て世帯などの住宅を確保することが難しい人々（住宅確保要配慮者）に対し、安定した居住を提供するために重要なサービスである。そのためには、単なる住宅の確保だけでなく、様々な支援を組合せて生活全体を支える必要がある。

居住支援の制度

　2007年に制定された「住宅確保要配慮者に対する賃貸住宅の供給の促進に関する法律」（「住宅セーフティネット法」）により、公営住宅が減少しつつある中で、民間賃貸住宅も含めて重層的な住宅セーフティネットと居住支援に関する仕組みの構築が図られた。

　2016年には「住生活基本計画（全国計画）」が定められ、そこでは「住宅確保要配慮者の増加に対応するため、空き家の活用を促進するとともに、民間賃貸住宅を活用した新たな仕組みの構築も含めた、住宅セーフティネット機能を強化」することが掲げられた。

　これを受け「住宅セーフティネット法」が改正され、空き家・空き室を有効活用して、要配慮者の入居を拒まない賃貸住宅の登録が進められている。床面積や一定の設備があるなどの条件を満たした場合に登録することができ、登録住宅には改修に対する支援や低額所得者の入居負担を軽減するための経済的支援が行われる。

居住支援法人

　居住支援法人とは要配慮者に対して、登録された家賃債務保証や賃貸住宅への入居の際の情報提供・相談、見守り、その他これらに付随する業務を行う法人として都道府県が指定をするもので、NPO法人や社会福祉法人、また居住支援を目的とする会社等が指定を受けることができる。

　実際の現場での支援を担うのが居住支援法人で、その対象は高齢者や障がい者が多い傾向があるが、子育て世帯や外国人、DV被害者、低額所得者、刑余者などと幅広い。支援内容も入居支援から生活支援まで様々で、法人が実施する以外にも他の法人・団体と連携して実施しているものもある（図1）。このことは、居住支援のメニューを一律的に定めるのではなく、地域の課題や実情に応じて柔軟に対応することが求められていることを示している。

118　空き家を活かす

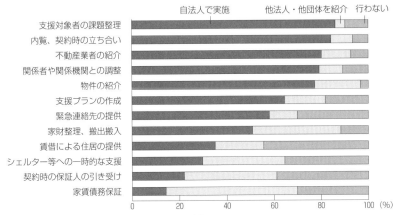

図1 居住支援法人による生活支援の内容 (松田雄二文2より)

居住支援協議会

地域での連携を円滑にするために「居住支援協議会」という仕組みもつくられている（図2）。これは、関係する地方公共団体、居住支援法人、宅地建物取引業者など、様々な機関・団体が集まり協議する場である。

居住支援協議会の主な活動としては、組織内メンバーの間での意見・情報交換、住宅確保要配慮者向けの民間賃貸住宅の情報発信や紹介・斡旋、住宅相談会の開催などの住宅相談サービスの実施、家賃債務保証制度や安否確認サービスなどの紹介がある。

空き家活用の課題

居住支援制度における登録住宅は、居住の安定に加えて、空き家・空き室の有効活用も目的としている。しかし、空き家を改修しても、それにかかった費用に見合う家賃収入が得られるとは限らず、広く普及するまでには至っていない。それに加えて、要配慮者の需要が多い地域は都市部が中心となるが、空き家の有効利用が求められている地域は都市部以外に多く、供給と需要のミスマッチが生じやすい状況がある[文1]。これらの課題を克服できるかどうかが、居住支援分野での空き家活用促進の鍵を握るだろう。

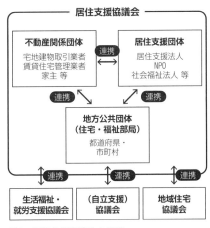

図2 居住支援協議会の組織

49 地域コミュニティ

コミュニティとその利用の段階性

　地域住民の組織が主体となり、空き家を活用して地域をよりよくしていこうとしたとき、所有者の賛同を得ることが最も大切になる。

　とかく空き家は単なる個人の資産と捉えられ、賃貸住宅として貸出すのが一般的で、地域のコミュニティを支える施設に転用改修しようということには多くの場合、思い至らない。

　しかも実際に空き家が生じるのは、従前所有者の死亡などによることが多く、その時点で地域に不在の親族などが相続し、その後の運用については、様々な利用方法を考えつつ戸惑っていることが多い。そうしたなかで短期の定期借家であっても一棟まるごとの貸出に踏み出していただくのは難しい。

　そもそもコミュニティ利用には一棟を使った貸家や社会サービスにかぎらず、一部屋で会食をしたり、数名の集まるサロンも考えられる。これら期間や用途の多様性を具体的に知っていただくことは、コミュニティ組織だからこそできることではないか。以下にそうした試みの一例を示す。

ハードルを下げる試み

　コミュニティ利用を次のようにいくつかの段階に分け、明示し、所有者の考え

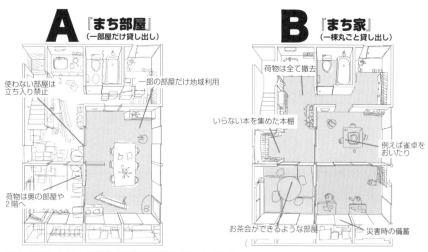

図1　コミュニティ利用の4段階を示す図（作図：伊波航氏）

120　空き家を活かす

る改修転用の範囲と合致するものがないか意向を調べてみた。

A：『まち部屋』（無改修一部屋貸出）

一部屋だけを地域のために利用。その利用に関わる諸室は学生がボランティアで片付ける。光熱費をまかなう程度の利用料をとるが開設費用はほとんどかからないのでその後の資産処分に迷っている1～2年くらいの間のお試し利用が可能であろう。小規模なサークル活動、テレワーク、打合せなどに使用される。

B：『まち家』（一棟丸ごと貸出）

住宅の一棟を地域のために利用。家具の片付けも手伝う。部屋ごとに光熱費程度の利用料をとり地域でのサークル活動、町内会の打合わせ、5～10人程度の集まりの場として3年程度は継続しそうである。

C：『まちサロン』（一棟丸ごと貸出）

一部改修工事を行い地域のために利用する。一時的な宿泊部屋、10人がテーブルを囲める部屋、貸しキッチンなど町内会館にない設備を設けて地域住民が利用。定期借家の契約で5～10年の利用となることが予想される。

D：『まち施設』（一棟丸ごと貸出）

住宅を福祉施設として用途変更する。改修費用は福祉サービス事業者が負担する。一定期間福祉施設として利用後そのままの状態で返却する。

実際にこの図を示し、ある地区の空き家所有者へアンケートを送ったところ、回答のあった23件中Aなら1件は10年まで可、1～2年であれば3件が可能であると答えてきた。そのうち実際に1件は町内会館の分室として部屋を活用しすでに2年が経っている。

仕組みと担い手　121

50 地域再生組織

地域再生と空き家

地域の課題解決を目的として空き家利用に取組む地域再生組織の例として、イギリスの社会的企業（Social Enterprise）の取組みを紹介する。

イギリスでも空き家は問題となっている。アフォーダブルな住宅が不足しているにも関わらず多数の空き家が放置されてきたこと、不審者の侵入やゴミの放置等により近隣コミュニティに悪影響を与えることなどが問題とされている。

その中で民間非営利組織による空き家再生が成果を上げている。彼らは社会的企業と呼ばれ、各地のコミュニティに根ざした様々な活動を行っている。イングランド北部では若者の失業とホームレス化が地域課題である。そこで空き家の修繕によりホームレスの人々の住まい確保を行い、修繕工事を失業者や若年の自立支援および建設・設備業の就業訓練を行う機会として利用する社会的企業がある。

コミュニティ・キャンパス87

コミュニティ・キャンパス87（CC87）は1987年に設立され、イングランド北部ティーサイド（Teeside）地域で長年にわたり活動を続けてきた社会的企業の1つである。

CC87が設立された目的は、当時増えつつあった若年ホームレスの住宅確保と自立支援であり、そのため空き家再生に取組んできた。現在は68戸の住宅を所有する大家となっていて、これまでに100人以上に住まいを提供してきた。その業績は2004年に社会的企業賞を受賞するなど高く評価されている。CC87の本部事務所はかつて若者のたまり場であったナイトクラブを改修した建物で、雇用されているスタッフ数は42人である。地元行政機関、金融機関、民間事業者、コミュニティ・ランド・トラストやホームレス支援団体などの非営利組織、地域まちづくり団体の全国ネットワークなど、多くの組織と協力関係にある。

若者の居住不安やホームレス状態は、薬物やアルコール中毒、犯罪の温床となる。CC87は、生活の基盤である住まいの確保が若者の自立に向けた重要なステップであると考え、住まいの確保から若者の自立を支援するプログラムを運営している。ソーシャルワーカーが若者1人1人と定期的に面会し、生活状態の確認や住まい方の指導（住居を清潔に保つ、家賃や各種公共料金の支払いを守る、節約を心がけるなど）を行っている。

修繕工事と就業訓練

CC87では活動初期から組織内に現場作業チームを設け修繕作業に当たってきた。その作業チームが実績を挙げ、CC87の管理物件だけでなく他団体の物件の修繕工事も請負うようになったため、子会社化し一般の民間建設会社と同様に建設・修繕工事を行っている。これまでに50件を超す住宅のリノベーションを行ったほか、年間数百件の修理作業を請負っている（2022年は応急修理98件とその他作業450件）。

CC87ではこうした作業を、若者の就業訓練の場としても利用している。

若者の参加方法は見習生（Apprentice）と訓練生（Trainee）があり、前者は実地で仕事を学びながら資格や将来の仕事を得るための仕組みである。主な対象者は25歳以下で、期間は職務内容や目標とする資格によって1年から4年まで様々である。見習生は期間中の労働に対して最低賃金が支給される。見習生に採用される人数は1団体につき1名から数名程度と決して多くはない。その一方で、訓練生（Trainee）は無報酬の教育と訓練のための制度であり、見習生よりも基礎的な内容である。若者に作業体験の機会を与えることにより働くうえで必要なスキルや経験について学ばせるためのものである。主な対象者は16歳から19歳までとなっている。予備訓練、英語、数学、そして作業研修からなる訓練生のプログラムを修了していることは、見習生とし

図1　リノベ現場を見るCC87メンバー

て採用される際に（必須ではないものの）重視される。そのため、意欲のある若者はまず訓練生として参加し、基礎的な訓練と学習を修めた後、引き続き見習生へとステップアップする。このプロセスによって実際に資格を取得し、建設作業の定職に就く者も多い。

空き家再生による地域再生事業

CC87では地域の空き家を修繕し、主に若者の住まい確保と就業訓練に繋げ、それを長年にわたり事業として継続している。こうした取組みはアフォーダブルな住宅の不足が続くイギリスの住宅事情を背景としたものであり、空き家を再生し住居として利用することは切実な問題である。

日本でも地域再生組織による空き家活用が広まりつつあるが、地域課題に応じた形での展開を進めるうえで、CC87のような民間組織による取組みが継続的に実績を上げている事実に学ぶ点は多い。

3部

した50の事例

TOUTEN BOOKSTORE

51 リノベーションミュージアム冷泉荘
賃貸住宅をクリエイターの活動拠点に

福岡市

冷泉荘の再生の経緯とコンセプト

　冷泉荘は福岡市博多区の川端通商店街の1本横の路地に1958年に建てられた賃貸集合住宅である。老朽化とともにスラム化し、住居としての限界を迎えた2006年に事務所ビルへとコンバージョン、ビル1棟を集合アトリエに再生した（図1）。ビルオーナーである吉原住宅は、実験的取組みとして、1期目は入居期間を3年と定め若手クリエイターをターゲットに入居者を募集し、「低家賃、敷金なし」の条件に加え、内装も入居者のセルフリノベーション、原状回復義務も課さないとし、約100組という予想を超える応募数を達成した。入居者を選定することにより冷泉荘は質の高いクリエイターの活動場として認識され始めた。

　2期目は冷泉荘のコンセプトを「まち」に根づき、「ひと」が集まり、「文化」を育む場であるという建物に対する吉原住宅の考えを明確化した。この理念を共有できる入居者を募った結果、冷泉荘は常に高稼働を維持している。このように他事例にはない革新的な取組みを行い、冷泉荘は築70年近くにもかかわらず同規模新築賃貸住宅並みの家賃設定が可能となり、現在の年間収入はプロジェクト開始前から約3倍に向上している。

築100年を目指し、耐震補強を実施

　こうした経営的裏づけを踏まえ、2011年には大規模な耐震改修工事として耐震ブレースを設置した。築100年を目指し今後も維持していく意思表明として、あえて、管理人室にある耐震ブレースは誰でも見ることができる状態にされている（図3）。この補強により冷泉荘の寿命は確実に延ばせ、建物の使いやすさを向上させる大幅なレイアウト変更も実現できるようになった。

ビルストック活用という基本理念

　冷泉荘は「福岡の古い建物を大切にする考え方の実践（ビルストック活用）」を基本理念に、入居者による自主的なイベントや情報発信の場として活用されている。ギャラリーやイベントスペースを備え、アート展示や各種講演会など、まちなかの交流場として親しまれている。

　とかく「新しさ」が衆目を集めやすい現代の都市空間において、冷泉荘は「ひと」「まち」「文化」を大切に思う人々の精力的な活動によって、「古さ」を最大限に活かした「新しい」都市景観の可能性を示している。こうした活動が評価され、2012年、冷泉荘は「第25回福岡市都市景観賞活動部門」を受賞した。

暮らしを広げる

また、2024年7月には、冷泉荘は民間事業者を建築主とした戦後初期のRC造集合住宅として、全国初の国登録有形文化財（建造物）として文部科学大臣に答申されている。

図1　冷泉荘の正面（北西面）外観

図2　リノベーション前の一室

図3　冷泉荘の管理人室

図4　スケルトン後の一室

図5　入居者のセルフリノベーションによる一室

事業者：	吉原住宅有限会社
所在地：	福岡県福岡市博多区上川端町
転用後用途：	複合事務所ビル（集合アトリエ）
竣工年：	1958年
規模：	鉄筋コンクリート造、地上5階、地下1階
事業費：	耐震改修等（2011年）1070万円 外壁補修工事（2016年）515万円 屋上防水工事（2020年）184万円

2006年	改修工事（用途変更 共同住宅⇒事務所）
2011年	耐震補強・改修工事
2016年	外壁補修工事
2019年	敷地外構の地中配水管工事
2020年	屋上全面ウレタン塗膜防水工事

表1　概要と年表 文1, 2, 3, 4

リノベーションする

NAWATE PROJECT

52 減築により現れた鳥居と中庭のある複合施設

岡山市

奉還町商店街

奉還町商店街は、岡山駅西方において約1kmにわたって続く、近代期に成立した商業集積地である。その名は、廃藩置県により失職した元武士らが奉還金を資本に店を出したことに由来する。そうした奉還町商店街の西端において、空き家化していた木造の建築物を複合施設にリノベーションしたものがNAWATE PROJECTである。

NAWATE PROJECT

現在のプロジェクトは、合同会社さんさんごごを運営主体とし、「NAWATE」と「とりいくぐる Guesthouse & Lounge」からなる複合施設を母体とした取組みである（図1）。

元々は、建物裏手にオーナーである精肉店が入り、2階にその従業員のための寄宿舎、さらに商店街側に店子が入る建物であった。その後、不動産投資を目的に取得した新たなオーナーにより半ば放置される状態が続き、1階で店子として入る老夫婦の八百屋がわずかに営業を続けていた。そうした建物が、隣地の建設計画で訪れた地元の不動産会社代表の石井信氏と建築家の片岡八重子氏らの目にとまり、プロジェクトは始動する。

2人が中心となりゲストハウスとテナントが入る複合施設へのリノベーションを計画したのが2012年である。事業計画に合意したオーナーが改修費約1800万円を投資し、石井氏の不動産会社が建物を一括して借上げ、リノベーションに着手した。現在の施設は、合同会社さんさんごごが直接運営するゲストハウスの収入と、サブリースするテナントからの家賃収入により運営される。

減築リノベーション

プロジェクトを象徴するものがゲストハウスの名前にもある鳥居と、その鳥居をくぐると現れる中庭である。ただし、それらは1949年の建設後から繰り返された増改築によって姿を消し、長らく地域住民にも知られていなかった。それを再び蘇られたのが減築である（図2）。

片岡氏によると、訪れた当初は連なる鳥居の突き当たりに空の祭壇と槙の木が1本立つ坪庭があった。そこに、鳥居の先に現れる中庭とそこからアクセスできる空間を直感的にイメージし、減築か所の入念な調査に着手したという。

もっとも、リノベーションでは中庭をほぼ埋め尽くすかたちで行われた増築部分の撤去に加え、老朽化した躯体の修繕

128　暮らしを広げる

や設備の更新にも取組まれている。それでも、空き家同然だった建物を固有の場に変えたのは、この減築によるところが大きい（図3、4）。

引き算の発想

減築という引き算のデザインは、実にリノベーションらしい建築行為である。それはリノベーションが既存の建物ストックを前提に、そのポテンシャルを見極めうまく活用するための建築行為であるからで、そこでは多かれ少なかれ引き算の発想が求められるからである。

現在、中庭は境内のように地域のイベントが開かれたり、プロジェクトや施設の関係者らがテーブルを並べ食事をしたりと、多様の利用を受入れる稀少な場となっている。それは引き算の発想でしか生まれなかった都市の空隙としてプロジェクトを価値づけている。

図1　NAWATE PROJECT の外観　鳥居のある1階通路から右をゲストハウス、左を店舗、2階をすべてゲストハウスの客室として利用

図2　鳥居をくぐり抜けると現れる中庭　店舗入口前の庇や土間は新たに設けた部分である

図3　ゲストハウスのラウンジから中庭を望む

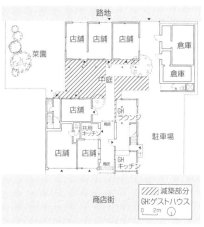

図4　NAWATE PROJECT の1階平面

事業者：	合同会社さんさんごご
	有限会社バルプラン
	ココロエ一級建築士事務所
所在地：	岡山県岡山市
転用後用途：	宿泊施設、店舗、ラウンジなど

1949年	既存建物建設
2012年	リノベーション着手
2013年	NAWATE PROJECT 開設
2016年	合同会社さんさんごご設立
	奉還町4丁目ラウンジ・カド開設

表1　概要と年表

53 大地の芸術祭空き家プロジェクト

空き家を「アート空間」として蘇らせる

十日町市他

新潟県十日町市5地域と津南町の6つのエリアで構成される越後妻有地域（760㎢）では、2000年にスタートした「大地の芸術祭 越後妻有アートトリエンナーレ」の中で、第3回（2006年）から空き家となった民家をアート作品として再生することで地域の景観を維持し記憶と知恵を未来に継承するという試みが行われている。鑑賞型芸術作品だけではなく参加型芸術作品の存在により地域住民、他地域の住民、作家、鑑賞者の交流によって空き家を再生させ、地域を生き返らせるとともに多くの人々を呼び込み、魅了することに成功している。

プロジェクトは段階を踏んで進められた。当初はアーティストもしくは建築家が、現在はコーディネーターが空き家を探し、建物調査、空き家の持ち主との契約交渉を実施する。その後、アーティストの提案を受け建築家が民家にあった空間性を保持しながら設計する。交渉成立後にアーティストが作品制作に取り掛かるが、この作品制作には集落の住民も協働している。さらに公開期間中の作品説明は集落の住民も行っている。完成後は会期終了後の継続的活動も視野に入れながら、建物のオーナーを募集する。

空き家を活用したアート作品は公開終了を含め100件以上となっている。作品は各回のトリエンナーレに合わせて制作されたものが多いため公開終了が多いものの2023年現在でも見学可能な作品もある。2000年に公開された旧ユーゴスラビア出身のマリーナ・アブラモヴィッチ氏による「夢の家」（十日町市上湯集落）は一般見学や宿泊もでき、特別な体験が来訪者を魅了している（年ごとに期間は異なる）。また日本大学藝術学部彫刻コースの鞍掛純一教授と学生により築150年の古民家全体を約2年半の歳月をかけて彫り刻んだ「脱皮する家」（松代地区峠集落）も一般見学や宿泊に対応している。松代地区にある豊福亮氏による「黄金の遊戯場」は、空き家となっていた住宅の外観からでは想像ができない内部の濃密な空間演出に驚きを隠せない。このほか「うぶすなの家」「家の記憶」「ブランコの家」なども興味深い。

大地の芸術祭は、空き家問題を主眼としてはいないが、その一部として行われた空き家をアート空間として再生し地域資源に変える手法は参考になる。なお、作品は一時的な話題にはなるがこれを継続した取組みとするには多くの課題がある。資金に加えて、地域を巻き込んだ支援の仕組みと工夫が必要である。

図1 マリーナ・アブラモヴィッチ「夢の家」(photo Nakamura Osamu)

図2 鞍掛純一＋日本大学藝術学部彫刻コース有志「脱皮する家」

図3 大地の芸術祭 空き家プロジェクト（一部のみ）(出典：大地の芸術祭実行委員会提供の図を筆者加工修正)

図4 黄金の遊戯場外観

図5 豊福亮「黄金の遊戯場」(photo Nakamura Osamu)

(本項の図1、2、5の写真提供：大地の芸術祭実行委員会)

リノベーションする　131

54 きら星BASE
移住者をパッケージで支援

湯沢町

きら星BASEの誕生

きら星BASEは、新潟県湯沢町(0.9万人、2020)にあり、きら星㈱により運営されている。2016年に少子化に伴う公立学校の統廃合により閉園した旧中央保育園(図1)は駅から徒歩5分という好立地で、1974年建設、延床面積792㎡のRC造で耐震基準を満たしていたが改修しなければビジネスに利用できないということで放置されていた。この建物を2019年6月下旬に開始したクラウドファンディング（支援総額276万円）の資金を活用しリノベーションして誕生した（図2）。

町民が自由に交流や活動ができ、地域内、地域間交流の拠点となることを目的とした「町と人を繋ぐ交流拠点」であり、コワーキングスペースやシェアオフィス、イベントスペースの貸出のほかにテナント賃貸などを行っており利用者の目的に応じた利用が可能である（図3～5）。また「カルチャークラブ」や「実践型企業支援プログラム」など地域の人の交流や企業を支援する活動も展開されている。

きら星㈱の移住者支援と空き家活用

伊藤綾氏を代表とするきら星㈱は2019年2月、湯沢町で創業したスタートアップ企業である。完全なる民間サービスとして独自で移住相談を実施していた。職業紹介や様々なトライをしながらサービスを実施していたが、2020年4月からは湯沢町との業務委託契約を締結し、今まで役場にきていた移住相談も含めてワンストップでの対応を開始した。「住みたいまちを次世代につないでいく」をコンセプトとして活動しており、創業時は伊藤氏1名であったが、2023年10月現在ではきら星BASE内と三条市にオフィスを構え従業員は4名である。

湯沢町からの委託を受けて空き家情報を提供しており、2021年から2023年の3年間で16件の成約に結びつけている。

移住支援、特に若い世代の移住では就職・転職の支援に加えて、住む場所（住居）の斡旋・支援が必要である。そこできら星では、きら星BASEの運営とともに、地方での就職・転職サポート（職業紹介）、移住サポートサービスをパッケージとして支援している。サポート人数は、2023年9月末現在で、相談件数822名、移住人数183名（うち湯沢町133名）である。移住希望者は移住後の生活全体を相談でき、移住後も継続した支援を受けられることが、サポート人数、移住者増に寄与している。住居にはリゾートマンションの空室も活用されている。

図1 改修前の旧中央保育園

図2 改修後のきら星 BASE

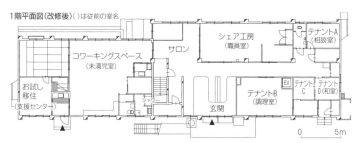

図4 きら星 BASE コワーキングスペース

〈1階〉 未満児室→コワーキングスペース　　支援センター→お試し移住
　　　 職員室横→サロン　　　　　　　　　　職員室→シェア工房
　　　 調理室～相談室→飲食テナント
〈2階〉 保育室→シェアオフィス
　　　 遊戯室→そのまま体育館や集会スペースとして活用

図3 きら星 BASE 平面図（改修後）

会社名：きら星株式会社
事業内容：●移住サポートサービス
　　　　　・人材紹介（ロカキャリ）
　　　　　・起業支援
　　　　●自治体向けコンサルティング
　　　　●人材教育事業
　　　　　（ローカルプレイヤーズ）
　　　　●ワークスペースの運営、
　　　　　不動産賃貸事業
所在地：新潟県南魚沼郡湯沢町大字湯沢1831

表1 きら星㈱事業内容

図5 きら星 BASE コワーキングスペース（活用時）

（本項の図写真提供：きら星㈱）

55 いえかつ糸魚川
移住したい人、移住して商売をやりたい人を応援する

糸魚川市

空き店舗バンク

　一般社団法人空き家活用ネットワーク糸魚川（通称：いえかつ糸魚川、事務局長：伊井俊朗氏）は、糸魚川市（人口4.1万人、2020）内の空き家・空き店舗を有効活用し移住・定住を促進することを目的とした総合相談窓口として活動している。

　以前は市が空き家バンクを管理していたが、登録件数や成約件数は伸び悩んでいた。一方で商工会議所でも空き店舗の利活用に関して悩みを抱えていた。そこで、市と商工会議所が官民一体となり、共同で双方の問題を解決するためのプラットフォームとして2017年7月にいえかつ糸魚川が立ち上げられた。いえかつ糸魚川は一般社団法人であり、糸魚川市が行っていた空き家情報提供制度の運用を委託され不動産業者やリフォーム事業者、金融機関をはじめとする糸魚川の企業が会員となり、会費を出し合い運営している（図1）。2023年10月現在①事業関連業種30社、②その他の業種6社、計36社が会員である。

　いえかつ糸魚川のホームページでは空き家・空き店舗情報を環境（海の近く、街なか、山の近く）や地域（糸魚川地域、青海地域、能生地域）で検索することができる（図2）。また、いえかつ糸魚川を利用して空き家や空き店舗を購入した人のインタビューが掲載されており、移住に至る経緯や、糸魚川での暮らしとまちの様子が語られている。

　いえかつ糸魚川が開設されて以降、これまでの6年間で空き家は183軒、店舗は8件（店舗付き住宅を含む）の成約があり、移住者の合計は85人（40世帯）に達している。小規模都市ながら、成約数の多さが活動の活発さを物語っている。すべての物件をいえかつが一括で管理しているため、見学希望者への対応も迅速であり、移住者の評価が高い。

移住し空き店舗を改修したカフェを開業

　従前の店舗は茶舗であったが高齢による廃業後、いえかつ糸魚川に相談され空き家バンクに登録された。富山市出身の男性がHPに掲載されていた物件（図3）を見つけ、憧れであった焙煎珈琲店を2018年12月に開業している（図4、5）。丁寧な仲介により移住と新規店舗開業が実現している。商工会議所や関連企業に加え、各種補助金や糸魚川創成塾などの起業支援が後押しとなったと語っている。この店舗は2016年末の糸魚川大火後の復興市街地に新しい明かりを灯している。

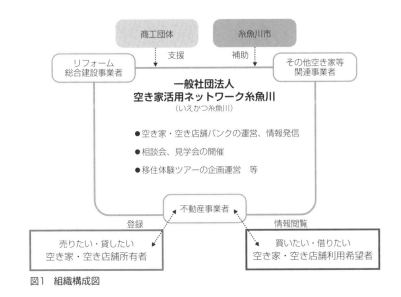

図1　組織構成図

図2　いえかつ糸魚川HP

図4　実際に空き家を活用した店舗（外観）

図3　改修前の空き店舗

図5　実際に空き家を活用した店舗（内観）

（本項の図写真提供：いえかつ糸魚川）

56 NPO法人南房総リパブリック
二地域居住を通じて地域の豊かさを未来に残す

南房総市

二地域居住のきっかけと NPO 法人設立

　馬場未織さんが二地域居住を始めたきっかけは、生きものや自然環境の観察が大好きな息子が都会で働く親のもとで生活し、"田舎のおばあちゃんち"すらないという悲劇に始まる。小さな子どもの「ほんものの生きものが見たい！」という知的好奇心に応える暮らしがしたくて、3 年ほどの土地探しを経て南房総の里山で週末田舎暮らしを始めた。家族で築120 年の古民家で寝起きし、草刈りや畑仕事に勤しみ、野山や海で遊び尽くす暮らしは発見に満ちていた。

　そんな中で「南房総の里山暮らしの魅力を伝え、今ここに暮らしていない人にも未来の担い手になってもらえたら」という思いが膨らみ、二地域居住促進を目的とする NPO 法人南房総リパブリックを 2012 年に立ち上げた。メンバーは南房総在住者と都市生活者が 2：8 で、地域外の人が南房総に愛着を持って交流を深める事業を展開した。親も子も誰もが自然遊びに夢中になる「里山学校」、寒い民家を自分たちで温かく改修する「南房総 DIY エコリノベワークショップ」、食の生産者と深く関わりともに食べる「MEETS 南房総」など事業は多岐にわたる。

馬場未織さんが語る二地域居住の価値と今後の展開

　今、子育ての時期に二地域居住を続けた価値を改めて感じている。受験を目的とした勉強は知識先行型の演繹的な学びであるのに対し、田舎暮らしでの学びは身体で体験したことから"知りたい"という欲求が高まっていくものだ。里山環境はこうした内発的動機を育てる教育環境として最適である。また、家や牛舎や道、神社までも自分たちでつくり、直し直し使い続ける場所に身を置いていると、時間が蓄積されたものたちを尊ぶ感性が生まれる。ものの歴史は、地域の生活の歴史だからだ。経済合理性が優先される都市生活とのコントラストのなかに身を置くと、その価値が実感される。その分ジレンマは大きくなるが、ジレンマを生きることこそ二地域居住の醍醐味であり、最も学びの大きい部分だとも言える。

　さて、これまでは自発的に二地域居住をする人々に焦点が当てられてきたが、今後は"隠れ二地域居住者"に光を当てる時代がくるのではないだろうか。"隠れ二地域居住者"とは、親の介護で地元に通う人々、遠方で働く単身赴任者など"二地域居住をせざるを得ない人々"のことである。自分が行き来しなければな

136　暮らしを広げる

らない "もう1つの地域" に目を向け関わりを持ってみると、新しい楽しみ方が発見されるかもしれない。実は多くの人々が二地域居住者である／二地域居住者になる可能性を孕んでいる、と考えられた時、二地域居住は "別荘暮らし" とはまったく異なる価値を生みだし始めるだろう。

事業者：NPO法人南房総リパブリック
所在地：千葉県南房総市高月地区
用途：住宅
竣工年：不明
規模：木造平屋建、約50坪

〈馬場未織さんの二地域居住史〉
2004年	土地を探し始める
2006年	南房総市の土地と巡り合う
2007年	南房総にて土地取得（農地は仮登記）
2008年	世田谷区から南房総市へ住民票移動
2009年	農家資格取得（農地も本登記）
2011年	任意団体南房総リパブリック発足
2012年	NPO法人南房総リパブリック設立
2014年	『週末は田舎暮らし』（ダイヤモンド社）刊行
2016年	南房総市公認プロモーター就任
2018年	リクルートのトレンドキーワード「デュアラー」
2019年	台風15、19、21号襲来、南房総エリアにダメージ
2020年	コロナで当初は、二地域居住に逆風
2021年	コロナでその後、二地域居住加速
2023年	高月地区の正式な区民へ

表1 概要と年表 文1

図1 拠点となる木造住宅

図2 拠点からの里山景観

図3 NPOの活動（しめ縄づくり）

図4 NPOの活動（食の二地域交流）

57 つるおかランド・バンク
空き家・空き地を一体整備して有効活用する

鶴岡市

　鶴岡市（12万人、2023）では人口減少とともに空き家が2010年から2015年に100棟／年（その後2015年から2017年は200棟／年）のペースで増加しており、特に城下町特有の狭隘道路が多い旧市内中心部は車社会には対応できず、住民の住環境に悪影響を与え空洞化が加速していた。この問題解決のため民間業者と地域住民、鶴岡市が連携し、2011年に「鶴岡市ランド・バンク研究会」を立ち上げ、その研究成果やモデル事業の実績を引き継いで2013年に「NPO法人つるおかランド・バンク（阿部俊夫代表）」が創設された（現理事長は廣瀬大治氏）。

　つるおかランド・バンク（以下LB）は5つの事業を展開している。①LB事業：空き家・空き地・狭隘道路を一体の問題として捉え、その不動産を動かす際に所有者などのステークホルダーから協力を得て問題を解決し、生活しやすい環境に整える（図1～2）。②空き家バンク事業：多くの空き家情報をストックし、地域のランドデザインとともに、空き家の新しい役割を創りだす提案とマッチングを行う。③空き家委託管理事業：空き家の安全・安心をサポートし、毎月1回の訪問巡回により現況を管理、報告する（ふるさと納税での対応も可能、表1）。④空き家コ

ンバージョン事業：空き家の住環境を整備して人の交流を増やすために様々な用途への転換を図り、新しい価値のあるサービスを生み出すことで、今より楽しい地域づくりに繋げる活動。⑤ファンド助成事業：鶴岡市・MINTO機構・民間事業者等が資金を拠出し、地域コミュニティ機能向上整備助成（上限100万円）やコーディネート活動支援（上限30万円、活動に見合う手数料収入を得られなかった業者へロス部分の補助）として助成（表2）。

　注目すべき点は「LB事業」である。周囲の空き家、空き地、接している狭い道路を一体的に捉え、有効利用策を探るのが特徴である。大規模な公共事業とは異なり、物件の問題点を1つ1つ処理していく点、線、面的な官民連携による再編手法といえる。これまでに総相談件数は2540件、問題解決した物件は288件（2023.11現在）にのぼる。このような手法は、労力と時間はかかるが費用は低く抑えられており、困っていた地権者、周辺住民、新規土地購入者、誰もが元気になる取組みである。プロ集団による事業推進であるが、売買成約価格が低いため、事業継続には報酬面等の様々な課題解決が望まれている。

〈事業イメージ〉
B宅空き家（危険家屋）の所有者より相談を受け、建物を解体、更地に。

B宅空き家を解体後、A・C隣家に低価格売却。解体費は売却益と相殺。前面道路を拡幅。

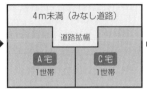

将来的には狭あい道路が解消され地域のイメージアップ、若者世代・子育て世代の取込みを期待。

図1　LB事業イメージ

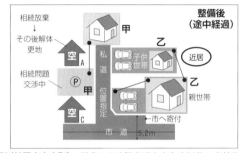

図2　行き止まり私道付け替えによる面整備事例（鶴岡市大東町）　屈曲した狭隘私道を空き家解体で直線化＋子世帯住宅＋駐車場用地確保

ライトコース　5500円／月（税込）
建物外部の点検・確認 玄関・窓など、開口部の施錠確認 ポスト内の郵便物等の確認、転送 庭木や雑草の状況確認 ※報告書郵送の場合は＋1100円
しっかりコース　7700円／月（税込）
建物内部の通気・換気 清掃 雨漏りチェック 台風や地震など、災害後の確認 ※　年1回、鶴岡市の特産品を送付 ※　報告書郵送の場合は＋1100円
レスキューコース（料金要相談）
〈緊急時対応コース〉 台風や地震など、災害後の確認
オプション（料金要相談）
家財処分 除草や庭木のお手入れ 建物や塀など、保全目的の修繕 シロアリ・アメシロの駆除 除雪、屋根の雪下ろしなど

表1　空き家委託管理事業（価格・内容等は2023.10現在）

（1）地域コミュニティ機能向上整備助成　助成上限額・補助率

（Ⅰ）空き家の建替・改修を伴うまちのコミュニティ施設整備支援	
空き家を地域住民等の交流施設や活動拠点、にぎわいづくり・まちづくりのためにコンバージョン（用途変更）する建替・改修費に助成　（例）シェアハウス、学童保育所、高齢者施設、カフェ、など	100万円 1／2
（Ⅱ）地域住民の利便性向上のための私道等整備支援	
伝統的な街区型を維持しながら地域住民の利便性を高めるため、住宅密集地の細街路について、都市機能向上に繋がる私道等の築造および拡張整備費に助成　（例）通り抜け道路や除雪ロータリーの通行可能化、私道整備など	100万円 7／10
（Ⅲ）空き地の活用による良好なまちづくり整備支援	
町内会等に対し、良好なまちづくりのために空き地を多機能に利用する場合の整備費に助成　（例）多目的広場やゲートボール場、冬期間は雪捨て場など	100万円 4／5
（2）地域活性化促進助成	
（Ⅳ）ランド・バンクコーディネート活動支援	
権利が錯綜する空き家の解体、敷地再編等で権利者との調整（コーディネート）活動に見合う手数料収入を得られなかった宅建業者や士業等を対象に、法定手数料ロス部分の補助として助成	30万円 4／5

表2　ファンド助成事業

（図表データ提供：つるおかランド・バンク）

58 ニコイチ
団地の2戸1化リノベーション

堺市

空き家の解消と住まいの選択肢づくり

「ニコイチ」は、大阪府住宅供給公社が2015年から泉北ニュータウンの茶山台団地などで展開している住戸の2戸1化プロジェクトである。45 ㎡または50 ㎡の3DKの間取で埋め尽くされた団地のなかに新しい住まいのバリエーションを生み出すこと、それにより空き家の解消と新住民の呼び込みを図ることが目指されている（表1、図1）。

2戸1化で生まれる余白

プランは、事業提案競技で選ばれたユニークなアイデアが毎年数戸ずつ実現している。外部を引き込む土間空間が玄関やベランダ脇に大きく設けられたものもある。

もとの3DKの間取は、限られた面積のなかで標準家族の生活をいかに成り立たせるか、極限まで切り詰めたものだった（図2）。しかし、今日は世帯人員が少なくなったうえに、使える面積が倍になれば、様々な余白を住まいのなかに生み出すことが可能になる。その余白を、土足でラフに使うことができるガレージ的な空間や、知り合いを気軽に招き入れられる中間領域などとして使おうというわけだ（図3、4）。鉄の扉で固く閉ざされていた住戸が、こうしたリノベーションで外部に開いていけば、団地の風景も新しいものに変わっていくだろう。

なお、RCラーメン構造の建物では壁に開口部を開けることが可能だが、壁構造の場合はそうはいかない。公社の団地にも両者の構造が混ざっているが、壁構造の建物では、階段室やベランダで2戸が繋がる住まいが実現している（図5）。

新しい入居者がもたらす団地の活性化

ニコイチで生まれた新しい住まいに、年々減少していた若い世代が移り住んできている。そのなかには、団地のサードプレイスの担い手になるなど、地域活性化に欠かせないキーパーソンも現れてきている（図6）。

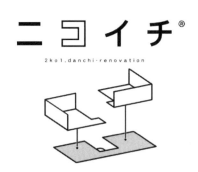

図1　ニコイチのロゴデザイン

事業者：	大阪府住宅供給公社
所在地：	茶山台団地（大阪府堺市）ほか
新用途：	用途変更なし
規模：	45㎡/50㎡の住宅を繋げて 90㎡/100㎡に
2014 年	堺市と公社の連携による住戸リノベーションモデル事業開始
2015 年	ニコイチの取組みが始まる
2022 年	第8期事業実施、延 40 戸のニコイチが生まれる

表1　概要と年表

図4　玄関を拡張したガレージ的な空間（設計：KINO architects）　自転車をメンテナンスしたり、ベビーカーを置いたり、DIY もできるスペースとして設計された（茶山台団地、2017年）

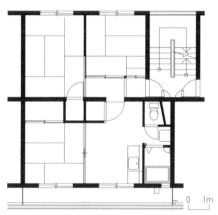

図2　茶山台 B 団地（大阪府住宅供給公社）の50㎡、3DK の間取　高度経済成長の暮らしを支えた団地だが、近年は埋まらない空き家に悩まされてきた

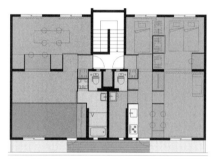

図5　戸境壁に開口部を設けられない壁式構造での2戸1化の例（設計：YSLA）　階段室やバルコニーを介して隣り合う2戸を使いこなす（茶山台 B 団地、2022年）

図3　戸境壁に開口部を新設して隣り合う住戸を繋いだ例（設計：PERSIMMON HILLS architects）　南側に2戸を貫く気持ちのいい縁側空間が生まれている（香里三井 C 団地、2017年）

図6　団地集会所を利用した「茶山台としょかん」　ニコイチへの入居者も運営に加わるコミュニティスペースである（茶山台団地、2015年〜）

繋げて使う　141

59 オビハウス
向かい合う2棟の部屋をワンセットにして貸す

熊本市

中庭を挟んだ2棟をワンセットに

熊本の中心部から車で10分ほどの住宅地。1960年代に建てられた平屋の4軒長屋2棟のリノベーションである。空き家再生を手がけるスミッグハウス（➡65）の末次宏成氏が提案したのは、中庭を挟んだ2棟の向かい合う2部屋をセットにし、片方を母屋、もう片方を離れとして利用するアイデア。熊本大学の田中智之研究室とプランや中庭の使い方を検討した（図1、2）。

「稼げる賃貸」の実験

オビハウスは、「借りて稼ぐ」仕組みづくりの実験の場でもある。

この物件は、スミッグハウスが10年間の定期借家で家主から一括借上げしたものを、入居者にサブリースするかたちで運営されている。水回りも完備した離れの使い方は、入居者それぞれが自由に考える。仕事場として利用してもいいし、賃貸住宅として又貸ししても構わない。スミッグハウスのサポートを受けながら、民泊を経営することも可能である。入居者が新しい人を受入れ、もてなす側に回れば、コミュニティがさらに広がっていくのではないか。そうした可能性を探る実験である。

実際オープンしてみると、半年後にコロナ禍が来たため、多くは学生や若手起業家のマンスリー賃貸として利用された（図3）。そして、コロナ禍が落ち着いた2023年、3軒の民泊がいよいよ始まっている（図4）。

空き家再生から人づくりへ

このうち2軒を切り盛りしているのは、入居者からの委託を受け、スミッグハウスのメンバーとして活動している熊本県立大学の学生チームである。学生の空き時間で回せる仕組みを末次氏がつくり、民泊の運営やそれを通じた繋がりづくりにやりがいを感じる学生たちが、予約者との事前やりとりから清掃までの仕事を試行錯誤しながらこなしている。また、民泊は年間180日までの営業制限があるため、残りの時間は学生のサードプレイス的な居場所にもなっている。

末次氏がこのプロジェクトで目指すのは、空き家を通じた人材育成。人材不足が課題の地方都市だが、若い人が地元で魅力的な活動を続けていれば、人は必ず戻ってくる。空き家を生かしたビジネスにチャレンジする若者たちの成長をサポートしていきたい、という思いが同氏にはある。

暮らしを広げる

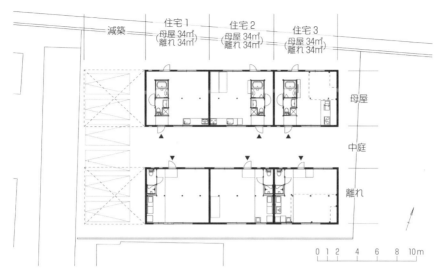

図1 改修後の平面図 中庭を挟んだ2棟の向かい合う2部屋をセットにし、片方を母屋、もう片方を離れとした。西端の1軒分は減築し、駐車場にしている

図2 離れのプラン（住宅3） 居室は床レベルを下げて土間空間とし、その上にロフトを設けた。キッチンは既存をそのまま利用し、洗面所、シャワー室、トイレを新しくした

図4 離れの内部 狙いどおり、民泊として利用されているものもある。民泊の利用者は、外国人が半分を占める

図3 BBQを囲んでの住民主催の「オビ会」 若手起業家や学生が毎月集まり、情報交換で賑わっている。仕切りのない中庭は緩やかに繋がる共用空間となっている

事業者	スミツグハウス
所在地	熊本市
規模	CB造平屋、2棟
工事費	1200万円

1960年代	原建物が賃貸住宅として建てられる
2019年	自由に使える離れのある「オビハウス」として再スタート
2023年	3軒の民泊の営業が始まる

表1 概要と年表

60 輪島カブーレ
地域に点在する複数の空き家を再生してまちづくり

輪島市

輪島カブーレの概要

輪島カブーレは、子どもから高齢者、障がいや疾病の有無、国籍にかかわらず、地域に暮らす、すべての人の共生拠点である。朝市で有名な輪島市の中心市街地に点在する空き地や空き家を改修転用している。2023年5月時点で9つの事業所がある（表1）[文1, 2, 3]。

開設の経緯

きっかけは2014年の「増田レポート」である。輪島市の人口は2040年に1.3万人と予測された。市は社会福祉法人佛子園に相談し、2015年に佛子園、輪島市、青年海外協力協会（→73）のジョイント

ベンチャーとしてプロジェクトが始動した。ほぼ併行して、2014年には内閣府まち・ひと・しごと創生本部による「生涯活躍のまち」先行7モデルのうちの1つに位置づけられ、地方創生特区として認められた。地方創生先行型交付金（先駆的事業分）・地方創生加速化交付金を活用し、移住者募集広報、事業計画策定、CCRCプログラム構築などを実施した。プロジェクトはまず輪島市内の空き地・空き家の調査から始まった。適地を探す一方、障がいを抱えている方の活動拠点がくることへの近隣住民の不安に対する説明と理解を得る活動も続けた。

施設名	開設時期	元建物竣工	面積	構造	用途変更	事業資金
輪島 KABULET 拠点施設	2018	不明	881㎡	木造、一部鉄骨造、一部 RC 造	空き家→温浴施設、レストラン、高齢者デイ、生活介護、児童発達支援、相談支援、管理事務所	都市再構築戦略事業交付金
		1966	127㎡	木造2階建		
GOTCHA! WELLNESS 輪島	2018	不明	312㎡	鉄骨造一部木造2階建	空き家→健康増進施設	空家再生等推進事業交付金
CAFÉ KABULET	2018	高齢者デイサービス	134㎡	木造2階建	空き家→子育て支援（ママカフェ、ボディケア）	
CASA KABULET1, 2		1945	93㎡	木造2階建	空き家→障がい者向け短期入居住宅	
新橋邸	2017.1	空き地	386㎡	木造2階建	空き地→新築：サービス付き高齢者住宅（6世帯）	
うめのや	2022	1947	349㎡	木造2階建	空き町家→ゲストハウス	
UMENOYA GARAGE HOUSE		1976	64㎡	木造平家建	空き店舗→ツーリング2輪車専用ガレージ	
ASANTE		不明	170㎡	木造2階建	自立を支援する女性向けのグループホーム	
Vinaka	2020.6	空き地		木造2階建	空き地→新築：グループホーム	

表1　施設リスト

144　暮らしを広げる

まちなかに施設を分散配置する意義

　輪島以前に佛子園は小松の西圓寺、シェア金沢、白山市のB'z行善寺などを開設していた。これらと輪島カブーレにはプログラムに類似性があるが、最も大きな違いは、施設が市街地に分散配置されていることである。

　西圓寺は単体施設による施設型（現在は道路を挟んだ向かい側にウエルネス施設を増設）、シェア金沢は旧病院跡地を使ったエリア型のコミュニティといえる一方、輪島カブーレはまち全体に分散するタウン型と位置づけられる。各施設が市街地に点在することによって、閉じた施設や閉じたエリアには難しい「みんなに見える」ことが可能となる。これがこれから人口が減っていく中で老若男女、障がいの有無にかかわらず、小さな子どもを抱えたお母さんも含めた誰でも生涯活躍できるまちに繋がると考えた。空き家を転用した施設は、いったん、主体構造まで解体したうえでリノベーションされている（図1〜4）。そのため必ずしも新築に比べてコストが安いわけではない。しかし、あえてリノベーションに拘る理由は、「できるだけ地域の人の心象風景を壊したくないから」だという。

図1　拠点施設（改修前）

図3　ウエルネス施設（改修前）

図2　拠点施設（改修後）

図4　ウエルネス施設（改修後）

61 NIPPONIA
古民家再生によるアルベルゴ・ディフーゾ

全国

NIPPONIA 事業

NIPPONIA とは、「地域に眠る古民家を活用したエリア開発・マネジメントによって地域のなかに持続可能なビジネスを創出し、地域の暮らしや文化を次世代につないでいくまちづくり事業」である[文1]。この NIPPONIA 事業がいわゆる古民家再生と異なるのは、まち全体をホテルに見立て、地域に点在する複数の古民家をフロントや客室、レストラン、バーなどに再生していく点にある。そこを訪れた者がまちそのものに滞在し、地域で続く普通の暮らしや生業を体験することがコンセプトの取組みである。

このようにホテルが持つ受付や宿泊、飲食、入浴といった様々な機能をまちなかに分散させる宿泊施設は、イタリア発祥のアルベルゴ・ディフーゾとも呼ばれ、空き家問題や地域再生の取組みとして近年の日本でも注目されている。

篠山城下町ホテル NIPPONIA

このような NIPPONIA 事業の端緒となったのが、2015 年に開業した篠山城下町ホテル NIPPONIA である。これは、丹波篠山市の出資で設立された一般社団法人ノオトと、ホテルの開業を契機として設立された株式会社 NOTE が手がけ

るプロジェクトであり、その第 1 期では城下町に点在する古民家等の歴史的建造物が再生され、1 棟貸しを含めた 4 つの宿泊棟、計 11 室のホテルとしてオープンした (図1)。例えば、市の景観重要建造物指定第 1 号の旧樋口家住宅は、ホテルのフロント機能と丹波産の食材を使用するフレンチレストランが併設された施設として活用されている (図2)。

ただし、ノオトと NOTE は事業計画の策定や資金調達、建物の改修などを手がける立場にとどまり、ホテル運営には歴史的建造物の活用に実績のある事業者を計画的に誘致している (図3)。

「分散型」まちづくりの方法

現在の NIPPONIA 事業は、NOTE らの支援により各地域に設立される「まちづくり開発会社」を主体とした取組みとして、全国 30 地域以上に展開する。このまちづくり開発会社とは、地域住民が主体となった組織であり、事業全体の計画策定から資金調達、さらには所有者から借り受けた古民家の改修、事業者 (テナント) の選定・サブリースまでを行う。一方、その後の各施設の運営はそれぞれの事業者が実施することになる (図4)。

このように事業主体を物件所有者、開

146 暮らしを広げる

発事業者、運営事業者に分け、開発も時期を分けることで、資金調達の負担や事業リスクを分散させるスキームが取られている。ただし、各事業が独立した動きになることを避けるため、事業全体が1つのプロジェクトとして計画され、事前にコンセプトが地域で共有され合意形成が図られる。そのうえで「NIPPONIA」としてブランディングされ、各地域の知見が共有される仕組みである。

図1　篠山城下町ホテルNIPPONIAの施設配置

図2　旧樋口家住宅を活用したフロント

図3　古民家を再生した客室

空き家を面で活用する

NIPPONIA事業は、地域主体で構想されるグランドデザインのもと、空き家を建物単体ではなく地域という「面」で捉えるエリアマネジメントの取組みとも言える。これは、地域にある飲食店や銭湯などの既存の施設と連携しながら、地域全体で必要な機能を補い、地域の潜在的な魅力を高めるオルタナティブな空き家活用の方法である。

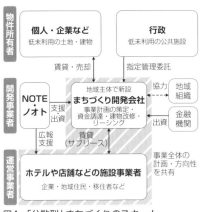

図4　「分散型」まちづくりのスキーム

事業者：	株式会社NOTE 一般社団法人ノオト
所在地：	兵庫県丹波篠山市
転用後用途：	宿泊施設、レストラン、カフェなど

2009年	一般社団法人ノオト設立
2015年	篠山城下町ホテルNIPPONIA開業
2016年	株式会社NOTE設立
2019年	NIPPONIA小菅 源流の村（山梨県小菅村）開業
2020年	NIPPONIA HOTEL 大洲 城下町（愛媛県大洲市）開業
2022年	NIPPONIA設立地域が全国30地域に到達

表1　概要と年表

62 鞆の浦さくらホーム
まち全体に点在する事業所で地域共生社会を実現する

福山市

鞆町の概要

広島県福山市鞆町は瀬戸内海に面し、神社仏閣や町家等の古い建物が数多く残る歴史的な景勝地である。近年は人口減少が著しく、高齢化率は48％と驚異的水準に達し、空き家と空き地が増えている。

空き家活用のきっかけ

約20年前、築350年の醸造酢店の建物が取り壊されようとしていた。それを聞いた施設長が買取って改修し、認知症高齢者グループホームとデイサービス事業所として開設した。民家を高齢者施設に転用することは認知症高齢者ケアの観点からも理に適っている。認知症高齢者は空間のスケールが大きい病院や施設に入所すると、新しい環境に適応することがなかなか難しくて混乱してしまう。しかし、住宅に近い小規模な空間であれば、これまでの生活経験をもとに比較的安定した生活を過ごせる。

複数の空き家群の活用に展開（図1）

その後、3か所の小規模多機能型居宅介護事業所を開設した。うち1か所は空き家となっていた個人住宅を転用した。小規模多機能は認知症となっても地域住民が住み慣れたまちで暮らし続けられるように、通い・泊まり・訪問を組合せたものである。次に旧保育園舎を借り受け、さらにその道路向かいの空き家を買って、障がいのある子どもの発達支援も行う放課後等デイサービス事業を展開し（図2）、高齢者のみならず、障がいの有無にかかわらず、地域住民が支え合いながら暮らす地域共生社会の実現を目指す。また、築90年の古民家をシェアオフィス兼宿泊研修施設に改修して、ユニバーサルツーリズム研修など、全国から集まる様々なグループ研修等に使っている（図3、4）。さらに、3軒の空き家を若手職員のシェアハウスにしている。

空き家群の積極的活用で歴史的町並みでの暮らしを持続させる

最新プロジェクトは空き家を改修した障がい者の就労支援B型カフェである（図5）。隣接する旧倉庫は駄菓子屋で、放課後に子どもたちが自由に集まる（図6）。歴史的町並みを形成する古い家屋に愛着を持ち、それらを社会的資産として積極的に評価し、少子高齢化の現状や実現したい社会像に求められる用途を新しく埋め込むことによって、人々が暮らし続けていけることを示唆している。

148　暮らしを広げる

開設年	施設種別	施設名称	新築・改修	元建物
2004	グループホーム・デイサービス	鞆の浦・さくらホーム	改修	店舗兼住宅
2008	小規模多機能型居宅介護事業所1	鞆の浦・さくらホーム（サテライト）	新築	なし
2009	小規模多機能型居宅介護事業所2	鞆の浦・さくら荘（いくちゃんの家）	改修	個人住宅
2011	小規模多機能型居宅介護事業所3	さくらホーム・原の家	新築	なし
2012	駄菓子屋	あこう屋（→2023年クランクに移転）	転用	店舗兼住宅
2014	放課後等デイサービス	さくらんぼ	転用	保育所
2016	重症心身障がい児の多機能型事業所 →児童発達支援	さくらんぼ星の家	改修	個人住宅
2019	シェアオフィス・宿泊研修施設	燧冶（ひうちや）	改修	個人住宅
2023	就労支援B型・駄菓子屋	カフェ クランク	改修	個人住宅

表1　施設概要

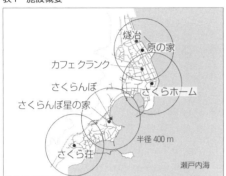

図1　街全体をカバーするように複数事業所を展開

図4　既存床高まで3つのレベルに分割
各々のデッキ間にプレートを渡してバリアフリーに対応

図2　DIYで旧蔵を隠れ家に改装（児童発達支援）

図5　カフェ裏庭は駄菓子屋（左）に繋がる

図3　古民家を宿泊研修・シェアオフィスに

図6　駄菓子屋スペースに集まる子どもたち

63 松原憩いの家
2世帯住宅を活かした子どものための住まい

世田谷区

子どもが安心できる住まい

松原憩いの家は閑静な住宅街にある社会福祉法人青少年と共に歩む会が運営するファミリーホームである（図1）。ファミリーホームは虐待などで保護者から適切な養育を受けられない子ども（0～18歳）を家庭に迎え入れる事業である。血縁関係がベースにない生活単位であることは、児童養護施設などの施設と同じである。しかし、施設が職員にとって職場である一方、ファミリーホームは養育者の家庭、つまり食事・就寝を共にする家族として暮らす住まいである。

松原憩いの家では、中学2年、中学3年、高校1年、高校2年の女子4名と養育者夫婦に加えて、養育者の父親も暮らす。養育者が子どもを養育する関係を基本にしながらも、子ども同士や養育者の父親など多層な関係性が織りなす生活が展開される。子どもはこの関係の中で距離感を自身で調整し、安心できる場や逃げ場を住まいの中につくることができる。

2世帯住宅をそのまま使う

築20年ほどの2世帯住宅を活用している。世田谷トラストまちづくりの「空き家等地域貢献活用事業」で事業プロポーザルに参加し、マッチングが成立した。

個室数は十分ではなかったが、食堂、キッチン、浴室、トイレが各階にある間取の特徴が気に入り、それに合わせるように生活を組み立てている（図2）。例えば、1階の広いキッチンに繋がる居間・食堂を家族の集まる空間とし（図3、4）、2階の食堂では個人的な面談を行う。2階に3部屋、1階に1部屋、子ども部屋があるが、浴室やトイレの使用者は決めず、状況に応じて子どもが判断し使い分けている。また、空き家の間取をそのまま活用することは、窓の位置をはじめとした生活の向き、つまりは隣近所との関係も引き継ぐことができ、住宅地では大きな利点となっている。

当初、掃出し窓のある1階の居間・食堂で子ども食堂を開催して地域に開くことを考えていたが、コロナ禍もありそれが難しくなった。一方で、空間が少し閉じたことにより、子どもが夕食に友人を

図1　外観

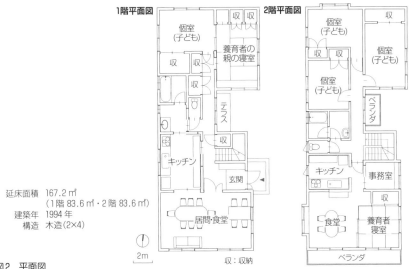

延床面積 167.2㎡
(1階 83.6㎡・2階 83.6㎡)
建築年 1994年
構造 木造(2×4)

図2 平面図

招く機会が増えた。この空間は子どもが自分のペースで社会や地域との関係を取り結ぶための入口になっている。

オーナーの存在

松原憩いの家が実現したのは、子どもの社会課題に貢献したいと思っていたオーナーが共感したことが大きい。オーナーは開設後も法人のチャリティバザーに協力したり、松原憩いの家を定期的に訪ねたりしており、事業に伴走する共同運営者のような役割を担っている。

図3 1階の居間・食堂

1965年	「憩いの家」の活動が始まる。松原憩いの家の開設より前に、青少年と共に歩む会は世田谷区に3つの自立援助ホーム(憩いの家)を運営
2017年6月	世田谷トラストまちづくりから空き家活用について打診
2017年9月	空き家をファミリーホーム事業で活用することをプロポーザルで提案
2017年10月	プロポーザル案が採択
2018年4月	ファミリーホーム(松原憩いの家)開設(賃貸契約期間は10年)

表1 松原憩いの家の開設までの経緯

図4 広いキッチン

共同の住まいにする 151

64 住宅遺産トラスト
価値ある住宅と環境を後世に継承する仕組み

全国

「住宅遺産」と住宅遺産トラスト

　優れた建築は、造られた時代の技術や空間、そこに育まれ続けてきた住まい方、地域の記憶や景観を後世に伝える貴重な歴史文化資産である。しかし、個人が所有する住宅は、家族構成の変化や相続、売却等による所有者の変化など様々な事情により、取り壊され失われることが多い。こうした価値ある住宅建築とその環境を「住宅遺産」と呼び、これを後世に継承するための仕組みづくりに取組んでいるのが、「一般社団法人住宅遺産トラスト」である[文1]。

　住宅遺産は、必ずしも空き家とは限らないが、相続等により空き家になっているものも多く、その継承は容易ではない。その大きな理由として、わが国の不動産市場では建物としての住宅が評価されず、土地ばかりが評価される実態がある。有名建築家が設計した木造住宅であっても、築20年以上ではゼロと評価され、土地値から建物の取壊し費用を差し引いて売買されるのが通常なのである（➡**12**）。

住宅遺産トラストの取組みの経緯

　きっかけは、吉村順三設計の「自由が丘の家（園田高弘邸）1955年」の継承であった。50有余年過ごしたこのお宅を残

したいという園田春子さん（故園田高弘夫人）の想いを受け、2008年秋、建築専門家、地域住民を中心に「園田高弘邸の継承と活用を考える会」を立ち上げ、夫人が企画する演奏会と建築レクチャー等で構成された「園田高弘邸 音楽と建築の響き合う集い」をこの住宅を継承する活動として開始した。2012年秋に『昭和の名作住宅に暮らす—次世代に引き継ぐためにできること 吉村順三、吉田五十八、前川國男による3つの住宅』展を開催し、様々なメディアにとり挙げられたことにより新たな所有者が見つかり、無事継承することができた。こうした経験をもとに、貴重な住宅建築を単に保存するのではなく次の時代に継承することを目的に、2013年3月に住宅遺産トラストを立ち上げた。

　これまで、多くの保存活動が特定の建築についての運動であったのに対し、住宅遺産トラストでは、歴史的・文化的価値が高い住宅建築（住宅遺産）の保存継承のプラットフォームの構築を目指し、各事例における阻害要因を分析し、その解決手法についての経験を積み重ねている。具体的には、住宅の承継についての窓口を設け、住宅の所有者に寄り添いながら、建築・法律・不動産などの専門家と協力

152　暮らしを広げる

して、売却や相続、耐震改修、活用等についての支援活動を行っている。同時に、継承を望まれる住宅を見学会、展覧会などの形で公開し、所有者と継承者を繋げる活動を行っている。

これまでに、前述の旧園田高弘邸をはじめ、新・前川國男自邸（1974年）、富士見の家（アントニン・レーモンド／1970年）、代田の町家（坂本一成／1976年）、加地邸（遠藤新／1928年）、雪谷の家（谷口吉生／1975年）、土浦亀城自邸（1935年）、VILLA COUCOU（吉阪隆正＋U研究室／1957年）など、20件余りの住宅遺産の承継に携わり、2022年に日本建築学会賞（業績）を受賞した[文2]。

図1　自由が丘の家（旧園田邸）（photo：齊藤さだむ）

図2　加地邸（photo：齊藤さだむ）

図4　土浦亀城邸（photo：齊藤さだむ）

図3　雪谷の家

図5　VILLA COUCOU（photo：山口真）

暮らしとまちを継承する　153

65 スミツグハウス西棟・東棟
住み継ぎ、地域を繋げる団らんの宿

熊本市

空き家を宿にするには

空き家を宿として活用するには、いくつかの方法がある。

例えば、建築基準法上の「ホテル又は旅館」に用途変更する確認申請を行い、旅館業法上の「簡易宿所」などとして営業する方法。

あるいは、確認申請は行わないまま、宿の営業許可を取得するもの。2019年の建築基準法の改正で、用途変更の手続が不要な建物の規模が100㎡未満から200㎡未満に緩和された。

そして、民泊として営業するもの。2018年の住宅宿泊事業法（民泊新法）により、住宅用途のままでも年間180日までは宿として利用できるようになった。

スミツグハウス西棟・東棟は、このうち2つ目の方法で空き家を宿にした取組みである。なお、**59**のオビハウスは、簡易宿所などとして営業できない立地にあったため、3つ目の方法がとられている。

空き家を1棟貸しの宿に

スミツグハウス西棟・東棟は、20年以上手付かずだった熊本城脇の2棟の空き家をリノベーションした1棟貸しの宿である。工事では、既存間仕切り壁の撤去によるワンルーム化（天井も外してロフトを設置した）、水回り、縁側空間の整備、耐震補強、断熱改修などが施されている（図1、2、3）。年代物の日本の民家に暮らすように泊まれると、外国人旅行者にも好評の宿となっている。

スミツグハウスを手がけるのは、2013年に福岡から地元の熊本にUターンした末次宏成氏。所有者の思い入れのあるこの建物を、まずは5年間の定期賃貸借契約で借りることにした。

スミツグハウスやオビハウスなど、空き家を転用した宿を末次氏は熊本市内で複数経営している。ポイントは、普通の不動産屋では対応しきれない物件を安く借り、ローコストで上手に改修すること。さらには宿にすることで収益性が高まり、短い期間での資金回収が可能になる。小さく始められるビジネスである。

旅行者と一緒に家を住み継ぐ

住む人がいなくても、旅行者が来て、それを管理する人がいれば、家は生き続けられる。旅行者とともに家を住み継いでいきたいという思いが「スミツグハウス」という名前には込められている。

この宿は、地域との繋がりを生む居場所にもなっている。ホームパーティやサ

154　暮らしを広げる

ークル活動ができるレンタルスペースとして地元住民に普段使いされるほか、コロナ禍では子どもたちのオンライン自習室などとしても使われた。関係を生み出す空き家の利用法である。

図1 スミツグハウス東棟内部　末次氏がオークションで入手したタイルやアップサイクルした家具・照明を使ったインテリア

図2 スミツグハウス西棟外観　目の前には熊本城の石垣が広がる。隣には末次氏の自宅兼アトリエがあり、陶芸体験などもできる

事業者:	スミツグハウス
所在地:	熊本市
規模:	木造平屋、2棟
工事費:	東棟・西棟とも500万円

| 1955年 | 原建物が賃貸住宅として建てられる |
| 2016年 | 簡易宿所に用途変更し、1棟貸しの宿スミツグハウス西棟、東棟としてオープン |

表1 概要と年表

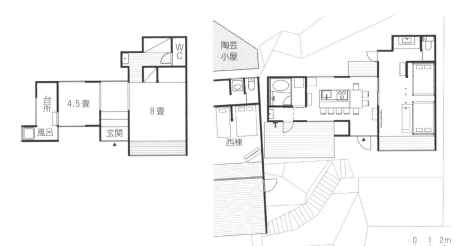

図3 東棟平面図（左：改修前、右：改修後）

66 ジョンソンタウン
米軍ハウス地区に個性豊かな店が集まる

入間市

磯野住宅からジョンソンタウンへ

　埼玉県入間市に位置する旧磯野住宅は、戦前の陸軍航空士官学校の将校向けに建設された住宅地を由来とし、戦後は駐留米軍のジョンソン基地のための住宅地として整備された。それらは一帯で農園を営んでいた磯野家によるもので、以降、賃貸住宅地として経営される。

　米軍の引揚げ後は日本人が移り住み、アーティストの創作活動の拠点として利用されることもあったが、しだいに建物は老朽化し、一時はスラムの様相を呈したという。そうした中で代替わりしたオーナーが、2000年を前後して住宅地の再生とリブランディングに取組む。その際、新たな住宅地の名称として選ばれたのが、かつての米軍基地にちなんだ「ジョンソンタウン」であった（図1）。

図1　2017年から2019年にかけて発行された季刊誌『ジョンソンタウンスタイル』

オフベースの「米軍ハウス」

　駐留米軍は基地内外に軍関係者のための「ハウス」を確保した。オフベース（基地の外）では、米軍の検査により一定の水準を満たした家族用の賃貸住宅が日本の民間事業者の手で建設されており、ジョンソン基地の周囲にもそうした平家の戸建住宅が多数供給された。これをジョンソンタウンでは「米軍ハウス」と呼ぶ。

　当時建設された24棟のほとんどが現存し、その3角屋根と白く塗装された下見板張りの外壁が、ジョンソンタウンの景観を構成する重要な要素となっている。

住宅タイプの混在と多様な店舗利用

　ジョンソンタウンには、米軍ハウスに加えて、旧日本軍の将校向けに建設された「日本家屋」も数棟が残る。さらに住宅地の再生の一環で、老朽化した日本家屋等を建替えるかたちで新築された「平成ハウス」が混在して建つ（図2、3）。平成ハウスは米軍ハウスの外観構成を継承した新しい住宅である。一見すると米軍ハウスと区別がつかないそれらは、柵や塀を設けない緑豊かな外構もあいまって、独自の居住環境を生み出している。

　そのような住宅は、店舗や事務所としての利用が許容され、職住一体のライフスタイルを可能にしている。実際に住宅地には、カフェやレストラン、雑貨屋、家具屋、ダンススタジオなどの個性豊かな店が並ぶ。そうした店舗を営む店主ら

は、米軍ハウスを基軸とする居住環境を評価して入居した人々である（図4）。

住宅地の継承とマネジメント

ジョンソンタウンでは、賃貸住宅でありながら室内を入居者が思い思いにリノベーションすることができる。オーナーが入居者のリノベーションの相談にのり、保管された米軍ハウスの古い外壁材や、解体された日本家屋の梁材を提供することもあるという。一方、住宅の外観や外構は住宅地の景観を保全するためオーナーによりコントロールされる。

このようにジョンソンタウンは米軍ハウスが持つ個性を活かしながら、賃貸住宅地ならではマネジメントを通じて、住宅ストックに多様な利用を呼び込む特異な居住環境を築いている（図5）。

図4 リノベーションにより外壁を白い板張りとし、下野（げや）とポーチが設けられた日本家屋

図2 米軍ハウス（写真左）と向かい合う平成ハウス（写真右）

図5 店が集まる目抜き通りには平日も来訪者を見ることができる

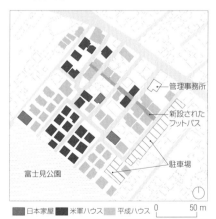

図3 ジョンソンタウンの配置

事業者：	株式会社 磯野商会
所在地：	埼玉県入間市
転用後用途：	住宅・店舗
1938年	陸軍航空士官学校の将校用賃貸住宅「日本家屋」50戸を建設
1945年	ジョンソン基地開設
1954年	「米軍ハウス」24棟建設
1978年	ジョンソン基地返還。空き家になった米軍ハウスに日本人が住み始める
1996年	住宅地再生の検討開始
2004年	「平成ハウス」第1号建設
2009年	ジョンソンタウンに改名

表1 概要と年表

67 新大門商店街
個性ある店主による時代と地域を繋ぐ新しい商いの場

名古屋市

新大門商店街の成り立ち

　新大門商店街のある名古屋市中村区大門は名古屋駅から西に1kmほどに位置する。ここは大正時代から昭和初期にかけて遊郭街として栄えた歴史を持つ。

　しかし、その後遊郭街は衰退し、空き店舗が目立ち始め、大きな遊郭は大型スーパーや高層集合住宅へと建替えられた。現在は少しの遊郭建築、小さな専門店とその空き店舗、新しい集合住宅が混じり合う独特な地区となっている。この混沌に魅力を感じる人が時代を繋ぐために空き店舗の活用を始めている。

商店街として存続させる取組み

　空き店舗の活用を支えたのが、名古屋市の地域商業課が主催するナゴヤ商店街オープンの取組みである。公募で選ばれた商店街でワークショップを行い、実際の空き店舗の活用を参加者で話し合う。そして、改修を経て新しい店の開設に繋げる試みである。2018年から始まり、これまで9つの商店街を対象に計13期のワークショップを実施した。新大門商店街では2020年10月から11月にかけて行われ、地域の祭りを行える空間とコミュニティを維持するため、顔が見え、地域の一員となれる店主を見つけることが大きな目標となった。

時代を繋ぐ店

　ナゴヤ商店街オープンの活動に触発されるかたちで、3つの象徴的な店舗が誕生した。1つは店舗兼住居を木工房などに改修した「ソイロ」である。商店街の小さな店舗を予算や事業計画に合わせて柔軟に改修すること、それに町や遊郭の質の良い建材を再利用することを目標に新しい建築の仕組みを模索している。

　「みんなで駄菓子屋（仮）」は、狭くて短い路地、大門横丁の一角にある。コロナ禍で地域に子どもの居場所がなくなったことを危惧した店主が何十年も空き家であった建物を改修した。親や教員、公的機関とは違う大人と話せる場となっており、商いの場だからこそできる子どもの見守り方が実践されている。

　そして紅茶専門の飲食店の「Teapick」は、ソーシャルメディアを駆使し、遠方からも多くの客が訪れる。紅茶や料理はもちろん店主との会話も楽しむこともでき、新しい住民が大門地区を知る窓口にもなっている。このように地域の循環を新しい商いのかたちとして発想できる個性的な店主を受入れ、支援することが商店街の存続には欠かせないだろう。

1920年	中村遊郭として整備
1930年代	遊郭街の最盛期
2020年	ナゴヤ商店街オープンのワークショップを開催
2021年	ソイロ開店
2021年	みんなで駄菓子屋（仮）開店
2022年	Teapick開店

表1　新大門商店街の歴史

数少ない遊郭建築（現在は蕎麦屋）

ソイロ　3階建の子供服の店舗兼住宅を改修。1階は工房、2階はチャレンジショップ、3階はイベントスペース。1階では木材や家具の加工のほか、工房を貸し出したり、DIYのサポートをしたり、地域の作業場にもなっている

遊郭街の範囲：
- 南北に3本、東西に5本の通りがあり、120坪の区画割で構成
- 最盛期には140軒の遊郭が建ち並び、周囲にも遊郭の客などが立寄る小さな専門店ができた
- 北側ほど大きな遊郭（複数の区画）があった。それらは現在、大規模な建物へと建替えられている

新大門商店街　夏祭りやイベントでは歩行者専用道路となる

大門横丁

Teapick　長屋の1つを改修。改修はソイロが行った。出入口の近くにキッチンカウンターがあり、店主と利用客との会話が弾む。Teapickのファンも多く、中にはスタッフとして働くようになった人もいる

図1　新大門商店街と新たに開店した店舗

みんなで駄菓子屋（仮）　スナックなどがある大門横丁の入り口にある2階建の建物を改修。横丁の路地にも子どもの遊ぶ姿がみられる。店内では、駄菓子が並んだ狭い空間に子どもが集まり、「たません」をつくる店主と言葉を交わす

商いの場にする

68 ゲストハウス架け橋
震災復興をきっかけに始まった展開

気仙沼市

被災地との架け橋

ゲストハウス架け橋は、宮城県気仙沼市の空き家を改修した宿泊施設である。元々の建物は木造2階建の戸建住宅で、東日本大震災以降、空き家となっていた。これを借り受け、ゲストハウスとして運営するのが認定NPO法人 Cloud JAPAN である。

代表の田中惇敏氏は、東日本大震災の災害ボランティアとして気仙沼の復興に関わり、そのまま福岡から移住した人物である。復興の現場でしばしば課題となる災害ボランティアの宿泊所として、空き家の活用を始めたことが、架け橋を運営するきっかけとなった。

被災地から第二のふるさとへ

当初は災害ボランティアの活動拠点であった架け橋だが、2015年を前後して観光を目的とした宿泊者が増え始めていく。その中には地域の人々に魅力を感じ再び訪れるものもおり、彼らが地域住民の励みになっていた。そうした社会ニーズを受け、2017年に架け橋は気仙沼を宿泊者の「第二のふるさと」にすることをコンセプトに掲げたゲストハウスとして再オープンする（図1）。

ゲストハウスへの改修では、全国から集まったボランティアと地域住民の協力を得ながらほとんどを DIY で実施した（図2）。そのようにして完成したゲストハウスの居間では、宿泊者はもとより地域住民も集いともに過ごす（図3）。

近年は、収入を得ながら地域に滞在できる総務省の「ふるさとワーキングホリデー」の参加者の受入れに取組む。そのことから増加する長期滞在者に対応するため、ゲストハウスの隣地の空き家を取得し、新たな宿泊施設「ペアハウス おらい」に改修した。

絵本カフェ：母親と子どもの居場所

ゲストハウス架け橋は、このような宿泊者と地域住民との交流の場であるほか、絵本カフェと呼ばれる地元の母親たちが集う場が設けられた（図4）。これは、チェックアウトからチェックインまでの空き時間に母親たちが子どもと気軽に利用でき、スタッフとして雇用された同じく子連れの母親たちが働くカフェである。子育て中の母親とその子どもたちの居場所が不足している実状から始まったこの取組みは、COVID-19 のまん延により経営が困難になるまで続いた。

その後も同様の居場所を求める声が多数寄せられたことから、絵本カフェを元

スタッフである女性が継承し、空き家を活用した家カフェ「HATA」をオープンさせた。そこでは、こども食堂や出張託児といった新しい事業にも取組む。

空き家の活用は課題解決の手段

　実のところ Cloud JAPAN は空き家活用そのものを目的とした組織ではない。地域の空き家は社会課題を解決する事業の場であり、空き家の活用はその手段として位置づけられている。そのような発想が、ゲストハウス架け橋の社会ニーズに応じた柔軟な運営や、空き家の連鎖的な活用に結びついているといえる。

図1　ゲストハウス架け橋の外観　奥に見える戸建住宅がペアハウス「おらい」

図3　1階居間で夕食をとる宿泊者と地域住民

図4　1階居間を利用した絵本カフェ

図2　ゲストハウス架け橋1階平面（上図改修前、下図改修後）

事業者：	認定特定非営利活動法人 Cloud JAPAN
所在地：	気仙沼市
転用後用途：	ゲストハウス（簡易宿所）
2012 年	災害ボランティアのコーディネート事業開始
2016 年	法人格取得 旅館業営業許可および飲食店営業許可を取得
2017 年	ゲストハウス架け橋オープン 絵本カフェの営業開始
2021 年	「ふるさとワーキングホリデー」の実施団体に選定
2022 年	家カフェ「HATA」オープン
2023 年	「ペアハウス おらい」オープン

表1　概要と年表

69 仏生山まちぐるみ旅館

まちを旅館に見立て、資源を繋げる

高松市

仏生山温泉と客室

仏生山地区は、1668年に建立された法然寺の門前町として繁栄した。古い町家が残る一方、戦後は高松市のベッドタウンとして宅地化が進められた。

「仏生山まちぐるみ旅館」は、この地区で設計事務所を営む事業者による取組みである。事業者は2003年に生まれ故郷である仏生山地区に戻った。ちょうどその頃、父親が温泉を掘削していた。その温泉を利用する公衆浴場を設計し、2005年に「仏生山温泉」（図1）が開業、その後の運営にも携わっている。

運営が順調に進む中で、事業者は2008年頃に「仏生山まちぐるみ旅館」を構想した。それを実践に移す契機が2012年に訪れる。設計した住宅の所有者が引っ越したため、それをまちぐるみ旅館の客室として運営したのである。2023年現在、そこは再び住宅になった一方で新たな客室もできた。温泉に隣接する住宅を住民の引っ越しを機に譲り受け、2015年に運営が開始された「温泉裏の客室」である。

温泉裏の客室

温泉裏の客室は、住宅メーカーが建てた平屋、延床面積70㎡ほどの住宅が活用された。外壁にしか鉄骨柱が配置されていなかったため、躯体と屋根のみを残して、大規模な改修が施された。

中央に共同の洗面所やミニキッチンがあり、それを囲むように4つの客室が配置されている。客室には小さな庭が2つ設けられ、屋外との繋がりを感じる空間となっている（図2～4）。庭を囲う壁は屋根の軒まであり、周囲からの視線を遮るとともに、建物の外観を形づくる。内装は小規模であり法的規制がかからないことから、すべて木材が使われている。住宅が持つ強い日常性と、宿泊施設としての非日常性が混じり合う独特な空間が生まれている。

仏生山まちぐるみ旅館の取組み

宿泊客は、隣の仏生山温泉で入浴し、近くのレストランで食事をする。普通は施設内で行われる行為を、まちに点在する場所へと置き換える。まちを旅館に見立てることを事業者は「まちぐるみ旅館」と言う（図5）。事業者は徒歩で行ける範囲に、洋服店を改修したカフェ（2014年）、建具木工所をセルフビルド改修した古書店（2014年）、2棟の木造アパートを繋げた雑貨店（2015年）（図6）など、空き建物を活用し、まちぐるみ旅館の取組みを進

162　用途を変える

めてきた。

　事業者が守っているいくつかの規範がある。例えば、コミュニティは結果であり、つくれるとは考えない、消費者でなく生産者の視点から事業を始める、初めの3か所ほど心地良い場所ができれば、後はまちの自然な動きに任せるなどである。店舗数が減少しつつあった中、この10年で、まちには30軒ほど商店ができたが、その中で事業者が関わった店舗は10軒である。ささやかな試みにより様々な人が1人称で語れるまちへと変わる好例である。

図1　仏生山温泉内のフリースペース

図2　温泉裏の客室の外観　隣接して仏生山温泉がある

図3　温泉裏の客室の平面図

図4　温泉裏の客室

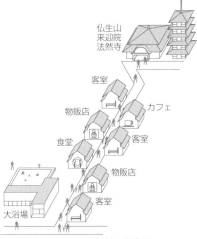

図5　仏生山まちぐるみ旅館の概念図

図6　オープンスペースを持つ雑貨店（TOYTOYTOY）

商いの場にする　163

70 市街化調整区域における空き家活用施策
住民の計画策定で賃貸活用へ

四日市市

四日市市のボトムアップ型まちづくり

　自治体が空き家対策を進める場合、ただ単に空き家バンク等の支援策を運用するというのではなく、その運用方針が都市計画と連動しているのが一種の理想である。こうした体制を着実に築いているのが四日市市の取組みである。四日市市では、2007年に都市計画まちづくり条例を制定し、各地区（連合自治会レベルに相当）に地区まちづくり構想の策定を求めている（表1）。さらにこの構想をもとに、地域・地区別構想の策定も求めている。現在までに支所を置く全24地区中20地区で地区まちづくり構想が、17地区で地域・地区別構想が策定されており（地域・地区別構想は都市計画マスタープランの地域別構想に該当）、着実にボトムアップ型のまちづくりが浸透してきている。他方で、市街化調整区域（以下、調整区域）の一部集落の衰退が問題となり、2008年に開発許可等に関する条例を施行して、既存集落等を位置づけると同時に、人口減少が進む既存集落での開発許可を段階的に規制緩和してきた（表1）。すなわち、2016年には5集落において開発許可の属人性規定が除外され、2023年4月からはさらに2集落が追加されている。こうした集落では、仮に空き家が発生した場合、一般住宅とみなされるため、誰でも空き家を取得・使用することができる。同市では2016年度から空き家・空き地バンクを、2020年からは住み替え支援制度を全市的に展開する中で、調整区域においては属人性規定除外を一部集落に止めているのは、市街化を抑制すべきという調整区域の原則を維持するためであり、地区ごとに策定されたまちづくり構想に即するためでもある。

市街化調整区域における空き家活用

　国土交通省が2016年12月に開発許可制度運用指針を改定し、調整区域の空き家利用の弾力化を認めたことから、同市ではさらなる取組みが始まっている。まず空き家の賃貸住宅利用については、開発審査会の提案基準が新設され、2023年3月から運用が始まった（表1）。他方で、空き家の賃貸店舗等への利用については、各種店舗、飲食店、宿泊施設等への賃貸利用の場合、周辺への様々な影響を考慮し、慎重な姿勢が貫かれている。四日市市の場合、賃貸店舗利用が真に必要な地区かどうか、地区住民にその必要性が認識されているのか、を問う内容となっており、①地域で空き家の現状把握と活用方策を検討、②地域と市で「空き家活用

164　用途を変える

計画」を検討・調整、③地域から同計画を提案、④開発審査会提案基準に賃貸店舗利用を新設、⑤実際の案件は提案基準の運用で「空き家活用計画」に合致することを条件に許可、というスキームが考えられた（図1）。対象として、調整区域の人口減少が特に進む水沢、小山田の2地区がモデルとなり、2021年度より「空き家活用計画」の検討が進められた（図2）。これら2地区は、すでに策定済みの地区まちづくり構想や地域・地区別構想で調整区域における空き家の活用要望等を挙げていた地区であり、今回の運用改定はこれらの構想の実装化とも関係する。四日市市では両地区の「空き家活用計画」を2023年度までに取りまとめ[注1]、新しい提案基準が2024年4月から運用されている。同市の調整区域には質の良い空き家も多く、有効な空き家利活用による調整区域集落の活性化が期待される。以上、四日市市の調整区域空き家の賃貸店舗利用の許可手続は、同市が進めてきたボトムアップ型まちづくりの集大成の1つと言える。また、調整区域のような低需要地に空き家の賃貸店舗利用を促し、その後の定着・持続をも見据える場合、地区住民の理解や支援は不可欠と言え、その点で「空き家活用計画」を地域住民に求める方式は合理的と言える。

```
地域でまちづくりにかかる空き家の現状把握と
活用方策を検討
          ↓
地域と市で「空き家活用計画」を検討・調整
          ↓
地域から市に「空き家活用計画」を提案
          ↓
「調整区域における四日市市開発提案基準」に
新たな取扱いを規定
          ↓
個別に都市計画（開発行為・建築行為）の
許可申請（申請時に地域の合意が必要）
```

図1　空き家の賃貸店舗等許可のフロー

図2　水沢地区でのワークショップ（2022年）

年時	地区まちづくり・空き家関連	調整区域開発許可関連
2007年	都市計画まちづくり条例施行	
2008年		開発許可等に関する条例施行 … 既存集落内で20年以上、建築物が存していた等の場合、属人性解除
2015年3月	水沢地区まちづくり構想	
2016年	空き家・空き地バンク開始	条例改正 … 人口減少が進む既存集落（5集落）では属人性解除
2017年12月	小山田地区まちづくり構想	
2018年		調整区域地区計画（既存集落活性化型）を設定
2020年	住み替え支援制度開始	
2020年3月	水沢地区地域・地区別構想	
2021年3月	小山田地区地域・地区別構想	
2023年3月		空き家の賃貸住宅を許可（提案基準12）
2023年4月		条例改正 … 属人性解除の集落を拡大（2集落追加）
2024年4月		空き家の賃貸店舗等を許可（新提案基準13）

表1　四日市市の市街化調整区域における空き家活用関連年表

71 茶山ゴコ
住宅地の戸建住宅を仕事と暮らしの場に

福岡市

住宅地のなかのワークプレイス

　福岡市の住宅地に建つ1961年建設の木造戸建住宅。高齢になり一時は手放そうとも考えた家主が相談したのは、ストック活用の分野で実績のあるスペースRデザインだった。検討の結果、1階に3戸のシェアハウス、2階に2戸のワークプレイスを持つ5戸のコンプレックス「茶山ゴコ」として生まれ変わることになった。シェアハウスの面積を抑えることで、寄宿舎への用途変更は不要となっている。

　住宅地に仕事場ができるとどうなるか。ニーズは果たしてあるか。実験的な取組みだったが、先に埋まったのは2階のワークプレイスの方だった。テナントとして入居したのは、多肉植物の寄せ植え教室と釣り竿のカスタムアトリエ（図1、2）。日当たりのいい庭があり、使い方が自由な戸建の環境に惹かれて即決した。

茶山ゴコでの暮らし

　茶山ゴコの共用空間のルールはただ1つ、「思いやりを持って使う」。この場の価値に共感する入居者とともに、庭や外構のつくり込みも進められていった。

　1階のシェアハウスでの食事会は、2階の入居者の家族や近隣住民も参加する交流の場となり、入居者主催のマルシェはふだん静かな住宅地に賑わいをもたらした（図3、4）。かつてブロック塀で閉ざされていた空間は、住宅地に開かれた広場のような場に育っている。

オーナーと事業者の思い

　茶山ゴコの開設にあたっては、内部階段の撤去と外階段の新設、1階水回りの刷新、屋根の葺き替え、さらには傾いた建物の地盤改良まで、次のまた次の代までの相続を見据えながら、相応のコストがかけられた。思い出の詰まったこの家を将来に引き継いでいきたい。50年間ここで暮らした家主の強い思いがあった。

　その思いを託されたスペースRデザインは、この物件をサブリースしながら運営している。2016年に入居した2階の2つのテナントは、いずれも2021年、事業拡大のため新しい場所へと移転していった。入居者が新しい一歩を踏み出すための場にしたいという事業者の思いは着実にかたちになっている。

　2022年には、プロジェクトの狙いをよりクリアにするため、1階のシェアハウスは店舗兼用住宅に切り替えられた。暮らしと働く場を結び直していく実験はこれからも続く。

166　用途を変える

事業者：	スペースRデザイン
所在地：	福岡市城南区茶山
新用途：	1階：シェアハウス（3戸）、 2階：ワークプレイス（2戸）
竣工年：	1961年（元建物）、2015年改修
規模：	木造2階建
事業費：	1700万円（うち地盤改良費1000万円）

2015年　茶山ゴコオープン
2022年　1階を店舗兼用住宅へ

表1　概要と年表

図2　釣り竿のカスタムアトリエ

図1　多肉植物の寄せ植え教室

図3　入居者主催のマルシェの様子

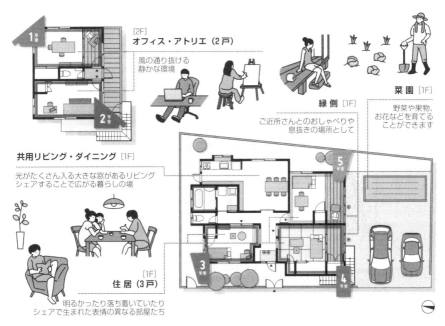

図4　茶山ゴコのプラン

72 えんがわオフィス
サテライトオフィスから始まる地方創生

神山町

広い「えんがわ」のあるオフィス

えんがわオフィスは、徳島県神山町(0.5万人、2020)にある㈱えんがわの本社である。㈱プラットイーズと㈱プラットワークスのサテライトオフィス(神山センター)であり BCP(事業継続計画)の一環として2013年7月1日に開所した。メイン社屋の母屋は、空き家となっていた築約90年の古民家(図1)を改修し、耐震補強を施した全面ガラス張りで、オフィスの周囲を「えんがわ」で囲み、内と外の境界を曖昧にすることで「オープン・アンド・シームレス」の思想を体現したものである(図2、3、表2)。設計は BUS(伊藤暁+須磨一清+坂東幸輔)である。広い「えんがわ」はスタッフや町の人がくつろぎ、七夕祭りなどの交流の場となっている(図4)。山々に囲まれ、近くには川も流れ、ときに農作業を行い、ときに地域の方を招いて祭りを催すなど、"暮らすように働く"を実践している。

4K(UHD)映像の制作を行う「蔵オフィス」は、隣地での火事により延焼防止のために西側の外壁が破壊されてしまっていたが、元々採光の少ない蔵に大きな開口部ができただけと肯定的に捉え、壊れた壁面にガラスのカーテンウォールを取付けることで明るく眺めのいいオフィスとなるように設計されている(図5)。この2棟に映像のデジタル化・変換・メディア保管を行う「アーカイブ棟」を加えた3棟で業務を行っており、「町の人たちが気軽に立ち寄れるオフィス」として計画され東京とは異なる神山町ならではのオフィスのかたちを実現している。

「神山町」の軌跡(奇跡)

えんがわオフィスが実現したのは、神山町と町民による長年の取組みが影響している(表1)。その中心は創造的過疎による持続可能な地域づくりを実践するNPO法人グリーンバレーである。

詳細は同法人の HP や他稿に譲るが、

1997	県による国際文化村構想→住民発意の国際文化むらづくりの動き開始
1999	神山・アーティスト・イン・レジデンス(KAIR)開始
2004	NPO 法人グリーンバレー立ち上げ
2007	移住交流支援センター設立
2008	アートと空き家の情報サイト「イン神山」開設
2010	東京芸術大学と協力した空き家改修プロジェクト開始
2015	総合戦略策定のためのワーキング開始
2016	神山つなぐ公社設立「まちを将来世代につなぐプロジェクト」
2016	子育て世帯向けの集合住宅8棟建設
2016	空き家の発掘・民家改修開始
2016	シェフ・イン・レジデンス
2019	私立高専「神山まるごと高専」設立準備
2023	私立高専「神山まるごと高専」開校 元中学校建物無償貸与・改修費24億円(ふるさと納税活用)

表1 神山町の活動の軌跡

この活動を奇跡と捉えずに、他地域での展開が望まれよう。

	母屋棟	蔵棟	納屋棟
規模	地上2階	地上2階	地上1階
敷地面積	1,113.00㎡		
建築面積	114.20㎡	39.30㎡	21.70㎡
延床面積	161.00㎡	68.80㎡	21.70㎡
設計期間	2012.10 - 2013.01		
施工期間	2013.01 - 2013.07		

表2　えんがわオフィス建物概要

図1　改修前母屋棟

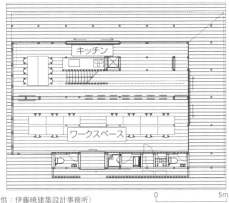

図2　えんがわオフィス平面図（改修前→改修後）（提供：伊藤暁建築設計事務所）

図3　改修後母屋棟えんがわオフィス外観

図4　地域住民との七夕祭りの様子

図5　蔵棟改修前と改修後

（本項の写真提供：えんがわオフィス（㈱えんがわ））

働く場にする　169

73 JOCA 大阪

古い「文化住宅」を地域に開いたオフィスに

摂津市

青年海外協力隊（JICA）の経験者が中心となって設立された公益社団法人青年海外協力協会（JOCA）[文1] は、途上国支援で培った経験やノウハウを用いて、少子高齢化の進む日本国内各地において地域づくりに取組んでいる。その1つであるJOCA大阪は2018年に梅田から摂津市正雀に拠点を移動した。

誰でもOK！ 持ち込みOK！

JOCA大阪は、JOCAの大阪オフィスであり、職員が常駐する。しかしそれだけではない。ホームページには「誰でもOK！持ち込みOK！のフリースペース」を謳い、独居高齢者や放課後に鍵っ子となる児童、ベビーカーの親子連れなど、多世代がごちゃまぜに集い、お互いが自然に見守り合いながら支え合う地域づくりを目指している。そのために居心地の良い場所づくりを心がける。

文化住宅のリノベーション

当該建物は4軒が連担する長屋形式の文化住宅であった。文化住宅とは主に高度経済成長期に関西で建設された木造モルタル2階建アパートの通称である。この文化住宅の角1軒を除く3軒分を、いったん主要構造体まで解体したうえでリ

ノベーションし、各階で戸境壁を抜いたほぼ一室空間として使用している。ただし耐震性能を確保するための木製または鉄筋の耐震ブレースが数か所現れている。これらが緩やかに空間を仕切る。また1階奥の事務スペースは手前の土間スペースから2段高い床が張られているため、座って仕事をしているスタッフの視線の高さが土間に立っている人々とほぼ同じになり、外まで見通しやすい。

子どもの第三の居場所として

JOCA大阪は、2021年から3年間、日本財団による「子どもの第三の居場所」事業に採択された。この補助金を用いて2階部分を改修拡張した。同時に1階キッチンも改修した。また子ども用のボードゲームなども取りそろえた。

放課後になると子どもたちが三々五々やってくる。友達と待合わせしている子もいれば、1人でタブレット端末を持参してゲームをしにくる子もいる。ここには、フリーWi-Fi、コンセント、エアコンといった現代版三種の神器が揃っている。今やここはこの地域の子どもたちにとって話題のスポットである。

かつて子どもたちが地域で親や親戚以外の大人と関わる機会が当たり前のよう

にあったが、現代では極端に少なくなっている。ここでは世代を超えた他者とのかかわりが日常的に起こりうる。当然、子どもと高齢者など他の利用者とのささいなトラブルも起こるが、スタッフはできるだけ介入しない。また日常的に来訪していれば、それなりに子どもの名前を覚えるが、利用者登録はしていない。そうすることで、ここは家とも学校とも繋がっていない自由さを持つ第三の居場所として機能している。

居心地の良い場所の秘密

もう１つ、この空間の居心地が良い秘密はヒューマンスケールな空間である。文化住宅を改修したJOCA大阪の空間は、壁を取り払って、水平方向の大きさは広がっているものの、やはり全体としては昭和の建物のスケールなのだ。このやや小さめのスケール感が空間内の距離感と同時に親密性を生んでいる。この両義性が、ここに居合わせる人々の個々の活動の自由と同時に「１人ではない」感覚を創出するのではないか。

図1 外観

図2 平日放課後の2階の様子

運営主体	公益社団法人青年海外協力協会
きっかけ	大阪オフィスの移転（2018〜）
建物規模	木造2階建
用途の変化	文化住宅→事務所
利用助成金	2021年から3年間、日本財団「子どもの第三の居場所」事業により2階を改修

表1 概要

図3 1、2階平面図 (牧美春氏（大坂大学大学院）提供)

74 博労町まちかどサロン
空き町家を自治会が改修し多世代の集いの場に

高岡市

　高岡市（16.8万人、2020）は、非戦災都市であり山町筋や金屋町伝建地区等の歴史的町並みが有名である。一方、高岡駅北側の中心市街地は細街路も多く、密集した老朽建物や空き家が増加していた。そこで市は2013年から「まちなか再構築事業」を立ち上げ、博労地区8自治会をモデル地区に選定し、災害に強いまちづくりを目指した。2014年から「博労地区まちづくり検討会議」を自治会ごとに開催し、ワークショップを重ね「博労地区防災まちづくり計画」が策定された。ここで着目されたのが空き家となっていた1925年築の旧中村邸の活用である。博労町の中心に位置し、元文房具店・駄菓子屋だったため住民の思いも強いこの建物を、災害時の避難場所として活用することに加え、御車山祭での曳山巡行の際に「山宿」となる拠点の確保と地域コミュニティ強化の場の創出を目的にプロジェクトが動き出した。

　活用方法の検討については、住民とまちづくり計画策定から携わっていた宅建協会、建築士会、土地家屋調査士会などで構成される「高岡市空き家活用推進協議会」、東工大真野研究室とともに行われ、その後は、自治会の旧役員が中心となり、まちかどサロンプロジェクトチームを発足し、様々な世代の意見を幅広く収集した。話し合いは住民主体で、完成までに120回以上行われ、2018年3月に念願の「博労町まちかどサロン」が完成した。

　博労町まちかどサロンの特徴は以下の5点である。①集会所ではあるが単なる公民館ではなく住民が気軽に利用できる「サロン」という形式が選択された。②検討会議は、東工大の真野研究室が加わり、老人クラブ、子育て世代、女性グループ、自治会総会等、様々な世代がそれぞれの立場で議論を重ねて、その意見が融合されており、全体として完成後の利活用イメージができていた。③総事業費1940万円の分担は、国、市からの補助金に加えて、自治会が20年以上前から積み立てていた資金と地域住民の拠出金によるものである。④建築士野田氏の指導のもと、改修工事ではデザインが主張しすぎないことと、本物の素材を用いて地域と共に年を重ねることが目指された。⑤まちかどサロン運営委員会は年数を重ねた役員が退き、常に新しい役員が担当できる仕組みを備えている。

　「博労町まちかどサロン」は単なる空き家改修ではなく、自治会の防災拠点整備による一連の活動を通じて地域の一体感が醸成され、持続する好例である。

図1 博労町まちかどサロン外観

図2 博労町まちかどサロン内部（1F）

事業者：	博労町自治会
協力：	高岡市空き家活用推進協議会（宅建協会、建築士会、土地家屋調査士会、司法書士会等）、東工大真野研究室、LLC住まい・まちづくりデザインワークス（野田氏）
所在地：	高岡市博労町2-11
用途：	転用前：旧中村邸（元文房具・駄菓子屋） 改修後：コミュニティサロン
オープン日：	2018.4.1
構造・規模：	木造2階建（1925年築）
事業費：	1940万円 国・市補助金　　　　　1000万円 自治会貯金　　　　　　500万円 地域住民・企業協賛他　440万円
2014年	博労町まちづくり検討会議
2015年	まちかどサロンプロジェクトチーム発足、中村邸改修方針の検討
2016年	建築士・野田氏参画
2017年	改修後の運営方針検討開始
2018年4月	まちかどサロン完成記念式典

表1 概要と年表

図4 博労町まちかどサロン喫茶スペース（1F）

図3 博労地区防災まちづくり計画（高岡市）

（図写真提供　高岡市、博労町自治会、住まい・まちづくりデザインワークス）

図5 多世代が参加する防災活動（2F）

75 星空の小さな図書館
過疎地で小さな文化拠点をつくる

いすみ市

シェアハウスから始まる

「星空の小さな図書館」は 2014 年に小さな集落に開設された。事業主体のスターレットは夫婦 2 人で営んでいるが、その 1 人が移住者として地元 NPO で働き始めたことが開設のきっかけである。移住当初は戸建賃貸物件に暮らしていたが、1 年ほど働いた 2012 年春にいすみ市の空き家バンクで物件と出会った。

それは集落の名主が暮らした築 150 年の大きな古民家であった。魅力を感じた事業者はすぐに賃貸契約を結び、自身も暮らす定員 4 人のシェアハウス「星空の家」を開設した。運営は順調に推移し、2 年後の 2014 年には満室となった。

しかし、当初から同じ敷地にあった空き納屋が気になっており、シェアハウスの運営が軌道に乗ったことで、この活用方法を考えるようになった。そこで生まれたのがマイクロライブラリーの「星空の小さな図書館」である (図1)。

図書館であること、その仕組み

シェアハウスでは入居者が多くの本を持ち寄る。それらを閉じられた場所に収蔵するのではなく、地域と繋ぐ媒体として活用させたいと思い、民間図書館という事業が選択された。

空き納屋の改修には 150 万円ほどかかった。入居者でもあった大工が協力し基礎的な改修を行い、仕上げは入居者や地域住民による DIY とした (図2)。出来あがった一室空間には、本棚のほかに、テーブルや窓際のカウンター、小上がりのコーナーなど様々な家具が置かれている (図3)。さらに、屋根裏空間では、隠れ家のような雰囲気の中で本を読んだり談笑できたりする (図4)。

本の貸出は無料で、貸出期間は 1 月(ひとつき)である。日曜日と月曜日のみの週 2 日の開館ではあるが、多いと 1 日に 10 名ほどの利用者が訪れる。近郊から子ども連れで訪れる人も多く、1 月に 1 度、定期的に会うことから、事業者は子どもの成長を感じるのが楽しみとなっている。また、図書館を応援するための会員制度もつくっており、地域住民も含めて 160 人ほどが会員となっている。

地域にある小さな文化拠点

いすみ市には公共図書館がなく、地域住民はもとより移住者の文化要求を満たせるような場所が少ない。特に市内でも過疎化が進む山間地域では顕著である。その中で、「星空の小さな図書館」は、地域住民が繰り返し利用することで、な

174　用途を変える

くてはならない文化拠点となっている。それには図書の貸出以外にも、地域の井戸端会議や相談事でも、ここが利用されていることも関係しているだろう。

　事業者は現在、3つの集落で、4人の所有者から8つの建物の管理・運営を任されている。空き家の状況や立地に合わせて、シェアハウスやカフェ、事務所などに活用している。また、地元の鉄道会社などと連携して本に関わる事業を空き建物を活用して広げている（図5）。シェアハウスや図書館を通じて生まれたネットワークをもとに、地域全体のマネジメントが展開されている。

図1　星空の小さな図書館の外観

図2　DIYによる改修 （写真提供：スターレット）

図3　様々な家具が置かれた室内

図4　屋根裏空間

図5　空き建物を活用した1日書店 （写真提供：スターレット）

民間図書館	空き納屋を改修して2014年に開設。日曜日と月曜日の週2回の開館
本を活用した事業	地域の空き家、空き店舗で定期的に古本市を開催。地元の鉄道会社などと連携した事業「い鉄ブックス」
シェアハウス	単身者用（2012年に民間図書館と同じ敷地に開設）と世帯用の2つの空き家を活用したシェアハウスを運営
飲食店・シェアスペース	住宅の一部をサロン、カフェスペースとして運営
子ども向けスクール	近隣の小学校のイベントや夏祭り、キャンプなどを開催

表1　スターレットが行う主な事業

76 おらとこ
民家を改修した富山型デイサービスと小規模多機能

大山町

民家改修デイを始めたきっかけ

　富山県上新川郡大山町は JR 富山駅から南東に車で 30 分ほどの山裾にあり、2005 年に富山市と合併した。ここで富山型デイ「おらとこ」などを運営する NPO 法人の理事長は旧大山町議員を 2 期 8 年務めた後、2003 年に町長選挙に出馬した。その時の公約の 1 つが「民家を活用した福祉の場の整備」であった。これは町議員時代にあちこちの施設を視察に行ったところ、新しい施設よりも古民家を活用した施設にいるお年寄りがゆっくり落ち着いているように見えたからだ。残念ながら町長選挙では落選したが、その後すぐに公約の実現に向けて動き始めた。当時、大山町上滝地区商店街は長らくシャッター通りとなっており、その活性化のために、商店街通り沿いの民家を探して、借り受けて改修した後、2003 年 8 月に富山型デイサービス「おらとこ」を開設した。

　2012 年には同じ商店街通り沿いの木造家屋を譲り受けて、子どもたちが立ち寄れるように駄菓子屋とくつろぎ空間として活用した。一方、「おらとこ」の家屋に雨漏りなどの不具合が生じてきたため、2014 年に改修工事を施して「おらとこ」もこちらに移設した（図 1 〜 3）。

富山型デイとは

　富山型デイは、乳児からお年寄り、障がいの有無にかかわらず、誰でも一緒に地域でデイサービスを受けられる日帰り通所介護である。制度上は、介護保険利用者、障害者（児）総合支援法の利用者、乳幼児がいる。1993 年に富山市に開設された「このゆびとーまれ」が最初で、1997 年から始まった富山県民間デイサービス育成事業において「富山型」と呼ばれ始めた。

小規模多機能型介護事業所も開設

　「おらとこ」の開設後、通い・泊まり・訪問サービスを一体で提供する小規模多機能型居宅介護事業所を開設するため、空き家を同商店街沿いで探していたところ、元酒屋が空いていると近所の方から紹介があった。この店舗兼住宅を譲り受けて改修転用し、2007 年、同事業所「おらとこ東」（登録定員 25 名、泊まり 5 名）を開設した。鉄骨造の耐火被覆に用いられていたアスベストの撤去に費用がかかった。2013 年 12 月消防法施行令改正により、275 ㎡未満の小規模多機能（避難が困難な要介護者を主として宿泊させる）もスプリンクラー設置が義務化されたため、後に追加した（図 4、5）。

小さな町で空き家を回す実態

元町議で、空き家を活用して福祉事業を営む理事長のもとには、活用を望む空き家の情報が集まる。そのうちのいくつかを譲り受けて、借りることが難しい人や動物を飼っている人に提供している。やがては外国人にも借家として提供したいと考えている。もちろん彼らを福祉事業所で雇用することもある。規模が小さく地縁が残る町で、「あの人に頼んでみよう」と信頼のおける地元の名士に話が集まるという事例である。

	概要	用途変更	改修費用
2003年1月	旧町長選挙で公約		
2003年5月	運営主体NPO法人おらとこ設立		
2003年8月	おらとこ開所	民家→デイサービス(第1期)	1800万円
2007年2月	おらとこ東開所	店舗兼住宅→小規模多機能型居宅介護事業所	4000万円
2012年8月	おらとことんとん開所	民家→駄菓子・くつろぎ空間	なし
2014年8月	おらとこを同とんとんに移設	民家→デイサービス(第2期)	1700万円
2016年8月	おらとこ若竹開所	民家→小規模多機能型居宅介護サテライト型	3000万円

表1 施設開設の年表

図1 おらとことんとん／改修移設後平面(グレーが改修部分)

図2 おらとことんとん 木造民家から改修転用

図3 おらとことんとん 母屋部分はほぼそのまま利用

図4 おらとこ東 自動火災報知設備、火災通報装置、スプリンクラー等の消防用設備を増設

図5 おらとこ東 建築基準法上の用途が変わり排煙上有効な窓が不足したため一部窓サッシ取替

77 大曽根住宅

団地の空き住戸と店舗を高齢者住宅＋地域拠点に

名古屋市

大曽根住宅の概要

　ゆいま～る大曽根とソーネおおぞねがある大曽根住宅は1975年に愛知県供給公社により供給された。主要な駅から800mほどの比較的利便性の高い立地にあり、その周辺は戸建住宅のほか公営住宅が多くある住宅地となっている。

　建物は11階建の4棟から構成され、総住戸数は480戸、各住戸の面積は49.95㎡となっている（図1）。1号棟および2号棟の1階には店舗が併設されている。近年は、空き住戸や空き店舗が増加し、それらの活用方法が課題となっていた。

ゆいま～る大曽根

　空き住戸の活用を担ったのがコミュニティネットであった。コミュニティネットは、東京都の高島平団地で分散型のサービス付き高齢者向け住宅を企画運営した実績があった。そのことが評価されて、大曽根住宅においても、空き住戸を同様の高齢者住宅へと転用することが進められた。

　空き住戸のうち70戸が高齢者住宅へと転用された。具体的な改修項目は、段差解消などのバリアフリー改修をはじめ、単身または夫婦での入居に対応した間取への変更、水回り設備の更新であった（図

2）。玄関付近に居住者が様々な方法で利用できる土間空間があることも空間的特徴の1つである。

　また、1階の空き店舗の1つが高齢者住宅のためのフロントとして改修された。そこには、日中スタッフが常駐し、居住者の安否確認や相談、生活支援を行っている。

ソーネおおぞね

　大曽根住宅の大きな特色は、空き住戸を高齢者住宅に活用すると同時に、1000㎡ほどある元スーパーであった空間に地域拠点のソーネおおぞねがつくられたことである。つまり、住宅だけでなくコミュニティを円滑にするための場所も整備された。

　ソーネおおぞねは障がい者支援を行うNPO法人わっぱの会により開設され、ソーネカフェ（カフェ・レストラン、キッズスペース）、ソーネショップ（パン・食品・日用品販売）、ソーネホール（3つの貸しスペース）、ソーネしげん（資源の買取センター）の4つの機能が設けられ、それぞれに障がい者が数名就労している（図3、図4）。

ミクストコミュニティに向けた環境

　ゆいま～る大曽根で暮らす高齢者は、

隣の住戸で暮らす高齢者（ゆいま〜るの居住者ではない）や家族世帯、ソーネおおぞねで働く障がい者とも交流や支え合いの関係を構築できる。これには、高齢者がコミュニティに参加しやすい環境が整えられていることが大きい。具体的には、十分な広さの暮らしの拠点（50㎡の住居）があることで生活テリトリーが広げやすいこと、そして、その領域内に様々な人が集う地域拠点があること、これら2つの条件が重なっていることが影響していると考えられる。

図1　大曽根住宅の外観

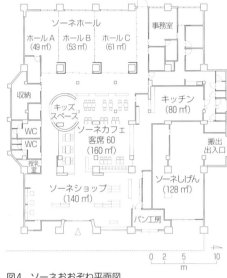

図4　ソーネおおぞね平面図

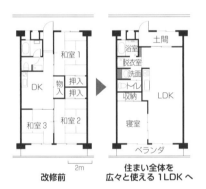

図2　高齢者住宅平面図（改修前後）

事業者：	株式会社コミュニティネット NPO法人わっぱの会
所在地：	名古屋市北区
竣工年：	2017年、2018年
規模：	延床面積3万1747㎡（大曽根住宅全体）
転用後用途：	サービス付き高齢者住宅 障害者就労支援施設（地域拠点）

1975年	大曽根住宅提供開始
2012年	1階のスーパー撤退
2016年	空き住戸を活用する事業者としてコミュニティネットを選定
2017年	サービス付き高齢者住宅へ転用（2017年に40戸、2018年に30戸）
2018年	元スーパーの空き店舗を地域拠点「ソーネおおぞね」へ転用

図3　ソーネカフェの様子

表1　概要と年表

福祉の場にする　179

78 子育てシェアスペース Omusubi
地域に暮らす女性のための複合施設

気仙沼市

子育て当事者のニーズ

「気仙沼には子どもを預けることのできる場所がない」。そうした声のもと、空き家バンクに掲載された戸建住宅（1969 年竣工、木造 2 階建、賃貸借契約）を活用する複合施設が構想された。それが、「一時預かり専門託児所」「ママのリラックスルーム」「女性専用シェアハウス」からなる Omusubi である（図1）。

運営主体の一般社団法人 Ripple は、子連れの母親の居場所として当事者の母親らにより運営された絵本カフェ（→68）のスタッフと、地元出身の保育士らが中心となり立ち上げた。

Omusubi の 3 つの機能

託児所は定員 7 名の認可外保育施設であり、預ける理由や居住地を問わず 30 分 400 円で 365 日、生後 1 か月から未就学児までの子どもを預けることができる（図2）。事前面談が不要で、HP から予約ができるほか、キャンセル料がかからないなど、利用するためのハードルが下げられている。そのため、美容院に行くためなどの 3 時間程度の利用が多いという。

リラックスルームは、女性が 1 人で誰の目も気にせず思い思いに過ごすことができるスペースであり、託児所を利用す

る場合は一般利用者よりも安い一律 300 円で利用することができる（図3）。

シェアハウスの設置は、託児所のみでは困難な持続的な経営のための工夫である。定員 6 名で、利用者は月々3 万 5000 円の家賃に加え 5000 円の共益費を支払う。この共益費には、共同消耗品や水道光熱費のほか、米の食べ放題といったユニークなサービスが含まれている。

空き家の改修と空間構成

空き家の改修は、クラウドファンディングにより約 130 万円の寄付を集め、地域住民や移住者などの協力を得てセルフリノベーションで実施された。庭の整備から着手し、2020 年に完成している。

L 字型の間取をとる 1 階は、一方の端部を託児所とし、その前庭と一体的に利用する（図4）。もう一方の端部にはリラックスルームを配し、託児所と入口を分けることで独立性を確保している。ただし、両者はシェアハウスの共用スペースを通して行き来でき、そのことが子どもを預けてリラックスルームを利用する母親らに安心感を与える（図5）。このような空間構成は、シェアハウスの若い女性たちに子どもや母親たちと交流する機会を提供している。

地域で子育てをシェアする

Omusubiでは働くスタッフのほとんどが子育て中の母親であるため、「お互い様」の精神で柔軟な働き方が許容されている。さらに託児所には子育てシェアチケットという制度がある。これは市の研修を受けた子育て中の母親らが託児所の業務をサポートすると、その時間分の託児を利用できる仕組みである。自分のために費用を支払うことに抵抗を感じる母親のためのシステムでもあるという。

このようにOmusubiは空き家を器としながら地域で子育てをシェアし、子育て環境の向上を目指す取組みである。

図1 Omusubiの竣工式

図2 一時預かり専用託児所

図3 ママのリラックスルーム

図4 改修後のOmusubi平面図

事業者:	一般社団法人 Ripple
所在地:	気仙沼市三日町
転用後用途:	託児所（認可外保育施設） 女性専用シェアハウス リラックスルーム
2018年	Omusubiの企画構想開始
2019年	一般社団法人 Ripple設立 寄付型クラウドファンディング実施 空き家の借用 セルフリノベーション開始
2020年	Omusubiオープン
2023年	一時預かり専用託児所の利用者が延3160名に達する

表1 概要と年表

図5 シェアハウスの共用ダイニングキッチン

79 陽だまり保育園
築250年の古民家を移築再建して園舎に

高根沢町

理想の保育環境としての「古民家」

保育所型認定こども園・陽だまり保育園は、栃木県高根沢町の丘陵地の一角にある。約1千坪の敷地は、森に囲まれ、古民家を移築した管理・保育棟を中心に、乳児棟、遊具等が敷地内に点在する。緑豊かな環境で、子どもたちが思い思いの場所で遊ぶ様子が見られる。

施設を運営する社会福祉法人陽向の木村厚志理事長は、園が目指す保育のあり方に適した理想の環境として、「古民家」という発想が生まれたという。昔ながらの生活は、「原始的（シンプル）で直接的（ダイレクト）な」体験を可能にし、これらを通じて子どもたちの五感が養われ、物事の仕組みや成り立ちの理解が深められる。このような体験型の保育を目指すうえで、日本の伝統的な古民家は相応しい環境だと指摘する。

移築・転用までの経緯

同法人は、2003年に高根沢町に認可外保育施設を開所して以降、同町内の古民家への移転を検討してきた。最終的に、知人の紹介を経て、埼玉県内の古民家（高橋家住宅）を移築・転用することになった。江戸時代中期に建築されたこの住宅は、県の調査によれば登録有形文化財に値するとのことだったが、これ以上の維持管

理は所有者の負担となっていた。木村氏からの保育園舎への移築・転用については快く受入れられ、設計事務所との協議のうえ、母屋の大部分が移築・転用されることになった。

2010年に地元の建設会社と契約し、数か月間の工事を経て、2011年に新園舎が引き渡された。工事期間中、竹小舞の制作、左官壁の塗り作業などに、地域住民、保護者、園児等が参加するワークショップを開催し、愛着を持ってもらえる園舎づくりを目指した。

古民家特有の使われ方

管理・保育棟の南側の保育室3室と土間ホールの一部は、高橋家住宅からの移築部分である（図1）。それぞれの保育室は、10畳の2間で構成され、南側の板間は日常的な活動用の部屋（図2）、北側の畳間はお昼寝用の部屋として使用される。また、隣り合う保育室は、間仕切り壁ではなく建具で仕切られることで、互いに気配が感じられ、成長の原動力となる年長クラスへの「憧れ」が生まれると、木村氏は指摘する。

建物の中心にある土間を含むホールは約9m（5間）×約13m（7間）の大空間であり、普段は食事用の部屋として使われるほか、行事の「晴れ舞台」や保護者た

182　用途を変える

ちが集まる懇親の場としても用いられる（図3、4）。園児は、普段からこの空間の小屋組や大黒柱を直接見ることで、建物の成り立ちを自然なかたちで理解できるという。

ホール脇の階段で繋がる2階は、元々養蚕に使われた空間であり、事務室や応接室を配することで、職員が園児たちを見守ることもできる。

現行基準適合への対応

古民家の移築・転用には、現行基準への適合に関して様々な対応を要し、想定外の負担を強いられるものもあった。

まず、建築材料の規定に関して、解体した柱・梁をJAS（日本農林規格）認定材と同等基準に適合させる必要があったため、解体現場でJAS検査員による検査を受け、所定の申請を経て、国土交通大臣の認定を取得するに至った。また、ホールの壁については、すべて真壁の土壁としたかったが、防耐火上の措置から、当該壁を準耐火構造として小屋裏まで達せしめなければならなかったため、1階より上の部分はすべて石膏ボードによる大壁とせざるを得なかった。さらに、出入口の段差や廊下の仕上材が、県のバリアフリー基準を満たせていなかったが、本来の伝統的な家屋が生み出す空間的な豊かさを大切にしたい思いから、所定の手続を経て、例外的に認めてもらった。

事業者：	社会福祉法人 陽向
施設名：	保育所型認定こども園 陽だまり保育園
所在地：	栃木県塩谷郡高根沢町宝積寺
転用後用途：	保育所
竣工年：	2011年
規模：	延床面積 824㎡（うち管理・保育棟 525㎡）
事業費：	約1億5千万円
2003年	認可外保育施設として開所
2010年	移築・新築工事開始
2011年	新園舎の引渡し・移転

表1　概要と年表

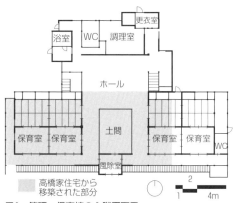

図1　管理・保育棟の1階平面図

図2　保育室の板間は天井を貼らず吹き抜け空間とされた

図3　古民家の土間空間を活かしたホール（南側の移築部分）

図4　ホールは園児たちの食事の空間として日常的に使われる

80 のあそび Lodge
駅前の空きホテルを再生した"みんなのタマリバ"

荒尾市

のあそび Lodge 誕生の経緯と展開

　荒尾市は、他の地方都市同様に高齢化と人口減少が進んでおり、特に1997年炭鉱閉鎖後、まちの賑わいは荒尾駅前からグリーンランドリゾートのある緑ヶ丘地区に移っている。2020年4月当時も駅前は10年以上新規出店もなく閑散としていた。

　2020年に地元の山岳会のメンバーを母体に、自然を意識した社会活動を行う法人「一般社団法人のあそびlabo」を立ち上げた。同年4月に荒尾駅前にある15年前に廃業したビジネスホテルの活用について相談を受けたのを契機に、このビルを活動拠点にしようとDIYリノベを始めた（表1、図1、2）。

　当初7人のメンバーによる250万円の拠出金で、のあそび Lodge のDIYを開始。さらに銀行借入300万円を含め、400万円の追加投資で、2021年11月からホテルとカフェの営業を正式に開業した。

　その後、駅前活性化事業として、熊本県の助成金などを利用し、当法人および有志でマルシェを中心に活動を展開している。さらに、2023年度には市からの委託を受け、大石タバコのリノベ事業やJR九州と荒尾駅舎の利活用について具体的な協議に入っている。

のあそび Lodge の経営と地域活動

　元々、荒尾市は宿泊施設が不足してい

事業者：	一般社団法人のあそび labo
所在地：	熊本県荒尾市万田1560-1
転用後用途：	カフェ＆ショップ、ホテル、事務所、レンタルスペース
竣工年：	1975年
規模：	鉄骨造、地上3階＋屋上 土地面積 231.86㎡ 建物延面積 381.86㎡
事業費等：	ビル・土地購入費 1800万円 DIYリノベ費用 1000万円 DIYリノベ期間 12か月 借入金返済額 20万円／月

2020年1月	地元山岳会「星と焚火」メンバーによる構想
2020年4月	一般社団法人のあそびlabo設立、廃業ホテルのDIYリノベ開始
2021年5月～ 2022年3月	荒尾駅前活性化事業、ホテル、シェアキッチン開業
2022年4月～ 2023年3月	のあそびマルシェ運営体制整備、ホテル業務・運営体制の整備
2023年4月～	のあそびマルシェ運営協力体制の確立、ホテル、シェアキッチンの収益拡大、大石タバコのDIYリノベ・ワークショップ、JR荒尾駅舎の利活用促進

図1　DIYリノベ前とリノベ後

表1　概要と年表 文1

たという背景もあり、ホテル事業はビジネスユースの需要も見込まれていたが、のあそびLodgeは予想以上の稼働率で運用できている。2022年度決算では1200万円の収益を上げ、業務委託と3人とパート雇用で運営を行っている。

しかし、周辺に賑わいがないということもあり、飲食業は単一店舗での運用が困難で、シェアキッチンという形態で運用を行い、何とか毎日店舗営業を維持している状態である。

のあそびLodgeでは、2021年4月にオープニングイベントを開き、その後もホテルおよびカフェの営業を本格的に開始するまでは地域のアーティストに展示会のスペースとして提供し、トークイベントや肉会、ぜんざい会なども開催して人々の交流機会をつくるようにしてきた。

当法人メンバーは医師、教師、消防士などの本業を持ち、各々の業種で行政とのかかわりを持っていた。このため、今回の活動を通じて、荒尾市の総合政策課、産業振興課、都市計画課等の主要部局と

の連携体制はさらに進み、様々な面で支援を受けている。空きビルの再生が、地域活性化に繋がった1つのモデルである。

図2　各階平面プラン

図3　リノベ後の1階カフェ＆ショップ

図4　リノベ後のホテル客室

81 巻組
空き家をクリエイティブな人を繋げる場に

石巻市

「絶望的条件」の空き家の活用

2014年に創業した巻組は、東日本大震災により甚大な被害を受けた宮城県石巻市を拠点とし、1世帯1住戸を前提とする住宅のあり方や、その背後にある定住というライフスタイルとは異なるアプローチで、空き家の活用に取組む。

巻組が取扱う空き家の多くは、資産価値がゼロに近い「絶望的条件」の空き家である。巻組はそのような一般の不動産市場では流通しづらい空き家を所有者から買い上げ、自社で改修から運営までを行う。そうした自社直営の賃貸物件は石巻を中心に20件以上に及んでいる。

クリエイティブな人々の住まい

巻組が手がけるRoopt（ループト）シリーズは、空き家を改修したシェアハウスである。その改修では入居者がDIYできる余地をあえて残す一方、家具や家電は備え付けで身軽に入居できるほか、初期費用や途中解約の違約金が不要で、最短1日から契約できるなど、入りやすく出やすい住まいを追求する。これは多拠点居住やマルチジョブなどのライフスタイルを営むクリエイティブな人々を入居者に想定しているためである。

2020年には新たな短期滞在の選択肢

として、築50年の木造2階建の戸建住宅を自社で買取り、ゲストハウスに改修したRoopt石巻泉町―OGAWA―の運営を開始する（図1、2）。敷地内の離れも巻組のリノベーションにより1階が店舗、2階がコワーキングスペースに生まれ変わっている（図3）。店舗に入る惣菜屋SONOの店主は、巻組が運営に関わる起業塾の卒業生である。

クリエイティブ・コミュニティの形成

巻組では自由でクリエイティブなライフスタイルに共感するコミュニティづくりにも取組む。これは、空き家を活用した場所づくりにとどまらず、オンラインコミュニティの運営などを駆使することで巻組の価値観を全国に広げる試みでもある。その拠点であるCreative Hubは、プロアマ問わない地域内外のクリエイターに創作活動に打ち込める環境を提供する（図4、5）。このようなクリエイティブ・コミュニティの形成は、関係人口の創出として地域へ波及するし、ひいては自社の集客にも繋がっていく。

空き家を発生させない仕組み

2023年、巻組は空き家発生の要因となる相続問題に取組むため新しい仕組み

をリリースした。それは、「始期付負担付死因贈与契約」という契約締結時に定めた負担の履行を条件に、所有者死亡時に贈与の効力を生ずる契約を取入れた仕組みである。この仕組みは不動産の維持管理や改修を負担として設定し、それを巻組が履行するもので、所有者が存命の間は賃貸借契約でサブリースし、所有者の死亡を機に巻組に所有権が移転する。

それにより、所有者や相続人は、住まいを良好な状態のまま次の世代に継承できるというものである。

このような空き家を発生させない仕組みは、巻組の空き家活用のノウハウのもと、空き家予備軍をクリエイティブな人々のための地域資源に転換する試みとして、今後の展開が期待される。

図1　Roopt石巻泉町 ― OGAWA ― の外観

図2　OGAWA1階　キッチンを備えたコミュニティスペースを設ける

図3　テイクアウト専門の惣菜屋SONO　2階にはコワーキングスペースを設ける

図4　2021年に竣工したCreativeHubの拠点

図5　CreativeHub2階　アトリエが設けられるほか、会員制コミュニティ専用のコワーキングスペースとしても運営されている

事業者：	株式会社 巻組
所在地：	宮城県石巻市
転用後用途：	ゲストハウス、シェアハウス、アトリエ
2014年	巻組創業
2015年	合同会社巻組設立
2017年	アトリエハウス「ハグロBASE」竣工
2020年	ゲストハウス「OGAWA」、惣菜屋「SONO」オープン
2021年	アトリエ「CreativeHub」竣工　株式会社に移行

表1　概要と年表

82 ひのさと48

団地の1棟を残し生活利便・コミュニティ施設に

宗像市

大都市周辺のベッドタウンとして形成された団地は、住棟が老朽化、住民が高齢化し、都心回帰や最寄り駅直近の新規マンション供給の影響もあり衰退している。特に駅から遠い団地、バス便でしか到達できない団地の空き家化は顕著である。このような団地の周辺は、スーパーの撤退やバスの廃止など利便性を失い、そのことがさらに空き家を増やすという負のスパイラルに陥り、住処としての魅力をも失ってきた。

ひのさと48は、そのような団地「日の里団地東街区」の中にあった住棟をリノベーションしたものだ。その団地は福岡市と北九州市のどちらからも約30km、快速電車で30分という中間地にある駅周辺にある。またその棟は、東街区の中でも駅から最も遠くにあり、築50年を経て空き家も多く発生していた。

民間企業への譲渡

この団地はUR都市再生機構が管理するものであったが、その整備方針において、民間事業者に土地や建物を譲渡し、再生を委ねることとなった。

そのスキームは、日の里団地東街区の土地1.8haと10棟を再生するために、URが管理していた賃貸住宅団地の移転集約によって生まれた余剰地を民間に譲渡し、民間が再生するというものだ。URの事業者公募により、住友林業を代表とする住宅メーカー、西部ガスや東邦レオなど10社でつくる共同企業体「福岡県宗像市日の里団地共同事業体」を譲渡先として決定し、2020年に譲渡された。

団地内10棟のうち9棟は取り壊された。その土地は戸建エリアとなり、「さとのは hinosato」として、2022年から、64戸の新築戸建が建設・分譲され、すぐに買い手がついている。

生活利便・コミュニティ施設の誕生

団地内の残る1棟の活用がこの事例のポイントである。その1棟は、西部ガスと東邦レオが出資して設立したSPC「日の里コミュニティ特定目的会社」が所有し、運営している。

そのSPCが既存棟をリノベーションし、生活利便・コミュニティ施設「ひのさと48」として共同運営している。コミュニティカフェ、クラフトビール醸造所、DIY工房、シェアキッチン、テナントとして認可保育所、子どもの発達支援施設が入居し、一部を東邦レオが直営している。

この施設のコンセプトは、地域の会話

を増やす場所であり、単なる施設ではなく、住民が出会い、会話が生まれる仕掛けづくりがされている。新築戸建がすぐに売却できたのもこの生活利便・コミュニティ施設があることが大きいだろう。

この分譲戸建エリアも含めて周辺の住宅地へも繋がり、地域全体で持続可能なまちづくりに取組むモデルにもなっているといえる。

図1　スキーム

図2　ひのさと48外観

事業者	西部ガス、東邦レオ
所在地	福岡県宗像市
転用後用途	（東邦レオの直営）クラフトビール醸造所「ひのさとブリュワリー」、企業の連携拠点「さとのひワンダーベース」（テナント）コミュニティカフェ「みどり to ゆかり 日の里」、DIY工房「じゃじゃうま工房」、シェアキッチン「箱と KITCHEN」、認可保育所「ひかり幼育園 ひのさと分園」、子どもの発達支援施設「げんきっこくらぶ　るーつ」

表1　概要

図3　クラフトビール醸造所

図4　コミュニティカフェ

図5　シェアキッチン

図6　DIY工房

図7　企業の連携拠点

図8　隣接する新築戸建エリア

83 カシニワ制度

身近な空き地を「地域の庭」にする

柏市

カシニワとは？

「カシニワ」は、「柏の庭」と「貸す庭」を掛け合わせた造語。身の回りにある空き地をみんなが使える地域の庭として育てていく、柏市の取組みである（→42）。

この取組みが始まったのは 2010 年。首都圏のベッドタウンとして成長を続ける同市では、緑地の減少が年々進んでいる。一方で、少子高齢化などの影響で管理の行き届かない空き地や林が増えた。そこで、それらの低未利用地を周りの人々が管理し、所有者に代わって活用していくことで、新しい緑のオープンスペースのネットワークを繋げていく構想が生まれた。

人々を繋ぎ、空き地を開く

カシニワの仕組みの 1 つに「カシニワ情報バンク」がある。維持管理しきれない土地を抱える所有者と、そこで何かやってみたい活動団体をマッチングする市の窓口である（図1）。「仲間たちと花を植えて地域をきれいにしたい」「マルシェができる広場や遊び場をつくってみたい」「野菜づくりを学んで周りにも教えてみたい」といった思いを持つ人々が、この仕組みを通して、広場やコミュニティガーデンなど様々なかたちの地域の庭を生み出している（図2）。これらは私有地であるため、自治体が管理する公園では制限のある BBQ や花火、ボール遊びも、所有者や近隣の理解があれば自由にできる。より裁量のある場づくりが可能となるのだ。

また、空き地に限らず、丹精込めて育てた自宅の庭などを地域に開く「カシニワ公開」の仕組みもある（図1）。毎年 5 月に開催される「カシニワ・フェスタ」は、それらを含めた市内のカシニワを一斉公開するイベントである。

こうした活動が長続きするよう、2011年には、柏市の外郭団体である一般財団法人柏市みどりの基金による「カシニワ制度助成金」が創設された。

政策上の位置づけ

カシニワ制度は、2025 年までに都市公園を含めた緑のオープンスペースを市

2009 年	柏市緑の基本計画改定、2025 年までに緑のオープンスペースを市民 1 人当たり 10 ㎡以上確保することが目指される
2010 年	カシニワ制度の運用開始
2011 年	カシニワ制度助成金の創設
2018 年	柏市立地適正化計画策定、カシニワが都市のスポンジ化対策を進める政策手段となる

表1　年表

民 1 人当たり 10 m²以上確保することを目指す「柏市緑の基本計画」(2009 年改定)を実現するため導入された経緯があるが、2018 年に人口減少と少子高齢化に備えたまちづくりを推進する「柏市立地適正化計画」が策定されたことに伴い、都市のスポンジ化対策を進める政策手段としても活用されることになった。

そのため現在は、誰も使わなくなった空き家や空き店舗の活用を推進する「カシニワ・おうち」の情報バンクが拡充されている。

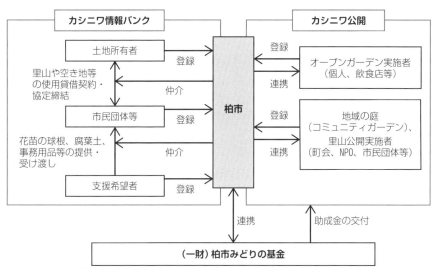

図1　カシニワの仕組みと体制 文1

図2　カシニワ制度を利用してつくられた、住宅地のなかの「ふうせん広場」　個人所有の約500 m²の空き地をNPO法人が借り、地域の子どもたちとアイデアを出し合いながら、看板、コンポスト、収納ベンチ、花壇などの整備を進めた

84 みんなのうえん
やりたいことにチャレンジできる都市農園

大阪市

空き地を利用したコミュニティ農園

「みんなのうえん」は、まちなかの空き地を利用したコミュニティ農園である（図1）。

第1号となる「みんなのうえん北加賀屋」（大阪市住之江区）は、150 ㎡と500 ㎡の大小2つの敷地に、合わせて41区画の貸し農園を備える（図2）。利用者は、農具の貸出や栽培のアドバイスを受けながら、無農薬の野菜づくりに取組める。敷地内の古民家を改修したキッチン付きのサロンでは、仲間と料理をしたり、食や農をテーマにしたイベントを開いたりすることもできる（図3）。このサロンは農園の契約者以外にも開かれているため、様々な企画を通じて地域が繋がる賑わいの場となっている。

みんなのうえんの展開

みんなのうえんの取組みがスタートしたのは2012年。かつて造船で栄えた北加賀屋のまちをアートの力で再生する「北加賀屋クリエイティブビレッジ構想」（2009年）のもと、地元の千島土地株式会社が保有する遊休不動産活用プロジェクトの一環として、千島土地とコミュニティデザイン会社のstudio-L、NPO法人Co. to. hanaの3者によるコミュニティ農園づくりが始まった。2015年、Co. to. hanaによる運営の自立化を果たしたのち、2019年からは、

図1　みんなのうえん北加賀屋　前面道路が狭く、活用が難しかった住宅地の空き地をコミュニティ農園として再生した

同社から専業独立した一般社団法人グッドラックが事業を引き継いだ。活動の輪はその後も広がり、北加賀屋以外の地域でも新しい農園が生まれている（図4）。

　空き地を農園にするには、土壌改良などの初期費用がかかる。地目は宅地であるため固定資産税が課されるし、農作業やイベントの実施をサポートするスタッフの人件費もかかる。それらのコストは、会費、農園で採れた農作物を使ったお菓子やハーブティー、みんなでつくった無添加醬油の売上などで賄っている。

みんなでつくる農園

　みんなのうえんは、「みんなでつくる農園」。貸し区画の利用形態には、1人で借りる基本コースのほか、初対面のメンバー同士で始めるチームコースも設けられた。市内外の広範囲から集まった利用者は、お互いの知恵や時間を出し合い野菜づくりにチャレンジし、独自のイベントやマルシェの企画にも取組んでいった。そこで得た経験や自信をバネに、新たな活動を別の場所で始めた参加者も少なくない。

　まちなかの空き地を生かしたコミュニティ農園は、人々が繋がり、成長できる場を生み出している。

図2　6㎡の貸し農園が全部で41区画ある

図3　みんなのうえん北加賀屋のサロン　農園の隣にこうした施設があることで、活動の内容に幅が出る

図4　みんなのうえん寝屋川（設計：ドットアーキテクツ）　数十年空き家だった長屋を解体し、跡地をコミュニティ農園にした。うち1棟は、みんなが集まれるサロンとして残している。建物の除却や農園の整備には、寝屋川市や大阪府の補助金を利用した

2009年	北加賀屋クリエイティブビレッジ構想
2012年	千島土地、studio-L、Co.to.hanaによる北加賀屋でのコミュニティ農園の実験が始まる
2014年	3年間の実験期間を経て、Co.to.hanaによる自主運営体制への移行が実現
2019年	専業独立したグッドラックへの事業移譲。他地域への展開も始まる

表1　年表[文1]

85 クロスロード宮町
除却と跡地活用による中心市街地循環再生モデル

燕市

危険空き家の解体と跡地活用

　2013 年にオーバーアーケードを撤去した燕市（7.7万人、2020）の中心商店街・宮町（JR 燕駅下車徒歩6分）の中央部に倒産した法人所有で老朽化した書店（RC 造4階建、662㎡、築42年）と相続人がいない住宅（木造2階建、築年不明）の建物が放置され、外壁の落下等が発生するたびに周囲への被害軽減のため緊急措置が繰り返されていた（図1左）。解決策が見出せないなか、市は危険空き家に指定しつつも費用の回収や跡地活用が見込めない行政代執行ではなく行政が土地建物を取得して 2015 年8月に公費解体した（図1中）。この跡地（387㎡）に後継者問題の解決を目指す同市内の産業界が出資し、インターン用の宿泊施設「つばめ産学協創スクエア」が 2018 年に新築され（図1右、図2、表1）この施設運営に「公益社団法人つばめいと」が設立された（図3）。2023 年3月末までの参加学生数は延べ 1192 人、受入れ企業数 160 社、参加学生の在籍大学数 51 校（県内11、県外32、海外8）に達し、この施設がその後の宮町を変える大きな存在となった。

クロスロード宮町

　その後、県外からの移住者や地元出身の若手が興味を示し、空き店舗の活用が 2018 年中に3件実現した。さらに 2019 年から2年間空き家・空き地を活用したアートイベントが官民連携（2020 は民間出資）で開催された。

　燕市は 2021 年9月、燕市中心市街地再生モデル事業に公益社団法人つばめいとから派生した株式会社つばめいとが提案した「クロスロード宮町」を採択した（図4）。①空き家解体後の跡地を活用したイベント広場を整備、②老朽化した空き家を解体して新規店舗等3件を建設し商店街に新たな要素を加える店舗を誘致、③マルシェ等に多くの市民が参加する定常的なイベント開催および学生を含めたまちづくり活動の実施、の3事業が実施された。同社は「燕市イノベーション拠点整備事業」を活用し、シェオフィスを建設して開業を支援している。2022 年には IT やデザイン、メディア製作など 10 社が入居している。多くの店舗が改修され、動き出した人、既存商店、産業界と一体で面的整備を行う方向が見え始めている。

　所有者不在の空き家や空き店舗は周囲に迷惑を及ぼすが、その敷地に罪はない。跡地活用で地域が一体となり、循環再生している好例といえよう。

図1 危険空き家・建物除却・産学交流施設建設までの経緯

図2 つばめ産学協創スクエア位置

図3 公益社団法人つばめいとの活動概要

名称	つばめ産学協創スクエア
所在地	新潟県燕市宮町5番8号
構造	木造／2階建
竣工	2018年2月
床面積	1階127.52㎡　2階127.52㎡　合計　255.04㎡
所有者	公益社団法人 つばめいと
宿泊定員	18名（6人部屋（2段ベッド＋簡易ベッド）×3室）

家電や備品類は寄贈された燕製品を使用／学生は施設利用負担なし

表1 つばめ産学協創スクエア概要

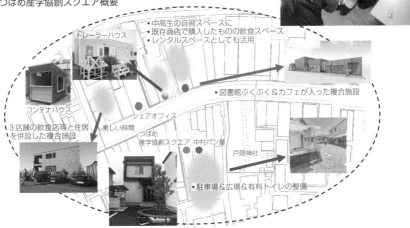

図4 クロスロード宮町の活動展開

更地に戻す　195

86 空き家見学会
人と場の出会いづくり

善光寺門前地区

空き家再生による地域活性化の経緯

　約1400年の歴史を持つ善光寺は、年間約600万人もの観光客が訪れる長野県屈指の観光地である。しかし、善光寺門前地区の人口は、1988年の8793人から2018年には6281人へと、20年間に30％近く減少し、地区内の空き家も急増している。

　その一方で、善光寺門前地区は現在、空き家再生による地域活性化の最先端地域と言われている。

　その契機は、2003年4月に善光寺門前の西之門町に、空き家をリノベーションして入居したナノグラフィカである。ナノグラフィカは、カフェ、ギャラリー、企画編集、雑貨販売など様々な活動を展開、2003年6月には「西之門しんぶん」というローカル紙を創刊し、地元密着の情報を発信し続け、地域の人々の信頼を獲得している。

　2009年には、県のふるさと雇用再生特別基金事業を受託し、「長野・門前暮らしのすすめ」というプロジェクトを開始。毎週1回の街歩き、毎月1回の空き家見学会など、様々なイベントやワークショップを通して、地域の人と訪れる人の出会いの場を創りだしてきた。

空き家見学会によるマッチング

　同じ2009年、東町にあった1910年築のビニル工場・倉庫の空き家を、1級建築士やデザイナー、ライター等の7名によるLLPボンクラが借り受け、貸しオフィスKANEMATSUとして再生した。

　このKANEMATSUに入居した株式会社マイルームの倉石智典氏により、門前地区の空き家再生は一段と加速した。

　マイルームは、不動産業者であるが、工務店を兼ねている。自ら街を歩いて空き家を探し、その登記簿を入手、近所に聞き込みを行うなどして所有者を特定し、所有者との交渉により物件を調達している。そのうえで、空き家見学会を実施し、物件を気に入った人と空き家所有者のニーズをマッチングし、入居希望者からリノベーション工事を引き受け、地域の空き家を再生している。

　空き家利活用の課題の1つに、所有者が空き家を市場に出さないことがある。その理由としては、①仏壇があったり、物置として使っていたり、将来子どもたちが帰ってくる可能性がある。②貸しても家賃は低く、改修費用をかけてまで貸すメリットがない。③知らない人に貸すのは不安だ、などを挙げることができる。

　マイルームは、こうした空き家所有者

196　仕組みと担い手

の不安を1つ1つ解消し、安心して市場に出せるようにきめ細かい対応を行っている。こうした活動のベースには、ナノグラフィカの活動等により、門前地区の住民とそこを訪れる人々の信頼関係構築の土壌が育まれていたことがある。

また、事業モデル的には、不動産業だけだと貸家の仲介手数料1か月が限度で、門前地区のような賃料の低い地方都市では成り立たないのに対し、工務店を兼ねるマイルームの業態であれば、空き家の再生工事を引き受けることで、事業的に成り立つ面が大きい。

こうしたマイルームやナノグラフィカなどの活動により、100軒以上の空き家が店舗や事務所、宿泊施設等として再生され、善光寺門前地区は空き家再生による地域活性化の最先端地区となっている。

事業者：	株式会社マイルームなど
所在地：	長野県長野市善光寺門前地区
転用後用途：	店舗、事務所、宿泊施設等
2003年	ナノグラフィカ 西之門しんぶん創刊、空き家見学会開始
2005年	まちなみカントリーカントプレイス＆qhiyoriCAFE
2009年	長野・門前暮らしのすすめ、KANEMATSU オープン
2010年	株式会社マイルーム創業、空き家見学会による空き家所有者と入居希望者のマッチングを開始
2012年	権藤パブリックスペース OPEN
2014年	SHINKOJI share space
2015年5月	株式会社マイルームが、第4回まちづくり法人 国土交通大臣表彰「まちの活性化・魅力創出部門」の特別賞を受賞

表1 概要と年表 文1, 2, 3, 4

図2 空き家見学会の様子

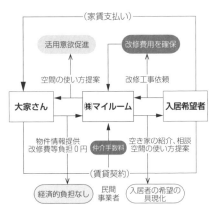

図1 マイルームの事業モデル

図3 空き家見学会で入居希望者と空き家をマッチング

マッチングサービス 197

87 家いちば
空き家の買い手を自分で探すための掲示板

全国

空き家売買の掲示板サイト

「家いちば」は、不動産の売り手と買い手が不動産会社を介せず個人間で直接売買ができるウェブサービスとして2015年に開設された[文1]。「不動産を直接売り買いする人のための掲示板」と標榜するように、掲示板に見立てたウェブサイトに不動産の売り手自身が用意した物件の紹介文と写真を掲載し、その掲示板を見た買い手が売り手本人にダイレクトメッセージを送ることで、商談が始まるというものである（図1）。この不動産売買の商談までをセルフサービスで行う点に、家いちばの最大の特徴がある。

さらに、もう1つの特徴は掲載条件が設けられていないことである。「どんな物件でも大丈夫！」と説明があるように、立地や築年数を問わないのはもちろんのこと、家財道具が残されていても、住むには修繕が必要な状況でも構わない。未登記でも売買価格が決まっていなくても掲載できる。したがって、家いちばでは通常の不動産市場では流通しづらい空き家が多数掲載され、売買されている。

「家いちば」の仕組み

家いちばでは、売り手と買い手が掲示板を介して商談から売買の合意までをセルフサービスで行う。そのため、売り手は一般的な不動産売買において仲介業者が担う買い手からの質問や内覧にも対応しなければならない。一方の買い手も、商談相手が売り手個人だからこその様々な配慮が求められる（図2）。

もっとも、商談が成立してから売買契約、物件の引き渡しまでの契約フェーズでは、家いちばの宅地建物取引士が中心となり取りまとめを行う。ここは通常の不動産売買と大きな差はない。

図1　家いちばホームページのイメージ[文2]

198　仕組みと担い手

このように不動産情報の掲載から商談成立までをセルフサービスとし、その後の契約書類作成業務などを家いちばの専門スタッフが担う。そのため、不動産の仲介業務による報酬（媒介報酬）は通常と比較し半額に抑えられている。そこに0円物件のように報酬を算出できないような場合でも経費だけは賄えるように基本料金が加算される仕組みである。

売り手と買い手のマッチング

このセルフサービスの仕組みは一見、売り手に手間がかかるように思える。しかし、掲載料が無料で、掲載条件もないに等しく、残置物の整理や修繕などの事前準備が必要ないため物件掲載のハードルは思いのほか低い。とりあえず掲載して買い手の反応を見ながら物件情報や価格を見直すことが柔軟にできるし、商談も自身のペースで進めることができる。

なかでも空き家のように売却利益を目的とせず、タダでもいいと考えているのであれば利用しやすい仕組みと言える。さらに、それが生家などの思い出のある物件であれば、建物を残すことや活用の方法などの価格とは異なる条件から買い手を探すこともできる。したがって、買い手はそのような売り手の条件と自身の条件をすり合わせることが求められるのである。

このように必ずしも価格だけで商談が成立するわけではないことから、売り手と買い手はメッセージのやりとりを重ね、内見で実際に会い、お互いに人となりを見極めることになる。それはさながらお見合いである。

空き家の価値

とはいえ、掲示板に掲載される物件の多くが100万円前後のため、気軽に不動産を売買することができるのも事実である。ただし、そこでは価格やスペックのみではなく、個々人の多様な価値観に基づく取引が行われており、属人的な要素が不動産を価値づけている。

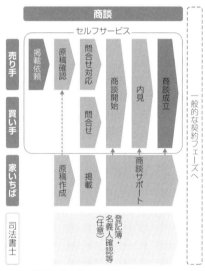

図2　家いちばの商談の流れ

事業者：家いちば株式会社（代表取締役:藤木哲也）
所在地：東京都渋谷区
事業内容：ウェブサイト運営、システム開発

2011年	前身組織となる株式会社エアリーフロー（不動産活用コンサルティング会社）設立
2015年	家いちば開設
2019年	家いちば株式会社設立
2023年	成約率50％、掲載累計3000件

表1　概要と年表

88 さかさま不動産

借りたい人のやりたい想いを貸したい人に繋ぐ

全国

　さかさま不動産（㈱On-co、代表水谷岳史氏）は、増え続けている空き家を活用して、空き家で挑戦したい人の想いを可視化して「貸主を募集」する不動産WEBサービスを展開している。2011年に名古屋駅から徒歩15分の放置されていた空き家を大家から提供され、DIYにより改装して活動の拠点にした結果、興味を持った同胞が集まり周辺の8〜9軒の空き家が活用されて街づくりへと繋がっていった経験が出発点である。後に不動産情報を掲載したくはないが地域のためになるならば使ってもらっても構わないという家主の声や、自分の夢を叶ええたいという強い思いを持った借主の声がたくさん届くようになり、この想いを繋ぐ必要があると考え活動が動き始めた。

　2018年からのクラウドファンディングで210人の支援者から、総額約283万円の資金を調達し、2020年6月にサービスを開始した。「自分のお店を持ちたい」という場合、不動産仲介業者を介して物件の情報を得て、内見などをしてから業者と契約するため大家が借り手の情報を得る手段はないが、この従来のやり方を「さかさま」にし、借り手の需要に合った空き家を探してマッチングさせるサービスを提供している（図1）。情報を広く一般に公開したくないが貸してもいいと思っている大家が一定数いるため、物件を世に出してアピールするのではなく、まず借り手の「やりたい想い」を聞き、そこに共鳴して物件を貸してくれる大家を探すという逆転の発想で解決するサービスである（図2）。これにより貸し手が事前に借り手の人物像を把握でき、空き家の住所や残置物等の情報を不特定多数に晒すことなく借り手と直接交渉で双方のニーズに沿った条件を整えることができる。相手が安心できる相手だと事前に分かることで貸しやすくなるため、物件流通を促進する効果がある。2023年10月末時点で243名が自分の想いを登録し、22名が希望の家主さんと出会えて夢を実現している。登録料、紹介料、仲介手数料等はすべて無料であり営利目的での活動ではない。2022年からは支局制度を開始し、活動が全国へ展開している。

　若き地域福祉士による世代を超えて集まれる拠点づくりの実現談（桑名市、図3）や、「水の綺麗な土地で藍染の良さを伝える場所を作りたい（山梨県希望）」など、熱い想いを持った人々のメッセージがHPに多数掲載されている。1人でも多くのオーナーにこの声が届き、1つでも多くの空き家が活用されることを願いたい。

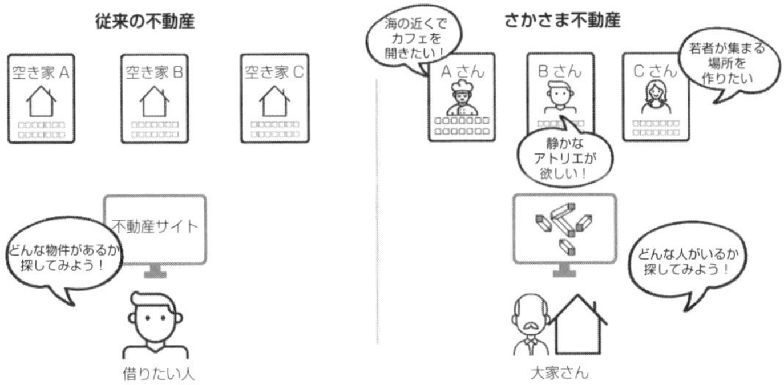

図1 さかさま不動産の仕組み

多治見市
(株)コジーブレイス 代表
船戸 正直
10年後「東美濃のインバウンド観光の隆盛はあの小さなホテルから始まった」と語られる、珠玉のHOTELを創りたい

呉市
目指せ手打ちそば屋
浅沼 智之
呉市で少年時代からの夢だった手打ちそば屋を夫婦2人でやりたい!

多治見市
田口絵梨(愛称エリス)
オーストラリアをバイクで旅しながら学んできた、ミートパイを通して人を笑顔と元気にするカフェを開きたい!

多治見市
Books Victor店主
可児 弘史
古書・アンティークに囲まれた、居心地の良いセカンドルームのようなお店をオープンしたい

愛知県
アウトドアやハンドメイドが趣味の猟師
たかはし ひろふみ
自分が狩猟・採取したもので加工・販売・レクチャーできる拠点がほしい!

松本市
生まれつき耳がきこえないアラサー
竹花 亮介
おそらく日本初!手話が飛び交う宿をつくり、コミュニケーションを大切にした環境をめざしたい!

図2 さかさま不動産 HP 掲載事例

希望物件の基本情報
エリア:三重県桑名市
物件の広さ:100〜300㎡くらい
理想の賃貸額:3〜6万円
物件の種類:古民家
その他条件:駐車場が2、3台停められると嬉しいです

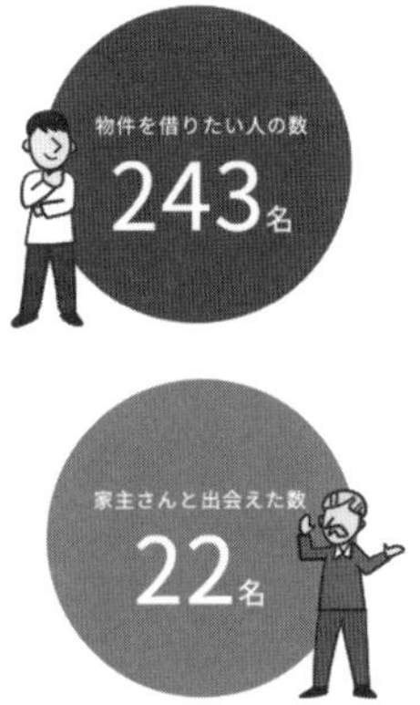

◎社会福祉士による "世代を超えて集まれる拠点づくり" への挑戦
　地元の空き物件を2年間探していた。マッチングしたのは、三重県桑名市にある築55年ほどの戸建物件。3、4年間空き家状態となっていた所有者(62歳)の実家で、他人に貸す予定はなかった。所有者は「もともと誰にも貸す気はなかったが、森さんの想いを知って応援したいと思った。地域の繋がりはコロナ禍でさらに減った。世代を超えて交流できる居場所づくりに、実家を活用してもらいたい」と話している。

図3 マッチング事例(20件目)

図4 マッチング件数2023年10月末時点

(本項の図写真はさかさま不動産資料より)

89 空き家・空き地地域利用バンク
行政による所有者と地域活動の担い手の橋渡し

神戸市

「地域利用」に限定したマッチング

　神戸市は、空き家等の活用促進に向けて様々な施策を行っており、「空き家・空き地地域利用バンク」（以下、地域利用バンク）もその1つである。神戸市から委託された一般財団法人神戸住環境整備公社（以下、公社）が、住まいに関する相談・情報提供のための総合窓口として運営する「すまいるネット」のなかで、この地域利用バンクが運営されている。

　地域利用バンクの最大の特徴は、空き家・空き地の利用目的が「地域の交流拠点や保育施設・高齢者施設など、公益的な利活用」（「地域利用」）に限定される点である。一般的な空き家バンクで想定される居住利用は対象外とされ、地域利用を目指すNPO法人や任意団体などが、「地域利用」の内容を具体的に表明したうえで、登録物件の利用申込をすることができる。すまいるネットは、希望内容を把握したうえで、物件所有者との顔合わせを取り持ち、その後は当事者間での交渉・契約という流れになる（図1）。成約後は、神戸市の補助を受け、修繕・改修するケースも多く見られる。

公社が担う橋渡しの役割

　神戸市の担当者によれば、2018年度から当事業を開始し、HPやチラシ配布、口コミ等を通じて周知されたこともあり、当事業開始以後物件・団体ともに一定数登録されている（表1）。所有者側の登録の動機は様々だが、地域のための活用を望み、具体の利用主体が見つかっていない場合や、不動産の専門家との相談で具体の活用が困難と判断され、自身で管理できない場合などが多い。

　2024年現在までの成約件数は、空き家と空き地合わせて80件以上に上り、その一部についてはすまいるネットの公

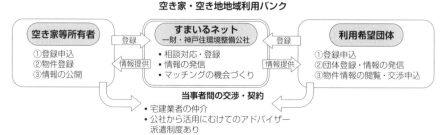

図1　神戸市空き家・空き地地域利用バンクの仕組み

202　仕組みと担い手

式HPで紹介されている。空き家については、地域の子どもや高齢者が集う交流拠点、国際交流のための活動拠点など、様々な利用が見られる（図2）。空き地については、地域に開かれた菜園として利用されているケースが多い（図3）。一方、物件所有者のなかには、無料で賃貸したり、地域に貢献できることに満足感を持つ方もいる。「地域利用」を前提として、公社のような公的団体が所有者・利用者の橋渡しを担い、双方が安心して取引できる事業環境が作られているといえる。

地域利用バンクの意義

上記のような地域利用を目的として、民間の不動産市場を通じて空き家を探すことは、一般的には難しい。なぜなら、宅建業者にとって居住目的や事業目的など従来の取引実績の多い用途で客付けするほうが、手間もかからずより安定した経営に繋がるからである。そのような意味で、行政があえて「地域利用」に限定し、所有者の理解を得たうえで、物件のマッチングを行う政策的意義は大きい。

一方、登録空き家のうち、団体が希望するような立地条件がよく、建物の傷みのない物件は必ずしも多くないと、市の担当者は指摘する。現状では、いわゆる「優良物件」を、あえて地域利用バンクに登録する所有者のインセンティブは小さく、利用を希望する側とのミスマッチがあるという。将来的には、民間の不動産市場においても、地域利用バンクを1つのモデルとして、「地域利用」が1つのオプションとして物件取引が行われるような商慣習が普及することが望まれる。

年度		2018	2019	2020	2021	2022	合計
新規登録件数	空き家	8	23	17	36	27	111
	空き地	3	10	11	16	10	50
	団体	11	12	15	48	39	125
成約件数	空き家	0	2	7	14	13	36
	空き地	2	4	0	8	9	23

表1　地域利用バンクの登録件数・成約件数の推移

図2　地域利用の事例・国際交流の活動拠点　日本とセネガルの文化交流や社会貢献活動の拠点として利用する。神戸市の補助を受け、DIYで改修を実施した。

図3　地域利用の事例・コミュニティ農園　灘中央市場内の空き地を活用し、収穫イベント等を通じて地域交流や市場の活性化を図っている。

（本文と表1は神戸市提供資料をもとに作成。写真は神戸市提供）

90 住民自治協議会による空き家バンク
住民による丁寧なサポート

長野市信更地区

空き家対策の経緯

　長野市信更町は昭和の大合併（1966年）で長野市に編入された旧信更村にあたり、戦後直後から人口減少と高齢化が一貫して進んだ、典型的な中山間地の地区である。直近（2022年4月）の人口は1774人（863世帯）で、敗戦直後のピークから3分の1以下に減少している。平成の大合併で広範な中山間地を抱えることになった長野市では、市全体の空き家総数は8000棟を越えているが、そもそも同市の空き家対策は遅れていた。こうした中、同市の空き家施策を先導したのが、信更地区住民自治協議会による空き家バンクの取組みであり、今日では長野市の空き家バンクの成約実績の向上に貢献するとともに、信更地区の対策がモデルとなり、他の中山間地の住民自治協議会に波及する等している。

　同地区の取組みの基礎となるのは、長野市が2005年度から取入れた都市内分権制度であり、旧合併町村の役場等に支所を置くのと同時に住民自治協議会を設置し、各地区の自治活動に対し資金援助している。こうした枠組みのもと、市の幹部職員であった中島氏が定年後に同地区で取組んだのが空き家対策であった。2014年度に同協議会内に、地区住民、移住者、支所職員等で構成する「田舎暮らしを支援する委員会」（以下、委員会）を立上げ、取組みがスタートした。最初に取組んだのは地区内の空き家悉皆調査である。長野市に人口減少対策課（2017年度に設置）ができるよりも前のことであった。

空き家バンク運営の工夫と実績

　同協議会の空き家バンク運営体制を図1

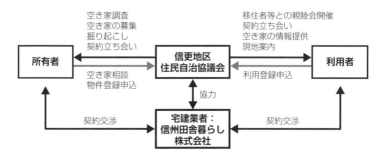

図1　長野市信更地区住民自治協議会の空き家バンク運営

にまとめる。図の「信更地区住民自治協議会」を「長野市」等と置き替えると、構図自体は自治体空き家バンクとほぼ同じである。同協議会の運営の特色として、①「田舎暮らし案内人」による移住希望者への現地案内や、②移住後のフォローが挙げられる。①は中島氏を筆頭に委員会メンバー数名がボランティアで行うもので（図2）、移住希望者がいた場合に地区内の候補物件や地区の生活実態（周辺市街地へのアクセス、気候、保育園・学校の状況、市の補助金制度、移住後の相談体制等）を、現地案内しながら説明するというものである。これまでに390回を越える実績がある。②については、移住者の意向やプライバシーに配慮しながらの、地域住民や自治会との関係づくり支援、年に一度の交流会（屋外での焼き肉パーティ等）開催があり、移住後も気軽に相談できる体制を作っている。こうした移住者に寄り添った協議会の取組みが特色としてある。

また、協力関係にある宅建業者は、田舎暮らし支援を主体として、長野県内全域に物件を抱える専門不動産業者であり（信州田舎暮らし株式会社）、この本社が信更地区に近いことから、密な関係を築いている。空き家所有者との契約交渉、利用者（移住希望者）との契約交渉や物件案内は、協議会と宅建業者、当事者が必ず一緒に立ち会うという。さらに長野市の空き家バンク関連の各種補助金も重要な支援要素となっている。信更地区の空き家の場合、住民自治協議会の立上げる空き家バンクHP[文1]に掲載されるだけでなく、同じ物件は、宅建業者のHP、長野市の空き家バンクHPにも掲載されており、いずれのルートでも希望者は住民自治協議会の「田舎暮らし案内人」のサポートを受けることができる。こうした体制のもと、これまでに91世帯203人の移住実績がある（譲渡53世帯、賃貸28世帯）。

今後の展望

現在の同協議会の最大の悩みは、空き家がすべて成約し、手持ち物件の枯渇が続いていることである。しかし、地区内には高齢独居世帯が多数おり、空き家自体は今後も増え続けるため、バンクの取組みは不可欠となっている。他方で、信更地区の唯一の保育園は2021年に閉園、中学校は2023年に、小学校は2024年に閉校予定となっている。空き家バンクによる移住促進を進めても、教育機関の存続は難しい現実がある。

図2　田舎暮らしを支援する委員会のメンバー
住民自治協議会の方々がボランティアで運営している（2023年4月撮影）

91 賃料一括前払いのサブリース
大阪府不動産コンサルティング協会を中心とした取組み

大阪府

サブリース＋賃料一括前払い

　一般社団法人大阪府不動産コンサルティング協会は、空き家を事業者が借上げるサブリース方式に賃料一括前払い方式を組合せることで、所有者が負担する賃貸リスクと改修費の分散を図るとともに、転貸事業の収益性を確保するスキームを考案した。

　図1のように、転貸人であるLLP（有限責任事業組合）が空き家を定期賃貸借契約により約4年間借上げ（原賃貸借）、入居者にサブリース（転貸）することで、所有者の賃貸リスクを一括して負担する。また、事業者が賃料を一括前払いすることで、所有者はこれを改修費に充当する。他方、転貸人は、前払いした賃料を、賃料差額により3年目までにすべて回収し、以降は契約期間が終了するまで収益化する。このスキームでは、転貸借よりも原賃貸借が先に終了することに備え、その終了の際に、所有者が転貸人の地位を継承することを特約で定めている。すなわち、所有者と入居者との直接契約にスムーズに移行することが企図されており、実際、事業化された2件は、サブリースから直接の賃貸契約に移行した。

　転貸人の費用負担により修繕・改修工事を実施するサブリース事業では、一般的に転貸人が賃料差額で得た収入から、その投資金額を回収しようとする。一方、このスキームでは、将来支払う予定の賃料を一括して前払いしているので、実質的には賃料がそのまま転貸人の収益となる点に特徴がある。所有者は、金融機関から融資を受けることなく、転貸人が「肩代わり」した前払い賃料を原資として改修工事を行うことができる。なお、工事費の支払い主体を所有者に一元化することで、改修部分の帰属関係を明快にする狙いもある。仮に、所有者以外の主体（転貸人や転借人）が改修を実施し、賃貸事業を行った場合、不動産特定共同事業とみなされ、関連法令の規制を受ける可能性がある。

賃貸から再び持家へ

　当該スキームが採用された豊中市のO邸は、1970年代に建築された木造2階建の戸建住宅である。改修工事では、住宅設備の更新、内装の修繕・交換、バルコニー部の防水工事等が実施された（図2）。いわゆる旧耐震基準の建物ではあるが、事業性の観点から耐震改修や断熱改修は見送られた。このスキームでは、所有者に支払われる賃料収入を改修費の原資とするため、その期間で見込まれる収

206　仕組みと担い手

入金額を上限として、改修費が設定された。O邸の場合、約360万円の賃料収入が見込まれ、そのおよそ6割が改修費に充てられたことになる。

転貸借の終了後、O邸は現在の所有者に売却され、自己居住用の住宅として使用されている。一度空き家となった持家が、一時的な賃貸期間を経て、再び持家として使われている。

本稿で紹介した事業スキームは、築50年を超える空き家に改修と賃貸化の機会を与えただけでなく、その後の流通を後押しすることになった。

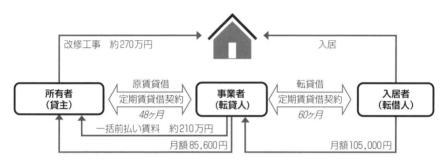

- 所有者は、一括前払いされた賃料と自己資金を原資として、改修工事を行う。
- 事業者（転貸人）は最初の6ヶ月は賃料なしのため残りの42ヶ月分について賃料の一部5.1万円／月を一括で支払い、残りの賃料を賃貸期間に支払う。
- 事業者は、3年目に前払い賃料（支出）を回収し、その後収益化。
- 原賃貸借契約の終了後、所有者（貸主）が転貸人の地位を継承し、入居者との直接的な関係となる。
- 実施例では、当該事業のために設立された有限責任事業組合（LLP）が転貸人となっているため、利益の課税は組合ではなく組合員に行われる。

図1　賃料一括前払い方式を導入した空き家のサブリースの実施例（大阪府豊中市）

- 1976年築
- 木造2階建
- 延床面積 約90㎡
- 庄内駅 徒歩8分

図2　豊中市O邸の平面図と改修内容

92 梼原町移住定住促進住宅

自治体による空き家の移住者向けサブリース

梼原町

地方移住で注目される梼原町

　高知県梼原町は、愛媛県との県境に位置する人口3千人余りの小さな町である。同町は、2010年代初めから様々な移住施策を打ち出し、近年、県内外から多くの移住者を受入れている。その移住者増加の背景として、空き家を活用した移住者向け住宅の取組みが注目される。

事業スキームの特徴

　この事業の仕組みは、梼原町が町内の空き家を借上げ、改修工事を実施したうえで、移住者に低廉な家賃で「梼原町移住定住促進住宅」として転貸するものである（図1）。2012年に同事業を開始して以来、年々、借上げ棟数を増やし、2023年3月時点で46棟を転貸している。

　地方公共団体自らが空き家をサブリースする同様のスキームは、ほかにも見られるが、梼原町で特筆されるのは、改修工事の規模の大きさと事業性の高さである。

　町は空き家所有者と10年間の定期借家契約を結び、空き家を無償で借上げたうえで、耐震改修・設備改修を含めたリノベーションを行う。他方、移住者（入居者）には一律の月額1.5万円で定期借家契約により転貸し、この金額がそのま

ま町の家賃収入となる。

　改修にあたっては、1棟当たりの費用の上限を630万円に設定し、耐震改修や設備の更新を行ったうえで、このほか予算状況に応じて内装・建具等の修繕も実施する（図2）。各物件の改修費の4分の3は、国と県の補助金で支弁し、残りの4分の1（最大157.5万円）を町から支出する。この町の持ち出し分は、年間18万円の賃料差額の収入で9年以内に回収できる計算だが、実際、入居希望は多く、空室率はゼロに近い。単独の事業として十分成立していると評価できる。

行政が担う大胆な役割

　このような地方公共団体による空き家のサブリースは、地域内に民間賃貸住宅やそれを仲介する宅建業者が存在しないという特殊な背景が前提となる。移住希望者が増加する一方、住まいの提供を民間市場に期待することができない。行政としては、定住促進住宅（公有住宅）の新規建設等も選択肢となるが、財政負担を考えると決して容易ではない。仮に建設できたとしても維持管理の負担が長年のしかかる。

　一方、この空き家のサブリースは、当座の移住者を受入れつつ、行政資産を保

有し続ける必要もない。過疎対策の定番とされる定住促進住宅の新規建設に比べ、経済性も持続性も高い妙手といえる。

10年の賃貸期間に見える課題

　懸念される点もある。1つは、使用期間に発生する修繕負担である。築数十年を経過した空き家を活用することが多いため、10年という長期の期間では、何らかの不具合が発生する蓋然性が高い。当事業では、町が専ら修繕を行っており、その費用や手間は今後も懸念される。

　また、原賃貸借契約の終了後、町は再契約をしない方針としている。つまり、移住者は退去して新たに住まいを確保しなければならない。確かに、移住者の多くが、数年を経て新たな人間関係を築き、生活環境を整えることで、自力で転居先を確保することも期待できる。一方、そうでない入居者も一定数存在することも予想される。町が彼らをどのようにサポートできるかについては、今後検討すべき課題である。

　梼原町移住定住促進住宅は、少し長めの「お試し住宅」と捉えたほうが良いかもしれない。10年の仮住まいのうちに、自身の生活基盤を整え、「本宅」に転居する必要があることを、移住者に十分理解してもらうことが重要である。

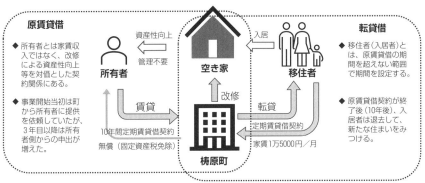

図1　空き家を活用した移住者向け住宅（梼原町移住定住促進住宅）の仕組み

図2　空き家改修の実際　町内の空き家（左）に対して、水廻りの改修（中）と耐震改修（右）は必須で行い、外壁等の修繕は予算に応じて実施（左は筆者撮影。中、右は梼原町提供）

93 早期決断シート
所有者の意思決定を促す仕組み

美浜町

空き家問題の「川上」に目を向ける

　ふるさと福井サポートセンター（ふるサポ）[注1] は福井県美浜町に本拠を置くNPO法人で、2011年の設立から地域の空き家問題に取組んでいる。理事長の北山大志郎さんは建設業を営んでおり、以前から空き家の解体工事を請けることも多かったが、そのたびにまだ使えそうなのにもったいない、活用できないかと考えるようになった。そして地元の仲間に声をかけ、ふるサポを設立した。

　設立当初から続けている空き家マッチングツアーは、移住希望者と空き家所有者を引き合わせる事業である。当初は空き家を貸してくれる所有者がなかなか見つからない苦労があったが、地道に続ける中で扱える物件数は増え、2023年10月までに計25回のツアーを実施、累計76軒のマッチングを実現している。

　空き家問題には「川上と川下がある」と北山さんは言う。「川下」とは空き家となった後の放置や老朽化といった目に見える問題であり、もう一方の「川上」とは所有者の意思決定がなされず住宅が徐々に傷んでいく潜在的悪化の段階を指す。ふるサポの活動初期には「川下」対策であるリノベーション等も行っていたが、現在は「川上」対策に注力している。

　そのためには、住宅市場に出てこない空き家の所有者および予備軍に対し、早期決断を促す必要がある。良好な状態の空き家は、賃貸住宅の少ない町において、移住者の受け皿としてもぜひ活用したい。

早期決断を促すアイテム

　ふるサポでは、これまでに様々なアイテムを開発してきた。その中にはふるサポのLINEアカウントを使った相談窓口の設置がある。このLINEには美浜町の空き家所有者だけでなく、町内に実家のある人や移住希望者など約6000人が登録しており、チャット形式の相談やマッチングツアーの案内など情報共有の場となっている。

　こうした数あるアイテムの中で、所有者の早期決断を促す代表的なものとして、『思い込みチェックリスト』と『早期決断シート』がある。

　『思い込みチェックリスト』は、**表1**の7項目からなる。空き家対策に関する住民向けセミナー等の場でこのチェックリストを用い、所有者の勘違いや思い込みを正していく。参加者に問いかけながら、リストにある内容は間違った思い込みであることを説くのである。

　一方、『早期決断シート』は、家族み

①うちの家は高く売れる
②国や役場が引き取ってくれる
③自分の思いは息子たちが分かってくれている
④迷ったら相続放棄したらいい
⑤まだまだ家は傷まない
⑥名義を変更してなくても売れる
⑦近所の人の言うことを聞いていればいい

注 相続放棄や相続土地国庫帰属などの制度はあって
も、実際には条件が合わない場合や管理責任を問わ
れる場合があることを説明する。

表1 思い込みチェックリストの内容

んなで囲めるよう、あえて大きく A2 判
で作られている。シートに掲載されてい
るのは、空き家化を防ぐために大切な「3
つの整理」である。

　①お金の整理

　　自宅の売却、解体、維持それぞれの
場合にかかる金額を見える化する。ふ
るサポではそのための試算プログラム
も開発している。

　②行く末の整理

　　自宅をこの先どうするか、考えられ
る複数のパターンが示されている。ま
た、家族と住まいが現在と将来それぞ
れの段階でどうなっているか、どうな
りたいかを書き込み、それを踏まえて
家の行く末を考える。

　③気持ちの整理

　　家には様々な思いが詰まっている。
家族で過ごした思い出や、先祖代々引
き継いできた大事な土地建物を処分し
て良いのかという悩みもある。そうし
た気持ちを自問し、家族とも相談して
整理する。

　ふるサポはこうしたアイテムを用い、

所有者に正しい情報を獲得してもらうと
ともに、早期決断を促していく。そして
手放す決断ができた空き家の中からマッ
チングへと繋げていくのである。

地域による空き家対策へ

　美浜町には 38 の集落（地区）がある。
ふるサポでは各集落に聞き取りを行い、
「集落ルールブック」を作成した。そこ
には各集落の区費や共益費、地域活動な
ど様々なルールが書かれていて、これを
マッチングツアーに参加した移住希望者
に見せ、理解したうえで移住するかどう
か判断してもらう。これは移住者が集落
に馴染みやすくするためのものであると
同時に、集落住民が自分たちのルールを
客観視し見直す機会にもなる。

　さらに、集落単位で、空き家の掘り起
こし → 流通の場に出す → マッチング
→ 移住から定住に繋げる、という一連
のサイクルを、公民連携で進めるスキー
ムを描いている。町やふるサポと連携し
つつ集落自らがサイクルを回せるよう支
援していく。集落が主体となって空き家
所有者に早期決断を促し、良好な状態の
空き家を地域づくりに生かせるようにす
ることが理想だ。

　地域の問題は地域で解決できるように
したい。現在、ふるサポは地元小学校と
共同で、小学生が空き家問題を理解でき
るような学習プログラムの開発に着手し
ている。

住まいの終活　　211

94 九州DIY リノベWEEK
広がるまちづくりの広域ネットワーク

九州全域

各地のチームが交流する１週間

「九州 DIY リノベ WEEK」は、九州各地の DIY リノベーションの実践者たちが活動を発表し合う、毎年恒例のイベントである。「福岡 DIY リノベ WEEK」としてスタートした 2014 年以来、その輪は広がり続け、10 年目となる 2023 年には福岡・熊本・鹿児島・長崎・長野の総勢 22 チームが参加した（図1）。

全員が一堂に会するシンポジウムで幕を開け、DIY リノベーションの現場を巡る九州縦断キャラバンに向かうこのイベントは、ふだんそれぞれのエリアに根を張り奮闘する参加者たちにとって、刺激と知恵を共有し合う貴重な 1 週間となっている。合言葉は「自分の好きな暮らしは自分で創ろう。自分たちの好きなまちは自分たちで創ろう」である。

始まりは不動産オーナーの勉強会

このイベントを主催するのは、築古物件の経営に悩む不動産オーナーなどとの勉強会を 2008 年に始めた吉原勝己氏（NPO 法人福岡ビルストック研究会理事長）。やがて勉強会の参加者がそれぞれ地元で独自の活動を始めたが、その現場を見て回ったところ、大いに驚いた。古いストックに価値を見出し活用するという価値観は共通しているものの、実現に向けたアプローチやスタイルが地域事情に応じてそれぞれまったく違うのだ。

その時の気づきをみんなで共有するための情報交換と交流の場として企画したのが、この DIY リノベ WEEK だった。

物件の再生からまちの再生へ

原点が不動産オーナーの勉強会という経緯から、当初は「遊休不動産をどう解消するか」をみんなで模索したが、やがて「空き物件を核に地域はどう変えられるか」がメインテーマとなっていった。つまり、個人の利益追求から社会課題の解決へと、参加者の関心ややりがいがシフトしたのである。空き家や空きビルをみんなで再生する。新しい仕事を立ち上げる人が出てくる。そこに雇用が生まれる。人が移り住んでくる。停滞した地域がこうして動き出す好循環が各地で起きている（表1）。その際、人々を巻き込む DIY は、仲間やファンを増やしていくために欠かせないツールになっている。

「まちの将来に不動産オーナーが果たす役割は大きい」と吉原氏は語る。自ら動き出した不動産オーナーたちが学び合い、励まし合うネットワークが九州 DIY リノベ WEEK を通じて生まれている。

図1 九州DIYリノベWEEKのパンフレット&マップ（2023年）（一部筆者加工）

参加チーム	地域	活用した遊休不動産（棟）	起業者（人）	新規雇用（人）	移住者（人）	設立した民間まちづくり会社（組）
吉原住宅、スペースRデザイン	福岡県福岡市	50	多数	—	多数	1
吉浦ビル	福岡県福岡市	8	34	13	1	5
まるゐと	福岡県糸島市	1	1	—	—	1
H&A brothers	福岡県久留米市	12	14	16	多数	2
松葉ビレッジ	福岡県久留米市	4	5	2	4	1
コーポ江戸屋敷	福岡県久留米市	1	8	—	6	1
柳川インパクツ	福岡県柳川市	8	9	—	6	2
大牟田ビンテージのまち株式会社	福岡県大牟田市	12	9	23	4	1
のあそびlabo	熊本県荒尾市	2	7	2	—	1
ながすヨダレ会	熊本県玉名郡長洲町	7	8	—	—	4
たまなしリノベプロジェクト	熊本県玉名市	3	15	2	—	1
空地空家をそだてるプロジェクト＠熊本	熊本県熊本市	6	2	2	—	—
鹿児島DIYリノベ実行委員会	鹿児島県鹿児島市	13	17	38	4	2
伊佐てぃーむ。	鹿児島県伊佐市	112	1	35	—	—
一般社団法人 横川kito	鹿児島県霧島市	5	4	1	5	2
大隅家守舎	鹿児島県鹿屋市	1	7	8	3	1
NPO法人 頴娃おこそ会	鹿児島県南九州市頴娃町	12	11	16	19	5
長崎ビンテージビルヂング愛好会（魚の町部会）	長崎県長崎市	3	—	—	—	1
アドイシグロ	長野県長野市	4	2	9	—	1

表1 九州DIYリノベWEEKがまちに与えた影響（2014年11月（開始年）〜2023年9月）

95 加藤潤さんと頴娃おこそ会
空き家再生に伴走する新たな職能

頴娃町

　鹿児島県に「コミュニティ大工」と名乗る人がいる。加藤潤さんである。2023年現在、50歳代半ばの加藤さんは長年首都圏で大企業のサラリーマンとして過ごしていた。大工とは縁のない職歴であった。

　その加藤さんが鹿児島県の南九州市頴娃町に移住したのは2010年、加藤さんが41歳の時だった。弟さんに誘われてこの新天地でタツノオトシゴの養殖事業を始めた。そして、雄大な海に面し自然に恵まれながらも、訪ねる人も少ないこの地で、地元の方々と一緒に観光まちづくりを始めた。その結果、観光客は増えたが、まちの商店街は古い空き家だらけで、およそ観光客を迎えられる状態ではなかった。そこで、2014年に始めたのが、築後100年にもなろうかという古民家の再生だった。

　かつて中古住宅を購入し自分でリフォームした経験も持つDIY好きの加藤さんは、一部プロの大工の力を借りながらも、基本的には観光まちづくりのNPOの仲間たちや地元の大学の建築学科の学生たちと一緒に、いわば素人施工でこの古民家再生第1号を完成させた。

　この古民家の所有者は大阪在住で、借主は観光まちづくりを手がけたNPO法人「頴娃おこそ会」。改修費の約300万円は、ここで飲食や宿泊の事業を行う事業者からの家賃収入で回収する。

　このプロジェクトの後も同様の空き家再生事業は継続されており、2022年6月時点で、「頴娃おこそ会」が再生し運用しているかつての空き家は計7軒になっていた。多くの場合、事業を立ち上げているのは、若い移住者たちである。

　このような空き家再生事業の経験を積

図1　古民家再生1号「塩や、」改修中

図2　地元大学建築学科学生との合宿施工

図3 古民家再生1号「塩や、」改修後

事業者：	加藤潤さんとその仲間たち
事例所在地：	鹿児島県全域
転用後用途：	店舗、民泊、集会所等
竣工年：	2014年〜
規模：	様々
事業費：	数十万円〜数百万円程度

2010年〜	南九州市頴娃町に加藤氏が移住。頴娃おこそ会に加わり観光まちづくりに取組む。
2014年	古民家再生第1号「塩や、」
2020年	まちづくり空き家再生解体新書」発刊。この後「コミュニティ大工」と名乗り始める。

表1 概要と年表

み重ねる中で、加藤さんは空き家再生には、再生の設計や施工といった建築行為以外に、その段階の前の空き家探し、家主との折衝、家財道具の処分、近隣と親族への対応、家賃設定と賃貸借（あるいは売買）契約等を行わなければならないし、施工後の入居者探し、活用方法の継続的探索、収益性の継続的な確保、相続対策等も必須だと痛感するとともに、自身がそれをすべてこなしてきたことを再認識した。「コミュニティ大工」を名乗るようになったのは、それからである。そして、そこからは、頴娃町周辺に限らず、空き家を再生させて新しい事業や場づくりを始めたいという県内の様々な地域の人々からの相談に応じて、活動領域を広げている。

空き家再生はハードではなく、ソフト事業と捉える

改装前	改装作業	改装後
物件探し	財源	入居者探し・対応
家主折衝	施工	活用方法
家財道具	デザイン	継続
近隣・親族対応	納期	収益
契約・家賃	DIY 絡める？	相続対策

図4 加藤さんによる空き家再生の際の業務

図5 頴娃町での主な空き家再生実績

（本項の図写真提供：加藤潤氏）

96 大牟田ライフサポートセンター

空き家と福祉を繋げ、循環させる居住支援

大牟田市

建築と福祉、2つの行政課題

大牟田市には石炭化学工業が盛んであった1960年代に約20万人が暮らしていた。その後、人口は減少し、現在（2023年）は約10万人と半減している。このことは当然、多くの空き家を生む要因となり、市内で1日1件のペースで空き家が増えている。そこで、効率的な空き家活用の道を探ることが求められた。

また、安心できる住まいがない人々も増加傾向にあった。障がいや認知症を持つ人、連帯保証人がいない人、単身高齢者や1人親家庭などに対し、公営住宅だけでは不十分で民間住宅も活用したい。しかし、こうした人たちの入居は所有者から賃料滞納や孤独死のリスクが高いと思われ、敬遠されていた。建築と福祉、この2つの課題を連動させて解決するための居住支援の取組みが始まった。

居住支援と空き家活用の仕組み

2013年に大牟田市居住支援協議会（協議会）が、2014年に居住支援法人でもあるNPO法人大牟田ライフサポートセンター（OLSC）が設立され、住宅確保の相談から入居後の生活支援までを行っている（図1）。空き家物件の確保からその所有者と入居希望者のマッチングまでの住宅施策を協議会が、連帯保証人のいない人への支援や賃貸契約、入居後から場合によっては死後までを含めた福祉的支援をOLSCが担う。なお、OLSCは空き家を活用したDV被害者やホームレスの人のためのシェルターも運営している。

大牟田市の居住支援には2つの特色がある。1つはOLSCによる住宅確保に困っている人への丁寧なアセスメントである。困難を抱える人は疾患や障がい、生活事情が複合的に絡んでいる場合が多く、それらを解きほぐす必要がある。そして、結果に基づき必要な福祉サービスを適切な時期に受けられるよう、OLSCと福祉部局や各種相談支援機関とのネットワークがつくられている。これが安定的な生活を継続する基盤になっている。

もう1つは所有者への空き家活用の促し方である。居住支援として住宅を貸すことで地域貢献となることに加えて、固定資産税程度の額で貸せば長期間にわたり維持管理費を抑えられることを伝えている。住宅は基本的に修繕せずそのまま使用することを前提としている。住宅確保に困っている人がアクセスできるように家賃を低く抑えるためであり、所有者の手間も少なくて済む。この仕組みにより、所有者に空き家をすぐに活用する意

識が生まれ、老朽化し管理不全に陥ることを防ぐ目的にもかなっている。

住宅と福祉を繋げるための組織

この仕組みが成果をあげたのは、2021年にそれまで社会福祉協議会が担当していた協議会事務局をOLSCが担ってからである。この年から相談や契約件数が増加している（図2）。住宅と福祉をあわせて提供し、そこに空き家活用を効果的に組み込むには、様々な公的支援のあり方を把握し、福祉部局などに適切に繋ぐことができる組織が居住支援のプロセス全体に関わることが重要であることを示している。この体制は、空き家の所有者から見ても、どのように自宅が活用されるか見えやすくなることから空き家の循環がより促進されるだろう。

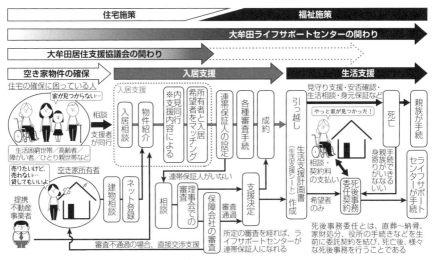

図1　大牟田市の居住支援の仕組みと担い手 文1

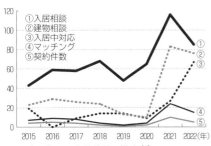

図2　各種相談・契約件数の推移 文2

2004年	市営住宅建替事業（市の住宅部局と福祉部局が連携）
2007年	社会福祉施設を併設した市営住宅「新地東ひまわり団地」完成
2008年	市営住宅建替事業で生まれた余剰地に福祉地域拠点「ケアタウンたちばな」完成
2013年	居住支援協議会設立・民生委員による空き家調査の実施
2014年	大牟田ライフサポートセンター設立
2015年	空き家活用モデル事業で地域サロン開設
2021年	大牟田ライフサポートセンターが居住支援協議会の事務局を担当

表1　居住支援までの主な取組み（大牟田市） 文3

97 ニシイケバレイ
コミュニティを繋ぎ地域価値を高めるオーナー

豊島区

西池袋の谷

　池袋駅から西に少し歩くと、周りを高層集合住宅に囲まれた落ち着いた雰囲気の一角にたどり着く。ニシイケバレイである。複数の建物をグランドレベルで繋ぎ開かれた空間へと転用する地域再生は、2020年7月のカフェの開業から始まった。そこから2021年5月に木造賃貸アパートの1階を和食店、2階をコワーキングスペースとシェアキッチンへと転用、7月にはその隣にある4階建賃貸集合住宅の1階の空き住戸をギャラリー付き住宅へと改修するなど短い期間に面的に展開されてきた。

　この取組みは不動産コンサルタントやデザイナー、建築家などで構成されたチームで、オーナーと様々な意見を交わしながら進められている。この組織や進め方は、オーナーが豊島区において先駆的な活動を行う人々の話を聞くサロン型イベント「としま会議」に開始当初の2014年から参加し、そこで築いたネットワークが基盤となっている。

繋ぐデザイン

　ニシイケバレイは平屋を中心にして、3つの既存建物が緩やかに繋がる（図1、2）。中心の木造平屋を囲む塀を取り除き

敷地内通路との間を植栽で連続させる（図3）、木造賃貸アパートを改修した和食店にアスファルト舗装を引き込む（図4）、住戸を改修したギャラリーに敷地内通路からのアクセスを設けるといった風景を繋ぐ手法により、建物の境界が曖昧にされている。全体像を前提とした設計ではなく、周辺の空間的、時間的環境に応じてグランドレベルから繋ぐデザインが選択され、それが面的に広がる地域再生を推進する力となっている。

　「Chanoma」「Shokutaku」「Attic（屋根裏）」「Terrace」の名称が付けられた空間で構成されていることもニシイケバレイの大きな特徴である。オーナーが所有するニシイケバレイに隣接する14階建の家族向け賃貸集合住宅の入居者や地域住民にとってのもう1つの拡張された「まちの家」、つまり生活の接点になってほしいとの意図からである。

オーナーとしての理念

　ニシイケバレイの運営では、顔の見える関係の構築が大切にされている。その関係性があるからこそ、集う人々が具体性のある社会像を共有でき、意識・無意識に関わらず支え合う地域となる。新しい関係が生まれる隙間を日常の風景の中

に組み込む。ニシイケバレイで展開される様々な活動はその実現に向けたものである。オーナーの個性と理念が地域の風景をかたちづくり、地域全体での価値を高めることに繋がっている。

図1　ニシイケバレイ平面図（1階）

図2　平屋を改修したChanoma（カフェ）

図3　Chanomaの縁側空間が植栽を介して敷地内通路と繋がる

図4　木造賃貸アパートの改修　1階のSyokutaku（飲食店）と2階のAttic（コワーキングスペースとシェアキッチン）

1946年	平屋（後の「Chanoma」）建設
2014年	後のオーナーが「としま会議」に参加
2017年	賃貸集合住宅（MFビル）が都民住宅としての契約終了
2019年	父親から不動産を相続
2020年	平屋を改修、ニシイケバレイを開設
2021年	木造賃貸アパート（白百合荘）の改修、賃貸集合住宅（コーポ紫雲）の1階住戸の改修
2023年	平屋に隣接する駐車場を解体し、新築の集合住宅とテナントの複合建物を計画

表1　年表

98 いずみサロンとタウンサポート鎌倉今泉台

住民のNPOが運営する地域活動拠点

鎌倉市

　いずみサロンは、今泉台にあるコミュニティスペース。まちづくりNPOのTSKI（タウンサポート鎌倉今泉台➡️**40**）が空き家をリノベーションして2016年から所有者の都合で売却が決まった2024年末まで運営してきた。[文1、2]。

住民による調査、空き家探しと計画へ

　この改修プロジェクトは、住民による空き家調査とデータベースづくりがもとになっている。このデータベースは、単に空き家の場所をリスト化したものではなく、空き家の面積、道路からのアクセス方法、敷地と道路との高低差などの情報も含まれている。住民による空き家調査は2013年から毎年実施している。

　空き家の所在と実態が明らかになってきたところで、次に、空き家所有者と住民の双方にアンケートを送り、空き家活用に関する意識調査を行った。その結果、空き家所有者の地域利用意向は低いが、空き家の地域活用に前向きな住民も多いことなどが分かった。

　調査後、空き家所有者を説得するための架空のプランを作成。住民の意見を反映させるためワークショップを開催。その結果をもとに、3種類の提案を作成し、空き家所有者に送付した。

　その結果、ある空き家所有者が活用に同意してくれた。築40年の木造2階建て住宅で、延床面積は120㎡。立地、面積、住民の要望などの条件を考慮し協議した結果、この空き家は、「いずみサロン」と名づけられ、コミュニティスペース（1階）、および当初案では若者向けの賃貸住宅（2階）として活用されることになった。

運営のためのNPOを結成

　所有者は離れて住んでいることから、管理運営を担う組織について様々なパターンを検討し、町内会、住民団体、一般社団法人などへの委託運営の案があげられたが、いずれも結論までは至らず、一時は計画が頓挫する気配もあったところ、住民メンバーを中心に、まちづくりのためのNPO法人TSKIを結成し、この組織が当該空き家の管理運営を担当することとなった（2015年発足）。実は、この地域で町内会を中心としたまちづくり検討の会が自主的に立ち上がったのは2010年だったので、それから組織化には5年しか経っていない。これには、2011年から産官民学の共同研究プロジェクトが強い推進力となっている。急速な空き家活用もその実践の1つである。

220　仕組みと担い手

いずみサロンでの活動

コミュニティ・カフェ：住宅地で周辺にカフェがなく、気軽に集まれる場所がなかったため、住民からの要望が最も多かった。現在は週3日営業。住民同士で日程を決めて自主的に運営し、コーヒーや紅茶を格安で提供している。

ミニギャラリー：住民の中には、美術関係の趣味を持っている人も多く、美術サークルなども活発だ。ミニギャラリーを不定期に開催し、作品を展示している。絵画、彫刻、パッチワーク、写真、日本人形などの展覧会が開催された。

高齢者の健康づくり：NPO主催でサロンにおいて健康体操を週1回開催することにした。毎回10人以上が参加する。

生涯学習：パソコン・スマートフォン教室やウクレレ教室など定期的な教室が多数あるほか、子ども向けの工作イベントや書道イベントなど、イベント型の教育プログラムも不定期で開催している。

全世代を対象としたイベント：TSKIでは近くの空き地を利用した菜園も行っている。収穫の時期になると、定期的に収穫祭を開催し、住民が集まって野菜を調理してみんなで食べる。このイベントは子育て世帯に好評で、世代間交流を図っている。

その他：TSKIでは、まちづくりの研究だけではなく、製品の開発等のリビングラボを積極的に受注し結構な収入源となっている。また、商店街の空き店舗を借りて野菜の直売活動を始める、空き家・空き地の管理運営事業で実績を上げるなど、活動はとどまるところを知らない。

2階 (59.33㎡、学生・若者の住居)

1階 (59.33㎡、コミュニティ・スペース)

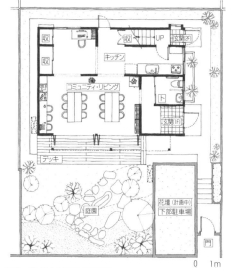

図1　いずみサロン平面図

図2　セミナーの開催

99 尾道空き家再生プロジェクト
ボトムアップ的まちづくりの参照源

尾道市

NPO法人尾道空き家再生プロジェクト

　尾道は、沿岸部から山手にかけて様々な時代の建築物が密集して建つことで生まれるユニークな都市景観を形成する一方、山手の斜面地を中心に接道条件を満たさないことや、狭隘な道のために解体にも費用がかかあることなどから、放置される空き家が後をたたない。

　そのような尾道で2007年に発足した「尾道空き家再生プロジェクト（空きP）」は、空き家再生の先駆者として全国的に知られる。NPO法人化して以降、代表の豊田雅子氏を中心として、飲食店経営者や1級建築士、大学教員などから構成される理事のほか、雇用する数名の専属スタッフ、さらに正会員、賛助会員、ボランティア会員として空きPに入会する計150名ほどのメンバーとともに、尾道の空き家の再生に取組んできた。

尾道式空き家再生術

　このような空きPには、空き家再生の各段階にアプローチする取組みや仕組みがあり、それらは小冊子『尾道式空き家再生術』としてまとめられている。

　例えば空き家再生の導入部では、「尾道建築塾」として地域内外から参加者を募り、尾道建築の個性を発見し地域資源として再認識するまち歩きイベントや、再生現場で作業を体験するワークショップなどが開催される。次の段階である空き家所有者と移住希望者をマッチングする仕組みとしてあるものが「尾道市空き家バンク」である。これは休止状態にあった市の空き家バンク事業を空きPが委託を受けてリニューアルしたもので、これまでに多くの成約実績を上げている（図1）。さらに再生工事の段階では、解体ゴミを搬出する地元有志のボランティア活動や、空き家に残された家財道具などをリユースする「現地でチャリティ蚤の市」、空きP理事から専門的な助言を受けられる「空き家相談会」などのサポートが用意される。

大規模な空き家の再生と運営

　一般的な空き家に対しては上述の活動を通して再生の道筋を付けてきた一方で、規模が大きく文化財的価値を有するような空き家に対しては、空きPが取得したり賃借することで再生から運営までを直接手がける。そこでは、再生後の事業計画に基づき、自己資金や借入金、補助金、クラウドファンディングなどを組合せ資金を調達し、観光客のための宿泊施設や店舗に転用している。

具体的には、あなごのねどこ（ゲストハウス・カフェ）や、みはらし亭（ゲストハウス・カフェ&バー）、尾道ガウディハウス（1棟貸しの宿泊施設）、オノツテ ビルヂング（古書店・宿泊施設）などがあり、これらは空きPの主要な収入源になるばかりか、地域の若者の雇用をも生み出している（図2～5）。

空きPの活動は尾道固有の歴史的・文化的な文脈の上にあるが、空き家の再生を起点とし移住や観光、若者の雇用に結びつける取組みは、ボトムアップ的なまちづくりとして今日の正攻法であり、他の地域にとっての参照源である。

図1　北村洋品店　代表の豊田氏が購入し再生した。現在は1階に子連れママの井戸端サロン、2階に空き家バンクの窓口が設けられる

図2　あなごのねどこ　商店街に建つ町家を再生した。通りに面してカフェが入り、奥をゲストハウスとして利用する

図3　みはらし亭　1921年竣工の別荘建築を空きPが賃借して再生した。2013年に登録有形文化財に登録される

図4　尾道ガウディハウス　1933年建設の別荘を豊田氏が購入し段階的に再生した

図5　オノツテ ビルヂング　1938年建設の旧小野産婦人科医院を空きPが借り受け再生した

事業者：	NPO法人 尾道空き家再生プロジェクト
所在地：	広島県尾道市
転用後用途：	ゲストハウス、宿泊施設、カフェ、店舗など

2007年	任意団体「尾道空き家再生プロジェクト」発足
2008年	NPO法人格を取得
2009年	「北村洋品店」オープン 「尾道市空き家バンク」を市から受託 「三軒屋アパートメント」オープン
2012年	「あなごのねどこ」オープン
2016年	「みはらし亭」オープン
2020年	「尾道ガウディハウス」オープン
2023年	「オノツテ ビルヂング」オープン

表1　概要と年表

100 泉北ほっとけないネットワーク
高齢化したニュータウンを住み継ぐ

堺市

泉北ニュータウン

大阪府堺市にある泉北ニュータウンは1965年に開発が始まった。現在の人口は約13万人（ピーク時は16万人）、世帯数約6万世帯、住宅戸数約6万戸である。開発から50年以上経過した他のニュータウンと同様、人口減少、高齢化、空き家の増加が課題となっている。

泉北ほっとけないネットワーク

ニュータウンは歩いて生活が完結する「近隣住区」の考え方をもとに計画されている。しかし、商店などが集まる近隣センターに空き店舗が目立つと、歩行が困難な高齢者が買い物や食事に困るケースが増えた。高齢化しているのに高齢者が住む環境がないというシンプルな問題意識から、2010年に住民、NPO、社会福祉法人、大学による取組み「泉北ほっとけないネットワーク」（図1）が槇塚台校区（人口約7000人）で始まった。

そこでは、住民へのアンケート調査をもとに近隣センターの空き店舗を活用し配食サービスの拠点を兼ねた「槇塚台レストラン」（図2）の立ち上げ、戸建空き家を改修したシェアハウス「緑道下の家」（図3）や公営住宅の空き住戸を改修した高齢者支援住宅など、2011年から13年

の3年間で4つの拠点が整備された。

ハード面の整備に終わらず、持続的な運営や支援を行うための地域ネットワークが形成されたことがこの取組みの最大の特徴である。4拠点を中心に、高齢者、障がい者、子どもを含む住民の生活を居住（ショートステイなど）、食（昼食の提供など）、健康（健康相談、リハビリ支援など）といった面から包括的に支援するコミュニティサービスがつくられた。既存組織との連携も含めた重層的な支援により住民に対する切れ目のないサービス展開が可能となっている。

職住一体の暮らし

取組みは泉北ニュータウン全体に広がり、2015年には「泉北ニュータウン住宅リノベーション協議会」が立ち上がった。NPO、大学、建築家、不動産コンサルタントなどで協議会を組織し、リノベーションによる中古住宅などの流通を目的としている。また、この協議会では「職住一体の暮らし」を「泉北スタイル」と名づけ提唱している。住まいのある地域で働き、休日を楽しむ暮らしがあることで、かつて「寝に帰る場所」でしかなかったニュータウンにも多くの魅力があることを発見できる。これに気づいた人

が当事者となって現在もニュータウンを住み継いでいこうと様々な活動が生まれている（図4）。このような取組みが発展しているのは、場所と人を緩やかに繋ぐ開かれた仕組みがプラットフォームとしてあるためだろう。

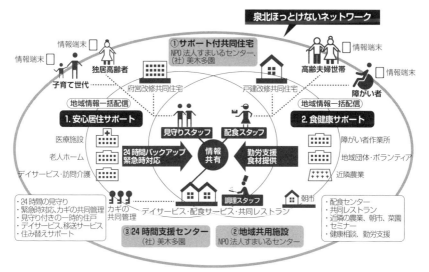

図1　泉北ほっとけないネットワークの組織図 文1

図2　槇塚台レストラン

図3　緑道下の家

図4　泉北レモンの街ストーリー　住宅やグループホーム、学校にレモンを植樹し、育て、収穫する活動

1967年	泉北ニュータウンまちびらき
2010年	国土交通省 高齢者等居住安定化推進事業補助金に採択
2010年	泉北ほっとけないネットワーク発足
2011年	槇塚台レストラン開設
2012年	高齢者支援住宅・まちかどステーション開設
2014年	緑道下の家竣工
2015年	泉北ニュータウン住宅リノベーション協議会発足

表1　泉北ほっとけないネットワークの歴史

【出典リスト】

（03 文 1 を 03-1 と表記）

03-1 　令和 5 年住宅・土地統計調査　建物調査票より作成

03-2 　令和 5 年住宅・土地統計調査　用語の解説より作成

03-3 　令和 5 年住宅・土地統計調査　結果の概要より作成

03-4 　令和 5 年住宅・土地統計調査　住宅数概数集計より作成

04-1 　小松幸夫（1992）「建物寿命の年齢別データによる推計に関する基礎的考察」『日本建築学会計画系論文報告集』No.439、pp.91-99

04-2 　国土交通省「令和 3 年住生活基本計画「観測・実況指標、意識・意向指標」」より

04-3 　中城康彦（2022）「不動産（特に建物）を長持ちさせるために必要なことは何か」『日本不動産学会誌』Vol.36、No.2、pp. 26-34

05-1 　「住宅・土地統計調査」「EUROCONSTRUCT」データベース（イギリスはイングランドのみ）をもとに作成。韓国は『世界の空き家政策』を参照

05-2 　「住宅・土地統計調査」「EUROCONSTRUCT」データベースをもとに作成

05-3 　「国勢調査」「World Population Prospects 2022」（United Nations, Population Division）をもとに作成

05-4 　「2023 COST VS VALUE REPORT」より

06-1 　住宅・土地統計調査　統計表一覧より作成。2023 年の総世帯数は 5621.5 万であるのに対して総住宅数は 6504.7 万であり、住宅数が世帯数を大きく上回っている

06-2 　『国土交通白書 2015』による

06-3 　国立社会保障・人口問題研究所『日本の世帯数の将来推計（全国推計）』2024（令和 6）年推計。図 2 は同推計を筆者加工修正

07-1 　都市計画協会（2021）『令和 3 年都市計画年報』の値より算出

08-1 　日本建築学会編（2017）『都市縮小時代の土地利用計画—多様な都市空間創出へ向けた課題と対応策』学芸出版社

08-2 　トマス・ジーバーツ（箕原敬監訳）（2017）『「間にある都市」の思想』水曜社

08-3 　饗庭伸（2015）『都市をたたむ』花伝社

08-4 　国交省 HP：https://www.mlit.go.jp/toshi/city_plan/content/001613881.pdf、2023. 8. 24 参照

08-5 　都市計画基本問題小委員会、中間とりまとめ「安全で豊かな生活を支えるコンパクトなまちづくりの更なる推進を目指して」2019 年 7 月

08-6 　丹上健（2017）「立地適正化計画の策定状況と今後への期待」『URBAN STUDY』VOL.65

09-1 　令和 5 年住宅・土地統計調査　建物調査票より作成

09-2 　国立社会保障・人口問題研究所『日本の世帯数の将来推計（全国推計）』2024（令和 6）年推計

09-3 　国土交通省「住宅着工統計調査」より作成

09-4 　国土交通省「住宅着工統計調査」より作成

10-1 　建築統計年報、EUROCONSTRUCT データベースをもとに作成。1991 年以前のドイツは西ドイツ

10-2 　国民経済計算、住宅リフォーム・紛争支援処理センター推計値、EUROCONSTRUCT データベースをもとに作成

10-3 　国土交通省資料を引用。イギリスはイングランドのみ

11-1 　「住宅・土地統計調査」「空き家所有者実態調査」をもとに作成

11-2 　佐藤考一・角田誠・森田芳朗・角倉英明・朝吹香菜子（2017）『図表でわかる建築生産レフ

ァレンス』彰国社

12-1 国土交通省「中古住宅市場活性化ラウンドテーブル」付属資料

13-1 国土交通省建築物滅失統計調査・建築物着工統計調査、法務省登記統計による

13-2 国土交通省「令和 3 年度住宅市場を活用した空き家対策モデル事業」報告書

14-1 総務省資料による

17-1 国土交通省資料をもとに作成

17-2 京都市資料をもとに作成

18-1 井出華樹、菊地吉信 (2021)「自治体による管理不全空き家対策の課題と対策スキームの提案」『日本建築学会技術報告集』Vol.27、No.66、pp.1015-1020

18-2 国土交通省「特定空家等に対する措置」に関する適切な実施を図るために必要な指針(ガイドライン)〔2021 年 6 月 30 日改正〕をもとに筆者作成

20-1 国土交通省 (2019)「令和元年度空き家所有者実態調査」

20-2 立神靖久、横山俊祐、德尾野徹 (2019)「全国自治体の空き家対策の取り組み状況に関する報告」『日本建築学会技術報告集』Vol.25、No.59、pp.439-444

20-3 国土交通省 (2023)「社会資本整備審議会住宅宅地分科会空き家対策小委員会とりまとめ参考データ集」p.13

20-4 六原まちづくり委員会+ぽむ企画 (2016)『空き家の手帖』学芸出版社

21-1 国立研究開発法人建築研究所が 2016 年に実施した調査に基づく

22-1 米野史健 (2021)「岩手県内における借上型仮設住宅の分類と類型毎の特徴−戸建持家の空き家の利用に着目して」『日本建築学会計画系論文集』Vol.86, No.781, pp.1023-1032

22-2 内閣府資料より

22-3 熊本県資料より

22-4 菅野拓 (2017)「借上げ仮設を主体とした仮設住宅供与および災害ケースマネジメントの意義と論点」『地域安全学会論文集』No.31, pp.177-186

22-5 「平成 30 年住宅・土地統計調査」

22-6 国土交通省資料に基づき作成

27-1 認定 NPO 法人ふるさと回帰支援センター資料より作成

27-2 「令和元年空家所有者実態調査」(国土交通省住宅局) より作成

27-3 池田町 HP より作成

28-1 国土交通省「二地域居住に関するアンケート (令和 4 年)」より

28-2 国土交通省「二地域居住に関するアンケート (令和 4 年)」より

28-3 内閣官房「デジタル田園都市国家交付金における二地域居住に関する活用事例 (2023)」より

29-1 ADDress 資料から筆者作成

30-1 森田芳朗ほか (2008)「ハビタ '67 の払い下げ後の居住環境マネジメント」『日本建築学会技術報告集』第 14 巻 28 号、pp.525-528

30-2 矢吹剣一 (2017)「米国フリント市における空洞化した宅地の利活用」『住宅』66 巻 9 号、pp.40-48

30-3 高村学人 (2015)「過少利用時代における所有権論・再考」『法社会学』第 81 号、pp.64-75、2015 年

30-4 第 38 回 住まいのリフォームコンクール入賞作品「昭和の木造賃貸アパート 2 in 1 リフォーム」)

31-1 馬場正尊ほか (2016)『エリアリノベーション─変化の構造とローカライズ』学芸出版社

32-1 丁志映 (2013)「単身者の住まい─シェアハウス」水村容子・井上由起子・渡邉美樹編『私

たちの住まいと生活』彰国社より一部修正

33-1 谷直樹、竹原義二編著（2013）『いきている長屋　大阪市大モデルの構築』大阪公立大学共同出版会

33-2 大月敏雄ほか（2014）『近居：少子高齢社会の住まい・地域再生にどう活かすか』学芸出版社

33-3 佐久間康富ほか（2023）『少人数で生き抜く地域をつくる：次世代に住み継がれるしくみ』学芸出版社

35-1 千葉大学鈴木研究室調べ

37-1 仁木りつ子（2012）「アートイベントにおける空き家活用の可能性について」『平成24年度近畿地方整備局研究発表会論文集　地域づくり・コミュニケーション部門』No.20

38-1 森一彦・加藤悠介・松原茂樹他編著（2018）『福祉転用による建築・地域のリノベーション：成功事例で読みとく企画・設計・運営』学芸出版社より

39-1 厚生労働省：「令和4年（2022年）放課後児童健全育成事業（放課後児童クラブ）の実施状況」による

39-2 全国こども食堂支援センターむすびえHP（https://musubie.org/）による

39-3 尾木まり（2017）「子どもたちの生活はどう変わったか」　三輪律江、尾木まり編著『まち保育のススメ』萌文社より一部修正

42-1 柏市提供資料から作成

45-1 住宅金融支援機構プレスリリース、2023年8月29日による

45-2 国土交通省「消費者向けリースバックガイドブック策定に係る検討会」資料から集計

46-1 遠藤和義（1998）「DIYからみた日本の住宅生産の現在」『群居（特集DIY—住まいづくりのオールタナティヴ）』46号、pp.32-39

46-2 日本DIY・ホームセンター協会資料より作成

47-1 Community Nurse Company㈱HP「コミュニティナースとは」
https://community-nurse.jp/cn より

48-1 浅見泰司（2018）「住宅セーフティネット」『日本不動産学会誌』第32巻第1号、pp.75-79

48-2 松田雄二（2021）「居住支援法人の居住支援の実態に関する基礎調査」『日本建築学会大会学術講演梗概集』より

51-1 リノベーションミュージアム冷泉荘HP：https://www.tenjinpark.com/reizensou

51-2 冷泉荘HP：https://www.reizensou.com/

51-3 スペースRデザインHP：https://www.space-r.net/rent/reizensou

51-4 公益社団法人全国宅地建物取引業協会連合会（2020）『空き家対策等地域守りに関する調査研究報告書』

56-1 NPO法人南房総リパブリックHP：https://mb-republic.com/index.html より

60-1 村岡裕、寺田誠（2021）「公道を挟む施設配置で「パブリック」を仕掛ける-広がり続ける佛子園の取り組み（特集19 不確実な時代のプレ・デザイン前編—建築的課題に対する企画）』『建築雑誌』1751巻、pp.14-16

60-2 雄谷良成監修（2018）『ソーシャルイノベーション—社会福祉法人仏子園が「ごちゃまぜ」で挑む地方創生！』ダイヤモンド社

60-3 内閣府「全世代・全員活躍型「生涯活躍のまち」取り組み事例：石川県輪島市」
https://www.chisou.go.jp/sousei/about/ccrc/tyubu/172049_r4ccrc_wajima.pdf

61-1 藤原岳史（2022）『NIPPONIA 地域再生ビジネス—古民家再生から始まる持続可能な暮らしと営み』プレジデント社

64-1 住宅遺産トラストHP：https://hhtrust.jp/

64-2 「住宅遺産」の保存と継承に関わる一連の社会活動／一般社団法人住宅遺産トラスト
https://www.aij.or.jp/jpn/design/2022/data/2_4a【←見つからない】

70-1 四日市市の地区空き家等活用計画のHP：
https://www.city.yokkaichi.lg.jp/www/contents/1710377865326/index.html

73-1 公益社団法人青年海外協力協会HP：https://www.joca.or.jp/base/osaka/

80-1 のあそびloge HP：https://noasobilodge.com/

83-1 国土交通省HP資料 https://www.mlit.go.jp/common/001275912.pdf を一部修正

84-1 特定非営利活動法人Co.to.hana「都市部未利用地のコミュニティ農園的活用方策検討調査報告書（2016、2017年度）」国土交通省都市局

86-1 ナノグラフィカHP：https://lolipop-dp18071859.ssl-lolipop.jp/nanographica/

86-2 長野・門前暮らしのすすめHP：https://monzen-nagano.net/

86-3 株式会社マイルームHP：https://myroom.naganoblog.jp/e2303169.html

86-4 日経ケンプラッツ「長野・門前町のリノベーションまちづくり、新局面に」
http://kenplatz.nikkeibp.co.jp

87-1 藤木哲也（2020）『空き家幸福論：問題解決のカギは「心」と「新しい経済」にあった』日経BP

87-2 家いちばHP：https://www.ieichiba.com より（参照2024.01.03）

90-1 信更地区住民自活協議会の空き家情報HP：
http://www.inakagurashishinkou.com/estate1.html

93-1 ふるさと福井サポートセンターHP：www.furusato-fukui.com

96-1 「おおむた居住支援ガイドブック」をもとに作成

96-2 「令和4年度大牟田市居住支援協議会事業報告」をもとに作成

96-3 牧嶋誠吾（2021）『福祉と住宅をつなぐ―課題先進都市・大牟田職員の実践』学芸出版社と牧嶋誠吾氏へのヒアリングをもとに作成

98-1 大原一興（2018）「「空き家を活用した多世代交流の場」づくり―地域参加のプラットフォームの形成過程」森一彦・加藤悠介・松原茂樹 他編著『福祉転用による建築・地域のリノベーション』所収、学芸出版社

98-2 大原一興他（2016-2019）「高台丘陵地戸建住宅団地における地域資産の活用に関する研究その1～14」『日本建築学会大会学術講演梗概集』

100-1 国土交通省（2010）「高齢者等居住安定化推進事業計画」

【より深く学ぶための参考文献】

吉原祥子（2017）『人口減少時代の土地問題』中公新書
　・空き家、相続放棄の問題など「所有者不明化」にまつわる実情が克明に述べられている。将来を見据えた対策を検討するためには共通した問題意識としたい。

野澤千絵（2016）『老いる家　崩れる街』講談社現代新書
　・住宅が過剰に供給されてきた社会で、空き家の増加が急激に進む実態とその原因について警鐘を鳴らしている。この流れから脱却するための7つの方策は参考にしたい。

田中輝美（2021）『関係人口の社会学』大阪大学出版会
　・特定の地域に様々なかたちで関わる地域外の主体を関係人口と呼び、地域再生に重要な役割を果たす存在として論じる本書は、人口減少社会における空き家対策にも示唆を与えてくれる。

松村秀一（2018）『**空き家を活かす**』朝日新聞出版
- どんな人たちがどんな経緯でどんな空き家をどうリノベーションし、何を成し遂げているか。空間資源としての空き家と人々の楽しく豊かな新しい関係について、各地の先駆的な例から学ぶ。

六原まちづくり委員会、ぽむ企画（2016）『**空き家の手帖**』学芸出版社
- 空き家に悩む地域住民が作成したガイドブックである。空き家問題を考える人にとってとてもわかりやすく、理解が進み、関係者で問題を共有できる入門書である。

大谷悠（2020）『**都市の〈隙間〉からまちをつくろう**』学芸出版社
- 急激な人口減少が進んだドイツ・ライプツィヒにおいて、都市の隙間を活用した多様な草の根的活動とそれが生まれた背景や経緯を紹介しており、日本の空き家対策のヒントにもなっている。

牧嶋誠吾（2021）『**福祉と住宅をつなぐ**』学芸出版社
- 大牟田市職員として市営住宅や空き家を活かした居住支援を、住宅と福祉部局をつないで切り開いた著者の本。著者は現在、大牟田市居住支援協議会事務局長として活躍されている。

田中康裕（2019）『**まちの居場所、施設ではなく。**』水曜社
- 地域社会の課題に直面した人々が、自ら空き家などの既存ストックを活用して開設した「まちの居場所」が全国的に広がっている。その4つの事例の理念や運営を丁寧に描いている。

真野洋介、片岡八重子編著（2017）『**まちのゲストハウス考**』学芸出版社
- 空き家を使用することが少なくないゲストハウス。来訪者と地域との接点をつくりだすゲストハウスやそのオーナーの活動には、まちづくりとしての空き家活用の可能性が示されている。

住総研「住まい造りの将来像」研究委員会編（2024）『**○○大工 NEO 工務店 シン旦那**』
- 今日の空き家再生の現場では、DIY、参加型リノベーション、コミュニティ大工といった「つくり手」と「住まい手」の新しい関係が生まれている。両者をつなぐユニークな担い手の活動から、これからの住まいづくりの可能性と将来像を探る。

河野直、河野桃子、つみき設計施工社編著（2018）『**ともにつくる DIY ワークショップ**』ユウブックス
- 空き家活用における DIY は、ものづくりのプロセスを多くの人々と共有するために採用されることも多い。本書ではそのような DIY ワークショップの具体的な方法を知ることができる。

米山秀隆編著（2018）『**世界の空き家対策**』学芸出版社
- 空き家問題の深刻さを経験した国々では、空き家を放置しない政策や中古不動産の流通を促す仕組み、エリア再生と連動したリノベーション事業が立ち上げられていった。アメリカ、ドイツ、フランス、イギリス、韓国の先行例に学ぶ。

北村喜宣（2018）『**空き家問題解決のための政策法務**』第一法規
- 空家法、関連する法律、条例の考え方およびその内容と法律等に基づく手続などを詳細にまとめた実務上の基本書である。自治体職員や実務者は必携である。

猪熊純、成瀬友梨責任編集（2016）『**シェア空間の設計手法**』学芸出版社
- シェア空間に着目した図面集である。人の多様なあり方と繋がりを可能にするような設計手法が提案されている。既存ストックの改修事例も掲載されている。

日経アーキテクチュア＋ビューローベリタスジャパン（2019）『**プロが読み解く 増改築の法規入門 増補改訂版**』日経 BP
- 空き家をリノベーションする際に必要となる適切な工法と建築法規の解説書である。一定規模の工事では適切な工法選択と合法的な手続が必須であり、その際の適切な申請には不可欠な指導書である。

事例マップ

- 57 つるおかランド・バンク
- 85 クロスロード宮町
- 54 きら星BASE
- 53 大地の芸術祭空き家プロジェクト
- 86 空き家見学会
- 90 住民自治協議会による空き家バンク
- 55 いえかつ糸魚川
- 76 おらとこ
- 74 博労町まちかどサロン
- 60 輪島カブーレ
- 93 早期決断シート
- 91 賃料一括前払いのサブリース〈大阪府〉
- 73 JOCA大阪
- 84 みんなのうえん
- 100 泉北ほっとけないネットワーク
- 58 ニコイチ
- 89 空き家・空き地地域利用バンク
- 51 リノベーションミュージアム冷泉荘
- 71 茶山ゴコ
- 82 ひのさと48
- 68 ゲストハウス架け橋
- 78 子育てシェアスペース Omusubi
- 81 巻組
- 79 陽だまり保育園
- 75 星空の小さな図書館
- 56 NPO法人南房総リパブリック
- 83 カシニワ制度
- 97 ニシイケバレイ
- 63 松原憩いの家
- 98 いずみサロンと タウンサポート鎌倉今泉台
- 66 ジョンソンタウン
- 67 新大門商店街
- 77 大曽根住宅
- 70 市街化調整区域における空き家活用施策
- 72 えんがわオフィス
- 69 仏生山まちぐるみ旅館
- 52 NAWATEPROJECT
- 62 鞆の浦さくらホーム
- 99 尾道空き家再生プロジェクト
- 92 梼原町移住定住促進住宅

〈全国〉
- 61 NIPPONIA
- 64 住宅遺産トラスト
- 87 家いちば
- 88 さかさま不動産

- 94 九州DIYリノベWEEK〈九州全域〉
- 59 オビハウス
- 65 スミツグハウス西棟・東棟
- 80 のあそびLodge
- 96 大牟田ライフサポートセンター
- 95 加藤潤さんと頴娃おこそ会

キーワードと事例マトリックス

No.	事例名	所在	主体	
51	リノベーションミュージアム冷泉荘	福岡県福岡市	株式会社スペースRデザイン	
52	NAWATE PROJECT	岡山県岡山市	合同会社さんさんごご	
53	大地の芸術祭空き家プロジェクト	新潟県十日町市他	大地の芸術祭実行委員会	
54	きら星BASE	新潟県湯沢町	きら星株式会社	
55	いえかつ糸魚川	新潟県糸魚川市	一般社団法人空き家活用ネットワーク糸魚川	
56	NPO法人南房総リパブリック	千葉県南房総市	NPO法人南房総リパブリック	
57	つるおかランド・バンク	山形県鶴岡市	NPO法人つるおかランド・バンク	
58	ニコイチ	大阪府堺市	大阪府住宅供給公社	
59	オビハウス	熊本県熊本市	スミツグハウス 末次宏成	
60	輪島カブーレ	石川県輪島市	佛子圓、輪島市、JOCA	
61	NIPPONIA	全国	NIPPONIA	
62	鞆の浦さくらホーム	広島県福山市	有限会社親和	
63	松原憩いの家	東京都世田谷区	社会福祉法人青少年と共に歩む会	
64	住宅遺産トラスト	全国	一般社団法人住宅遺産トラスト	
65	スミツグハウス西棟・東棟	熊本県熊本市	スミツグハウス 末次宏成	
66	ジョンソンタウン	埼玉県入間市	株式会社磯野商会	- - - - -
67	新大門商店街	愛知県名古屋市	ナガヤ商店街オープン	
68	ゲストハウス架け橋	宮城県気仙沼市	認定NPO法人Cloud JAPAN	
69	仏生山まちぐるみ旅館	香川県高松市	設計事務所岡昇平＋仏生山温泉	
70	市街化調整区域における空き家活用施策	三重県四日市市	四日市市	
71	茶山ゴコ	福岡県福岡市	株式会社スペースRデザイン	
72	えんがわオフィス	徳島県神山町	株式会社えんがわ	
73	JOCA大阪	大阪府摂津市	公益社団法人青年海外協力協会	
74	博労町まちかどサロン	富山県高岡市	博労町自治会	
75	星空の小さな図書館	千葉県いすみ市	株式会社スターレット	
76	おらとこ	富山県富山市大山町	NPO法人おらとこ	
77	大曽根住宅	愛知県名古屋市	株式会社コミュニティネット＋NPO法人わっぱの会	
78	子育てシェアスペースOmusubi	宮城県気仙沼市	一般社団法人Ripple	
79	陽だまり保育園	栃木県高根沢町	保育所型認定こども園陽だまり保育園	
80	のあそびLodge	熊本県荒尾市	一般社団法人のあそびlabo	
81	巻組	宮城県石巻市	株式会社巻組	
82	ひのさと48	福岡県宗像市	西部ガス、東邦レオ	
83	カシニワ制度	千葉県柏市	柏市	
84	みんなのうえん	大阪府大阪市	一般社団法人グッドラック	
85	クロスロード宮町	新潟県燕市	株式会社つばめいと	
86	空き家見学会	長野県長野市善光寺門前地区	株式会社MYROOM	- - - - -
87	家いちば	全国	家いちば株式会社	
88	さかさま不動産	全国	株式会社On-Co	
89	空き家・空き地域利用バンク	兵庫県神戸市	神戸市空き家・空き地域利用バンク	
90	住民自治協議会による空き家バンク	長野県長野市信更地区	信更地区住民自治協議会	
91	賃料一括前払いのサブリース	大阪府	一般社団法人大阪府不動産コンサルティング協会	
92	梼原町移住定住促進住宅	高知県梼原町	梼原町まちづくり推進課	
93	早期決断シート	福井県美浜町	NPO法人ふるさと福井サポートセンター	
94	九州DIYリノベWEEK	九州全域	NPO法人福岡ビルストック研究会	
95	加藤潤さんと頴娃おこそ会	鹿児島県頴娃町	加藤潤さんと頴娃おこそ会	
96	大牟田ライフサポートセンター	福岡県大牟田市	大牟田ライフサポートセンター	
97	ニシイケバレイ	東京都豊島区	有限会社深野商事	
98	いずみサロンとタウンサポート鎌倉今泉台	神奈川県鎌倉市	NPO法人タウンサポート鎌倉今泉台	
99	尾道空き家再生プロジェクト	広島県尾道市	NPO法人尾道空き家再生プロジェクト	
100	泉北ほっとけないネットワーク	大阪府堺市	泉北ほっとけないネットワーク	

暮らしを広げる								用途を変える									仕組みと担い手							
リノベーションする	空き家に移住する	二地域を住みこなす	多拠点を使いこなす	繋げて使う	群で使う	共同の住まいにする	暮らしとまちを継承する	商いの場にする	働く場にする	地域の場にする	文化の場にする	福祉の場にする	子どもの居場所にする	地域を変える核にする	アドホックに使う	更地に戻す	マッチングサービス	サブリース	住まいの終活	DIYリノベーション	コミュニティ大工	居住支援の受け皿	地域コミュニティ	地域再生組織
★								○	○	○	○			○										○
★					○			○		○	○			○	○									
★					○			○		○	○			○	○								○	
	★									○	○			○			○					○		
	★							○	○					○			○					○		
		★			○	○				○				○										○
			★			○									○							○		
				★		○	○																	
○				★				○		○				○				○						
○				★						○		○		○										
○					★			○																
○					★							○		○										
						★							○											
							★										○							
○							★	○		○				○										
					○			★			○													
					○			★						○									○	○
								★		○				○						○				
○					○		○	★						○										
	○							★															○	
○								○	★									○						
○	○	○							★															
○								○		★				○										
○									○	★				○										○
○					○					○	★			○										
						○						★										○		
○					○	○		○	○	○		★		○								○		
						○				○			★							○		○		
○							○			○		○	★	○										○
○										○				★								○		
○										○				★										
○	○	○								○				★						○		○		
					○					○				○	★		○							
					○					○	○			○	○	★								
					○	○				○				○		★								○
○	○							○	○					○			★							○
																	★							
○							○										★							
							○										★							
																	★						○	○
																		★						○
	○				○													★						
																			★					
○														○						★				○
○																					★			○
													○									★		○
○					○	○				○				○									★	
										○	○	○		○									★	
○	○				○		○	○		○				○			○							★
○									○	○	○		○											★

●編著者

田村 誠邦　たむら・まさくに

〈はじめに 02 09 12 14 44 51 56 64 80 86〉
株式会社アークブレイン代表取締役。博士
（工学）、一級建築士、不動産鑑定士。
1954年東京都生まれ。1977年東京大学工学
部建築学科卒業。2011年〜2021年明治大学
特任教授。2008年日本建築学会賞（業績）、
2010年日本建築学会賞（論文）受賞。著書
として『都市・建築・不動産企画開発マニュ
アル入門版』（共著）他多数。

加藤 悠介　かとう・ゆうすけ

〈5章扉 32 34 38 39 48 63 67 69 75 77 96 97 100〉
金城学院大学生活環境学部環境デザイン学科
教授。博士（学術）。一級建築士。
1979年愛知県生まれ。2007年大阪市立大学
大学院生活科学研究科博士課程単位取得退
学。豊田工業高等専門学校建築学科助教など
を経て2021年より現職。共著書に『ケア空
間の設計手法』『福祉転用による建築・地域
のリノベーション』など。

橋田 竜兵　はしだ・りょうへい

〈4章扉 31 33 41 43 52 61 66 68 78 81 87 99〉
岡山大学学術研究院環境生命自然科学学域講
師。博士（工学）。
1987年福岡県生まれ。2011年東京工芸大学
工学部建築学科卒業。2017年九州大学大学
院人間環境学府都市共生デザイン専攻博士後
期課程修了。九州大学大学院学術協力研究員、
新潟大学助教を経て2023年より現職。

樋口 秀　ひぐち・しゅう

〈1、2章扉 03 06 24 53 54 55 57 72 74 85 88〉
新潟工科大学工学部建築都市系教授。博士
（工学）。一級建築士。
1966年島根県生まれ。1989年長岡技術科学
大学建設工学課程卒業。1991年同大学院建
設工学専攻修了。島根県立出雲工業高校建築

科教諭、長岡技術科学大学助手・助教授・准
教授を経て2019年より現職。共著書に『中
心市街地再生と持続可能なまちづくり』『コ
ンパクトシティの拠点づくり』など。

森田 芳朗　もりた・よしろう

〈6章扉 05 10 11 30 46 58 59 65 71 83 84 94〉
東京工芸大学工学部教授。博士（工学）。
1973年福岡県生まれ。1998年九州大学大学
院工学研究科博士前期課程修了。2004年、
東京大学大学院工学系研究科博士後期課程修
了。千葉大学大学院工学研究科助教などを経
て2020年より現職。共編著に『住まいづく
りのこれから：○○大工NEO工務店 シン
旦那』『図表でわかる建築生産レファレンス』
『箱の産業：プレハブ住宅技術者たちの証言』
など。

渡邊 史郎　わたなべ・しろう

〈3章扉 04 13 15 16 17 21 22 79 89 91 92〉
国立研究開発法人建築研究所建築生産研究グ
ループ 主任研究員。博士（工学）。
1986年滋賀県生まれ。2009年東京大学工学
部建築学科卒業。2014年東京大学大学院工
学系研究科建築学専攻博士課程修了。国土交
通省国土技術政策総合研究所、レーゲンスブ
ルク応用科学大学を経て現職。主な共著に『建
築生産（第三版）』。2023年日本建築学会奨
励賞受賞。

● 著者

浅野 純一郎　あさの・じゅんいちろう
〈07 19 23 25 70 90〉
豊橋技術科学大学大学院教授。博士（工学）。一級建築士。
1968 年生まれ。豊橋技術科学大学大学院修士課程修了、長野工業高等専門学校環境都市工学科等を経て 2015 年 4 月より現職。単著に『地方における戦後都市計画』、共著書に『都市縮小時代の土地利用計画』『コンパクトシティの拠点づくり』など。

大原 一興　おおはら・かずおき
〈37 40 49 98〉
横浜国立大学学長特任補佐・名誉教授。工学博士。一級建築士。
1958 年東京都生まれ。1981 年横浜国立大学建築学科卒業。1983 年同大学院修士課程修了。1987 年東京大学大学院博士課程単位取得退学後、東京大学助手、横浜国立大学助手、助教授、教授を経て 2024 年 4 月より現職。日本建築学会賞（論文）、住総研研究選奨ほか。著書に『エコミュージアムへの旅』『住みつなぎのススメ』など。

菊地 吉信　きくち・よしのぶ
〈01 18 20 45 50 93〉
福井大学学術研究院工学系部門建築建設工学講座准教授。博士（工学）。
1974 年愛知県生まれ。1997 年福井大学工学部環境設計工学科卒業。2001 年同大学院博士後期課程修了。2013 年バーミンガム大学客員研究員。福井大学助手を経て 2009 年より現職。

鈴木 雅之　すずき・まさゆき
〈27 28 29 35 42 82〉
千葉大学大学院国際学術研究院教授。博士（工学）。一級建築士。
1967 年栃木県生まれ。1989 年千葉大学工学部建築学科卒業。1991 年千葉大学大学院建築学専攻修士課程修了。建築都市コンサルタント事務所、千葉大学キャンパス整備企画室准教授などを経て 2021 年より現職。NPO 法人ちば地域再生リサーチ理事長、横芝光町シティマネージャーを歴任。

西野 辰哉　にしの・たつや
〈08 36 60 62 73 76〉
金沢大学理工研究域地球社会基盤学系教授。博士（工学）。
1972 年金沢市生まれ。1995 年東京大学工学部建築学科卒業。1997 年同大学院工学系研究科建築学専攻修士課程修了。1997 年三菱地所株式会社入社。2005 年東京大学大学院工学系研究科建築学専攻博士課程修了。2005 年広島大学大学院工学研究科助手、同助教、2009 年金沢大学理工研究域助教、同准教授を経て、2021 年より現職。

松村 秀一　まつむら・しゅういち
〈26 47 95〉
神戸芸術工科大学学長。工学博士。一級建築士。
1957 年神戸市生まれ。1980 年東京大学建築学科卒業。1985 年東京大学大学院博士課程修了。1986 年より東京大学講師、助教授、教授、特任教授、早稲田大学研究院教授を経て 2024 年 4 月より現職。HEAD 研究会代表理事、建築技術支援協会代表理事、団地再生支援協会会長。日本建築学会賞（論文）、都市住宅学会賞（著作）、日本建築学会著作賞等受賞多数。主な近著に『新・建築職人論－オープンなものづくりコミュニティ』『和室礼讃』『建築の明日へ』『空き家を活かす』『ひらかれる建築─「民主化」の作法』等。

〈 　 〉内は執筆担当、□数字は項目番号

【本書関連情報】
https://book.gakugei-pub.co.jp/gakugei-book/9784761529116/

建築・まちづくりのための　空き家大全

2024年11月1日　第1版第1刷発行
2025年7月10日　第1版第2刷発行

編著者　田村誠邦、加藤悠介、橋田竜兵、樋口秀、
　　　　森田芳朗、渡邊史郎
著　者　浅野純一郎、大原一興、菊地吉信、鈴木雅之、
　　　　西野辰哉、松村秀一

発行者　井口夏実
発行所　株式会社 学芸出版社
　　　　〒600-8216　京都市下京区木津屋橋通西洞院東入
　　　　電話 075-343-0811
　　　　http://www.gakugei-pub.jp/
　　　　E-mail info@gakugei-pub.jp

編集担当　前田裕資

Ｄ Ｔ Ｐ　KOTO DESIGN Inc.　山本剛史・萩野克美
装　丁　ymdesign（見増勇介・鈴木茉弓）
印　刷　イチダ写真製版
製　本　新生製本

Ⓒ田村誠邦、加藤悠介、橋田竜兵、樋口秀、森田芳朗、渡邊史郎 他 2024　Printed in Japan
ISBN978-4-7615-2911-6

JCOPY 〈(社)出版者著作権管理機構委託出版物〉
本書の無断複写（電子化を含む）は著作権法上での例外を除き禁じられています。複写される場合は、そのつど事前に、(社)出版者著作権管理機構（電話 03-5244-5088、FAX 03-5244-5089、e-mail: info@jcopy.or.jp）の許諾を得てください。
また本書を代行業者等の第三者に依頼してスキャンやデジタル化することは、たとえ個人や家庭内の利用でも著作権法違反です。